本书受2024年中央民族高校基本科研项目"习近平总书记关于铸牢中华民族共同体意识重要论述的法理阐释"（项目编号：31920240021）、西北民族大学2024年人才引进科研启动项目（项目编号：Z2402101）、西部生态与土地资源法制研究创新团队项目（项目编号：1001660161）等项目资助。

Interpretation of Criminal
Law Text and Meaning

刑法文义解释论

程荣 著

中国社会科学出版社

图书在版编目（CIP）数据

刑法文义解释论 / 程荣著. -- 北京：中国社会科学出版社，2024. 8. -- ISBN 978-7-5227-4075-1

Ⅰ. D924.05

中国国家版本馆 CIP 数据核字第 2024SN1714 号

出 版 人	赵剑英
责任编辑	许　琳
责任校对	苏　颖
责任印制	郝美娜

出　　版	中国社会科学出版社
社　　址	北京鼓楼西大街甲 158 号
邮　　编	100720
网　　址	http://www.csspw.cn
发 行 部	010-84083685
门 市 部	010-84029450
经　　销	新华书店及其他书店
印　　刷	北京君升印刷有限公司
装　　订	廊坊市广阳区广增装订厂
版　　次	2024 年 8 月第 1 版
印　　次	2024 年 8 月第 1 次印刷
开　　本	710×1000　1/16
印　　张	20
插　　页	2
字　　数	277 千字
定　　价	108.00 元

凡购买中国社会科学出版社图书，如有质量问题请与本社营销中心联系调换
电话：010-84083683

版权所有　侵权必究

序

魏 东[*]

程荣博士的学术专著《刑法文义解释论》即将付梓出版，我应邀作序，谨向程荣博士表示祝贺！《刑法文义解释论》是程荣博士在其同名博士学位论文的基础上经过认真修改而成，其中融入了作者自2020年11月博士论文答辩通过之后近四年时间的新思考和新研究成果，在学术质量上比原博士论文提升了不少，可以说是一部具有较多理论原创性和较好实践指导性的刑法解释学著作，值得理论界和实务界的法律同仁阅读、品鉴。

本书展开刑法文义解释理论专题研讨，秉持"是什么、为什么、怎么办"的问题解决型研究范式，借鉴语法学、语义学、语用学等语言分析理论，依次归纳并深刻阐释刑法文义解释的内涵、价值、技术及其运用，其中包括系统考察刑法文义解释的历史发展、理论基础、功能局限，体系性建构刑法文义解释的具体操作原理，针对刑事司法的个案解释和规范适用层面展开实证分析，内容非常丰富，立意新颖且观点鲜明，逻辑严密又论证透辟，有利于读者对刑法文义解释的基本问题和基础理论形成非常清晰的系统认知。

按照我的理解，刑法文义解释应当纳入刑法解释方法群的确证功能

---

[*] 魏东，四川大学法学院教授、博士生导师。研究方向：刑法学、法律解释学、刑事政策学。

类型性和体系性之中进行思考，在刑法解释方法确证功能体系化命题之下展开刑法文义解释的深入研究。基于刑法解释方法对刑法解释结论有效性的确证功能类型化与体系化命题，只有在刑法的文义解释方法、论理解释方法、刑事政策解释方法依次对解释结论的合法性、合理性、合目的性的确证功能全部实现之时，才能最终确证刑法解释结论有效性（"三性统一体"）；刑法解释方法确证功能的体系化逻辑，只能是将三类刑法解释方法的竞争关系论与平行论，改造为功能结构关系论与共生融合论，首先需要进行文义解释，确证解释结论合法性底线基础价值和合法空间，其次需要进行论理解释和刑事政策解释，在合法性底线基础价值之上进一步求证合法空间可包容的合理性和合目的性优化价值并遴选出"最优化价值"，以确保实现刑法解释结论有效性；刑法解释方法确证功能的体系化路径，只能是先进行文义解释，后进行论理解释和刑事政策解释，解释过程中可以进行解释性循环，解释性循环并不否定刑法解释方法确证功能体系化。[1]

本书在坚持刑法解释方法的类型性和体系性思考的基本前提下，赋予了刑法文义解释更丰富而厚重的实质内涵与功能价值，进而在刑法文义解释的技术层面展开了更为深入细致的理论构建和学术研讨，提出了一系列具有理论原创性和启发性的学术见解，值得学术界关注。

一 关于刑法文义解释的概念界定与实质内涵

本书在第一章中指出，"刑法文义解释，亦即刑法的语言学解释，是指将刑法条文视为一种语言现象，从语言学的角度，运用语义学、语法学、语用学等语言学理论，以立法描述所选择的语言意义来理解并说明有争议的刑法条文术语之含义的思维过程。"这一概念从表面上看，

---

[1] 参见魏东：《刑法解释方法体系化及其确证功能》，载《法制与社会发展》2021年第6期。

坚持了从语言学的角度来理解刑法文义解释的立场，但是，本书在刑法文义解释概念的实质内涵的阐释上，采用语用学的言外语境理论，极大地扩充了刑法文义解释的涵摄内容，从而不同于刑法文义解释的既有见解，体现了一定的原创性。

例如，本书在第一章中进一步指出："理论上一般在理由、结果、态度、技巧四个层面上将刑法文义解释作为一种解释方法使用。在理由层面，理论上习惯称之为文理解释，其一般与论理解释（体系解释、历史解释、比较解释、目的解释等）相并列；在结果层面，理论上习惯称之为平义解释，而与扩大解释与限制解释相并列；在技巧层面，理论上也习惯上称之为平义解释，只不过是与宣言解释、限制解释、扩大解释、反对解释、补正解释相并列；在态度层面，理论上习惯称之为严格解释，而与灵活解释相并列。其实，刑法文义解释的性质界定关乎刑法解释方法的分类。""刑法文义解释首先是一种法律方法，更具体地说是一种裁判方法，是在解释过程中融合语言、逻辑、目的的裁判方法。"显然，本书所界定的刑法文义解释概念中，包含了"融合语言、逻辑、目的的裁判方法"之实质内涵，其证成路径主要是语用学的言外语境理论。

本书在第二章中指出："广义的刑法文义解释兼顾刑法论理解释。刑法论理解释可以为广义的刑法文义解释中的语境解释所兼顾，体系解释为言内语境分析所兼顾，目的解释、历史解释、社会学解释等其他解释方法为言外语境分析所兼顾。""在语言学层面，历史、目的、体系都是语境的构成要素，其都融化在语言的使用过程之中进而形成语言文字的语境意义。"本书在第三章中指出："言外语境是法律文本以外的社会背景因素及案件本身之影响力之考虑，也是社会'公众认同'、裁判'社会效果'或可接受性之考虑，本质上是社会学法学或者说法社会学理论以及政治法学或者说是法政治学理论综合运用的结果。"可以认为，本书提出了一个重要的基础理论问题：关于刑法文义解释的实质内涵是什么，尤其是刑法文义解释与其所运用的语用学的言外语境之间的关系如何理解？对此问题，本书在采用语用学的言外语境理论的基础上，将刑法文义解释的实质内涵扩充至包含"目的解释、历史解释、社会学解释等其他解释方法"在内，或者直接将"历史、目的、体系"等语境的构成要素本身纳入刑法文义解释的实质内涵之中，实质上是主张刑法文义解释与其所运用的语用学的言外语境之间的等值互换关系，如此，可能实质消解了刑法文义解释与"目的解释、历史解释、社会学解释等其他解释方法"之间的界限。

关于刑法文义解释的概念界定方式，以及刑法文义解释与"目的解释、历史解释、社会学解释等其他解释方法"之间的界限问题，理论界是有所研究的，值得注意以下几点：（1）文义解释的概念界定方式问题。文义解释的概念，在法律解释学上有多种界定方式，有纯粹的文义解释概念与不纯粹的文义解释概念之分，也有完整意义上的文义解释概念与非完整意义上的文义解释概念之别。所谓纯粹的文义解释概念，是指仅限于法律规范文本的文义范围内所进行的文义解释；不纯粹的文义解释概念，是指不限于法律规范文本的文义范围，而是融入了法律规范目的和价值判断等文义之外的因素所综合进行的论理解释。可见，不纯粹的文义解释概念，超越了纯粹的文义解释范畴，混淆了（纯粹的）文义解释与论理解释的界限，在逻辑分类上存在界限模糊的疑问。所谓完整意义上的文义解释概念，是指以穷尽阐释法律规范文本的全部含义为特点所进行的文义解释；所谓非完整意义上的文义解释概念，是指仅以阐释法律规范文本的字面含义、通常含义、核心含义等为限度，但是不以穷尽阐释法律规范文本的全部含义为特点所进行的文义解释。可见，非完整意义上的文义解释概念，人为地限缩了文义解释的应有范围，遗漏了部分文义的应有内容，违背了文义解释的语言学原理，也不具有合理性。因此，文义解释的概念，应当采用纯粹的、完整意义上的文义解释概念进行逻辑界定。（2）刑法的文义解释，是指根据语言学知识阐释刑法文本规定的具体含义的解释方法。语言学发展的最新动向是语用学（理论），可以将刑法的文义解释称为语用解释。语用学理论，根据格莱斯、莱文森等人的会话含义理论，在理解会话含义时理解者必然进行语用推理，根据语境信息扩展说话人的话语内容，推导出话语在会话中的含义；根据马林诺夫斯基等人的语境理论，语境对于语言意义的产生、形成，对于语言意义的理解和解释具有至关重要的作用，语言只有在特定语境中才有意义，只有和特定语境结合起来才能理解话语的意义。① 言外语境，是指包括社会文化语境和认知语境，理解文本时不可能离开对社会心理、思维方式、民族习俗、文化传统、认知背景等言外语境的把握，通过对这些言外语境因素的把握，能够更加准确地理解文字的意义，刑法的言外语境对于确定刑法文字的意义，对于正确进行刑法的文理解释，也具有重要意义。② 因此，语用解释，作为纯粹的、完整意义上的文义解释概念，是指根据语言学知识的语用论立场阐释刑法文本规定的具体含义的解释方法。（3）所有那些根据语言学知识以外的其他因素来阐释刑法文本规定的具体含义的方法，都不是纯粹语言学解释论的范畴（文义解释范畴）。例如，在解释刑法文本规定的具体含义的方法中，根据刑法立法体系和逻辑来解释刑法的（体系解释与逻辑解释），根据立法史和法文化传统来解释刑法的（历史解释），根据刑法立法规范目的来解释刑法的（目的解释），根据法社会学、刑事政策知识来解释刑法的（法社会学解释、刑事政策解释），根据软法规定来解释刑法的（软法解释），根据比较法知识来解释刑法的（比较解释），根据宪法规定和宪法精神来解释刑法的（合宪性解释）等，都属于根据语言学知识以外的其他因素来阐释刑法文本规定的具体含义的方法，因而都不属于文义解释范畴。③

尤其值得注意的是，刑法文本所可能内含的或者所欲特别限定的规范目的、法政策取向等规范价值，严格意义上已经转换为规范目的论、

---

① 王政勋：《刑法解释的语言论研究》，商务印书馆2016年版，第57页。
② 王政勋：《刑法解释的语言论研究》，商务印书馆2016年版，第308—309页。
③ 参见魏东《刑法的文义解释：一般法理、概念与特点》，载《刑法解释》第7卷，法律出版社2022年版，第54—67页。

政策目标论、规范价值知识形态论的论理解释范畴（以目的解释为典型），而不属于纯粹语言学解释论的范畴（文义解释范畴），不能将"言外语境"本身（即"历史、目的、体系"等语境的构成要素本身）直接解释为刑法文字的意义。对于刑法文本规范目的、政策取向等价值判断内容（以及"历史、目的、体系"等语境的构成要素本身），只能通过超越纯粹语言学的规范价值论，才能获得刑法文本所可能内含的或者所欲特别限定的规范目的等规范价值（论理解释范畴）。

二 关于刑法文义解释的价值与功能

本书在第二章中指出："刑法文义解释的法理基础主要是由法理学维度的法哲学基础和刑法学维度的法精神基础。""罪刑法定原则及与其密切相关的人权保障机能和法益保护机能是刑法文义解释的法精神基础。""刑法文义解释不仅是指示范围，还在于从'解释'的层面明确刑法解释的限度，限制司法自由裁量权，并最终铸牢刑事法治的底线；从'文义'的层面明确刑法立法的表述瑕疵，克服法律语言的局限，从语言层面解决法律问题；从'刑法'层面发现刑法原理的薄弱环节，促进刑法原理的发展。""刑法文义解释既有'解释'层面解释的无限循环解释所引起的解释局限，亦有'文义'层面语言的多义性、模糊性与易变性所引起的语言局限，还有'刑法'层面法律难以对事实精准定型所引起的法律局限。"上列所有这些论述，从刑法文义解释的法哲学基础、法精神基础，以及基于"'文义'层面语言的多义性、模糊性与易变性所引起的语言局限"，来讨论刑法文义解释的价值问题，有利于阐释刑法文义解释的价值有限性。这些论断中的部分内容在相当意义上可以认为是本书的原创性观点，值得认真对待。

不过，在如何认真对待"'文义'层面语言的多义性、模糊性与易变性所引起的语言局限"问题上，本书仍然试图在刑法文义解释范畴之内加以解决，提出语言刑法学的学术构想，可能存在问题深刻性和可行性的问题。如前所述，刑法文义解释的价值论研究中必须运用刑法解释有效性理论，刑法的文义解释仅仅具有确定解释结论合法性范围（合法空间）的有限功能；但是，刑法文义解释难以"单枪匹马"地获得刑法解释结论有效性，必须从刑法文义解释、论理解释、法社会学解释的体系性运用中才能获得刑法解释结论有效性，从而完成刑法解释任务。正如作者在本书第四章中指出："在言外语境分析层面，我们要处理好传统法律解释方法和其他解释方法的关系如前所述，言外语境分析其实对解释结论的言外语境校正，主要包括立法沿革分析、社会文化分析和刑事政策分析等。质言之，言外语境分析其实是兼顾传统法律解释方法之目的解释和历史解释。"关键问题在于，言外语境分析在何种意义、何种程度上纳入刑法文义解释，以及言外语境分析中刑法文义解释与目的解释和历史解释的关系如何确定，亦即刑法文义解释本身的范围限定、价值与功能定位如何，这是需要进一步明确的问题。

作者在"结语"中指出："刑法文义解释也只是刑法解释的下位概念。我们有必要从刑法文义解释上升到语言刑法学，反思刑法的语言问题，从语言的角度构建刑法教义。而所谓的语言刑法学，是指从语言学的角度解释刑法规定，解决刑法问题，构建刑法教义。语言刑法学重在强调首先将刑法规定视为一种语言现象，即将刑法条文视为一种表达式。在此，笔者之所以以语言刑法学而非刑法语言学进行称谓，是因为刑法语言学是语言学的分支，语言刑法学则是刑法学的分支。""如果要将其与法教义学相结合的话，笔者旨在使'从语言学角度解释和研究刑法'成为刑法（解释）学的一个重要信条或基本教义。究其本质，语言（学）刑法学是边缘法学与应用语言学交叉的结果……语言学走向也未尝不是刑法学发展的新走向，或者更准确地说是立足刑事法治的本位回归。"应当肯定，本书提出的语言刑法学命题极具原创性、启发性，符合语言哲学转向的基本立场，值得深入研究。但是，语言刑法学命题与刑法文义解释的关系问题，正如作者所说，还是一个值得深刻检讨的问题，本书提出"刑法的语言问题需要通过刑法文义解释进行矫正"命题，似乎略显简单而欠缺精准性和深刻性。

这里涉及法律解释"始于文义，终于文义"命题的应有内涵。本书在文字表述上并没有专门论述法律解释"始于文义，终于文义"命题，但是，在本书学术观点论说的背后始终隐含了"始于文义，终于文义"的语言哲学诠释。我国有学者指出，魏德士将法律解释的最主要特征概括为"始于文义，终于文义"。① 那么，法律解释"始于文义，终于文义"命题的实质含义到底应该如何诠释？

本书在导论"内容方面的创新"中指出："文义是解释的起点，语法意义是语言分析的起点，语境分析可以兼顾体系解释、历史解释、目的解释、社会学解释等传统解释方法等。"依此逻辑，本书可能暗含的立场是：刑法文义解释既是起点，又是终点，更是全过程，因为作为刑法文义解释的"语境分析可以兼顾体系解释、历史解释、目的解释、社会学解释等传统解释方法等"，从而，对法律解释"始于文义，终于文义"命题的语言哲学诠释是，刑法文义解释全过程论、超级功能论（确证刑法解释结论有效性的超级功能论）。

但是，刑法文义解释并不具有证成合理性和合目的性的超级功能。文义解释所具有的确证并限定法律解释结论的合法性这一功能（合法性限定功能、合法空间限定功能），尽管是有限的功能，但是又是非常重要、非常关键的功能，其具体限定了论理解释和法社会学解释等其他法律解释方法所得出的解释结论的合法空间，超出了文义解释结论合法空间的论理解释结论或者法社会学解释结论都不具有合法性，正是在这个意义上，王泽鉴主张"文义是法律解释的开始，也是法律解释的终点"②，黄茂荣强调了文义解释方法的范围功能，划出了法律解释活动的最大回旋余地。③ 这些论述，实质上都坚持了刑法文义解释合法性确

---

① 宋振保：《法律解释方法的融贯运用及其规则——以最高院"指导案例32号"为切入点》，载《法律科学》2016年第3期。
② 王泽鉴：《民法概要》，中国政法大学出版社2003年版，第19页。
③ 黄茂荣：《法学方法与现代民法》（第5版），法律出版社2007年版，第340页。

证功能的有限功能论,仅具有限定和确证刑法解释结论合法性范围(合法空间)的有限功能,至于合理性、合目的性的确证功能则有赖于论理解释和法社会学解释来完成。刑法解释需要在合法性之内,进一步确证合理性、合目的性,从而实现刑法解释的合法性、合理性和合目的性,即刑法解释有效性。正是在此意义上,另有学者认为,刑法解释需要坚持"始于文义、终于目的"的解释理念。[①]

三 关于刑法文义解释的技术层面

本书在论述刑法文义解释的技术指导时指出:"刑法文义解释的技术指导关乎刑法文义解释的理念。在刑法文义解释过程中,既需要解释者在主观和客观方面进行立场的选择,又需要解释者在形式和实质方面进行限度的选择,还需要解释者明确刑法学特有的阶层思维原则和文义解释特有的语篇分析原则。因此,我们有必要从技术立场、技术限度和技术原则三个方面对刑法文义解释进行技术指导。"本书在论述刑法文义解释的技术立场时指出:"无论是文义解释还是目的解释,都要先查明,无论是查明文义还是查明目的,然后才是依据所查明的内容进行有针对性的判断和推理。"本书在论述刑法文义解释的技术限度时指出:"与技术立场相对应的是技术限度,其实,形式解释与实质解释的本质区别在于解释起点是法律文本还是价值判断,亦即,是先解释还是先判断。一般认为,语法分析侧重于纯粹的形式解释,语义分析介乎形式与实质之间而侧重于形式,而语境分析则侧重于实质。其实,形式与实质也仍然属于本体论范畴,在语言论范畴下,二者是辩证统一的。形式解释与实质解释的区别是刑法条文之通常意义与规范意义的区别。"本书在论述刑法文义解释的技术原则时指出:"'判决结果和社会效果的融

[①] 陈慧:《刑法文义解释的基本法理》,载魏东主编《刑法解释》总第5卷,法律出版社2020年版,第40—69页。

合'则是言外语境分析的语篇外语境循环。……在解释过程中一定要处理好阶层思维原则和语篇循环原则的关系，循环一定要建立在阶层基础之上，语篇循环一定要建立在阶层基础之上。"本书在论述刑法文义解释的技术方法时指出："刑法解释的语言学路径其实是在解释过程中融合文理、论理、事理、法理（学理）、情理进而说明道理或裁判理由的过程。详言之，刑法解释的语言学路径中的语境分析首先是通过论理（逻辑，体系）明确与法理（学说，原理）明确言内语境；其次是通过案例（其中包括待评价的具体个案以及与之相关的指导性案例、典型热点案例）明确言伴语境；最后是通过政策（价值、目的）明确言外语境。概言之，语境分析是明确法理语境、事理（个案）语境、政策（背景）语境的过程。这一过程其实也是获取语义、限定语义、选择语义的过程。因此，我们也可以说，语境解释其实是在明确所有语境的基础上限制语境进而选择确定语义的解释。不过，语境解释有着极强的解释力和包容性也是最需要限制的解释方法。"本书在论述刑法文义解释的技术适用时指出："校验系争语词的具体语用含义。如果是前面四个程序规则是'根据法律'的'形式'分析的话，这一程序规则是'关于法律'的'实质'分析，是前述语用分析的进一步延伸——言外语境分析。与其说是一种分析，倒不如说是一种校验——以避免荒谬和不正义而增强解释结论的可接受性。其中，通说中的目的解释方法是主要的校验方法。不可否认的是，这一方法已经在一定程度上脱离了文本。尽管如此，'规范目的'的阐释必须以法律语词为依据。"本书在论述刑法文义解释的技术要义时指出："刑法文义解释其实是刑法的语言学解释，主要包括语法分析、语义分析和语用分析。其中，语法分析是铺垫和辅助，语义分析是基础和核心，也是起点和限度，语用分析是语义的具体化选择和解释结论的合理性校验。"上列这些有关刑法文义解释的技术指导、技术立场、技术限度、技术原则、技术方法、技术适用、技术要义等的论述，以及本书在第四章针对"明知""暴力""妇女""公共场所""国家工作人员"等五个常见刑法术语的刑法文义解释所作的实证分析，具体而深刻，具有相当程度的原创性和启发性，其理论价值和实践意义均值得肯定。同时，本书有关刑法文义解释的技术和实证层面的分析论证，由于一体化地坚守并充分体现了本书关于刑法文义解释的实质内涵论和功能价值论的基本立场，均存在将刑法文义解释的实质内涵扩充至包含"目的解释、历史解释、社会学解释等其他解释方法"在内的突出特点，超出了纯粹语言学解释论的范畴（文义解释范畴），这是值得反思检讨的问题。

例如，本书在分析"明知"时指出："言外语境分析，又称为'言外语境校正'或'社会文化解释'。我们通过立法资料分析和立法沿革分析、刑事政策分析、价值导向分析、语用推理等方法，明确"明知"一词的立法历史意义、规范目的意义和刑事政策意义，进而可以最终明确"明知"一词的言外语境意义（历史意义和目的意义）。"这里，本书将"刑事政策分析、价值导向分析、语用推理等方法"和"立法历史意义、规范目的意义和刑事政策意义"等解释方法，人为地"强制解释"为刑法文义解释范畴，较为明显地存在论说妥当性的疑问。事实上，刑法文义解释范畴下的"专业用语应依据专业含义进行解释"解释规则，完全可以在刑法文义解释内解决"明知"的解释适用问题。"专业用语应依据专业含义进行解释"这一规则，要求对法律文本中的专业用语的语义，必须按照法律文本的明确规定和概念体系逻辑进行专门解释，应当解释它的特定含义、立法者的真实意思，而不能按照社会一般人的通常理解来解释专业用语的语义。① 除"明知"外，刑法文本中规定的"犯罪""共同犯罪""单位犯罪""刑事责任""刑罚""数罪并罚""以上""以下"等专业术语，均必须严格按照刑法文本规定和概念体系逻辑来解释这些专业术语的特定的专业含义。② 至于这些专

---

① 王利明：《法律解释学导论——以民法为视角》（第2版），法律出版社2017年版，第274页。
② 魏东：《中国刑法解释学理论体系的本土化构建》，中国社会科学出版社2022年版，第207—208页。

业术语所内含的规范目的、政策目标等价值内涵，仍然应在作为刑法文义解释的"专业含义"之内，进行论理解释和法社会学解释，从而实现刑法解释结论有效性。显然，这些专业术语所内含的规范目的、政策目标等价值内涵，在解释论上不归属于刑法文义解释范畴，而只能归属于论理解释、法社会学解释的范畴。

"法学者是实践着的语言学家。"[①] "萨维尼就已经区分'文法''逻辑''历史'以及'体系'的解释因素……这些要素不应个别地发挥作用，毋宁应相互合作。"[②] 刑法文义解释的实质内涵、功能价值与操作技术等理论研讨，既要放置于语言哲学、诠释论之下，又要放置于刑法解释方法的功能类型化、体系化之中，展开系统而深刻的学术研究，任重道远。程荣博士《刑法文义解释论》一书在这方面进行了富有成效的创新探索，取得了可喜成绩，展示出的学术胆识和创新能力令人钦佩。作为程荣博士的导师，我由衷希望程荣博士从此走上学术人生，持之以恒地深耕法律解释学和刑法教义学的理论研究，在未来的学术生涯中取得更大成就，为刑法解释学和教义学的创新发展作出更大贡献。

是为序。

魏　东

谨识于四川大学法学院

2024年5月20日

[①] [德]伯恩·魏德士：《法理学》，丁小春、吴越译，法律出版社2003年版，第314页。

[②] [德]卡尔·拉伦茨：《法学方法论》，陈爱娥译，商务印书馆2003年版，第200页。

前　言

　　本书是在博士学位论文基础上修改而成的，是以"是什么—为什么—怎么办"的问题解决研究范式展开的刑法文义解释理论研讨，在明确了刑法文义解释的内涵、价值、技术问题的基础上，对刑法文义解释进一步展开运用研究，以检验其在术语解释和疑难案件处理过程中的功效。详言之，在对刑法文义解释的用语、概念进行界定，厘清文义解释与论理解释、刑法文义解释与其他学科文义解释之间关系的基础上，考察了刑法文义解释的历史发展、理论基础、功能局限，同时借鉴语法学、语义学、语用学等语言分析理论建构刑法文义解释的具体操作原理，并在刑事司法的个案解决和规范适用层面展开运用分析。

　　刑法文义解释，亦即刑法的语言学解释，是指将刑法条文视为一种语言现象，从语言的角度，运用语义学、语法学、语用学等语言学理论，以立法描述所选择的语言意义来理解并说明刑法条文含义的思维过程。其中，文义是最主要的区分要素，也应当成为刑法文义解释论研究最独特的要素。对"文义"一词的理解尤其需要从语言学角度切入。根据语言学理论，文义不只是狭义的字面含义，还是文字的语言意义，包括由文字的词法意义和句法意义组成的语法意义，文字的概念内涵意义和概念外延类型意义组成的词汇意义以及由言内语境意义、言伴语境意义和言外语境意义组成的语境意义。

　　刑法文义解释将语言学、解释学运用于刑法解释领域，可以反思刑法语言问题，建构语言刑法学理论体系。首先，刑法是一种语言现象，刑法条文是符合刑法正义的文字表述。其次，刑法中存在语言问题，诸多刑法原理内容的争议是由于语言使用不当引起的。最后，刑法的语言问题需要通过文义解释进行矫正。刑法文义解释是刑法学、解释学与语言学的完美结合。我们可以在文义解释的过程中发现刑法表述的语言问题，并对其进行合理纠正。

全文具体内容，除导论和结语外包括以下四章。

第一章是刑法文义解释的内涵，主要解决"刑法文义解释是什么"的问题。本章分为两节内容。首先是刑法文义解释的含义，通过对其进行用语归纳和解构分析，明确了刑法文义解释所包含的意义和内容及其与刑法的文理解释方法、文义解释、文理解释、文法解释、字面解释、语法解释、语义解释、语文解释、平义解释、严格解释等相关用语的区别；同时通过概念分析，明确刑法文义解释的内涵和外延及其与论理解释以及民法、宪法等其他学科文义解释相关概念的逻辑关系。其次是刑法文义解释的性质，从解释类型和解释方法两个层面界定刑法文义解释的性质，明确了刑法文义解释的理论定位。通过分析刑法文义解释的含义和性质，可以准确界定刑法文义解释的内涵。

第二章是刑法文义解释的价值，主要解决"为什么要进行刑法文义解释"的问题。本章分为四节内容。一是刑法文义解释的历史发展，通过对德国、法国、日本等大陆法系国家和英国、美国等英美法系国家以及我国的刑法文义解释的产生与历史发展过程进行梳理和比较，明确刑法文义解释的历史发展过程。二是刑法文义解释的法理基础，以逻辑学、心理学、哲学、语言学等多学科视角揭示刑法文义解释的法哲学基础和法原则基础。三是刑法文义解释的地位分析，通过厘清刑法文义解释与刑法适用的关系以及刑法文义解释与刑法论理解释的关系来明确刑法文义解释的理论地位。四是刑法文义解释的功能分析，按照"解释—文义—刑法"分析刑法文义解释的功能及其局限。

第三章是刑法文义解释的技术，主要解决"怎么进行刑法文义解释"的问题。本章共分为四节内容。一是刑法文义解释的技术指导，通过分析主客观解释之争阐述明确刑法文义解释的技术立场,通过分析形式解释与实质解释之争阐述明确刑法文义解释的技术限度,通过分析语言学理论和刑法学理论阐述明确刑法文义解释的技术原则。二是刑法文义解释的技术方法,在明确刑法文义解释传统路径的基础上阐述明确刑法文义解释的语言学进路。具体内容包括三个阶段。第一阶段,通过词法理论和句法功能等语法理论,确定系争语词的语法意义。第二阶段,通过综合分析法定含义、字典含义、学理含义、专业含义等方式,确定系争语词的内涵意义;同时,通过归纳分析列举系争语词的肯定类型、中间类型、否定类型,明确系争语词的外延意义。第三阶段,通过个案语境等语境理论,确定系争语词的言内语境意义、言伴语境意义以及言外语境意义等语境意义,并最终确定系争语词的具体个案文义。三是刑法文义解释的技术适用,旨在明确刑法文义解释的技术适用条件、技术适用规则以及技术特殊适用。通过确定单义适用、优先适用、穷尽适用、综合适用等技术规则明确刑法文义解释的具体技术适用条件;通过确立刑法文义解释的解释实体规则和解释程序规则,明确刑法文义解释的解释规则;通过特殊语词分析明确刑法文义解释技术适用的特殊适用。四是刑法文义解释的技术要义,对刑法文义解释的技术核心内容进行总结、概括。

第四章是刑法文义解释的运用,主要解决"刑法文义解释的效果如何"的问题。本章共三节内容。一是立法规范术语的刑法文义解释,旨在通过对刑法总则和刑法分则中的代表性术语进行分析,检验刑法文义解释的功效。二是疑难案例术语的刑法文义解释,旨在对刑法经典疑难案例争议焦点中的刑法术语进行分析,检验刑法文义解释在解决刑法疑难问题方面的功效。三是对刑法文义解释方法运用之注意事项的梳理和说明。

目 录

导 论 ……………………………………………………… (1)
 第一节 研究缘起 ………………………………………… (1)
 第二节 研究综述 ………………………………………… (10)
 第三节 研究方案 ………………………………………… (22)

第一章 刑法文义解释的内涵 ………………………………… (35)
 第一节 刑法文义解释的含义 …………………………… (35)
 第二节 刑法文义解释的性质 …………………………… (61)

第二章 刑法文义解释的价值 ………………………………… (71)
 第一节 刑法文义解释的历史发展 ……………………… (71)
 第二节 刑法文义解释的法理基础 ……………………… (79)
 第三节 刑法文义解释的地位分析 ……………………… (93)
 第四节 刑法文义解释的功能分析 ……………………… (102)

第三章 刑法文义解释的技术 ………………………………… (109)
 第一节 刑法文义解释的技术指导 ……………………… (109)
 第二节 刑法文义解释的技术方法 ……………………… (120)
 第三节 刑法文义解释的技术适用 ……………………… (149)
 第四节 刑法文义解释的技术要义 ……………………… (168)

第四章 刑法文义解释的运用 ……………………………（171）
  第一节 立法规范术语的刑法文义解释 ………………（171）
  第二节 疑难案例术语的刑法文义解释 ………………（226）
  第三节 刑法文义解释的实证小结 ……………………（263）

结语 从刑法文义解释上升到语言刑法学 …………………（270）
  一 刑法是一种语言现象 ………………………………（271）
  二 刑法学中存在语言问题 ……………………………（272）
  三 刑法学的语言问题需要通过刑法文义解释
    进行矫正 ……………………………………………（275）

参考文献 …………………………………………………………（278）

致　谢 ……………………………………………………………（295）

导　　论

第一节　研究缘起

一　研究的背景

研究的背景是研究的灵感来源和选题出发点，可以分为现实背景和理论背景两个层面。研究的现实背景主要是从宏观和微观层面对研究所处的时代背景进行的总体勾勒。与此相对，理论背景则主要是研究关联理论背景的全面归结。

（一）现实背景

研究的现实背景包括宏观层面的全面依法治国和微观层面的疑难案例处理。在宏观层面，全面推进依法治国是重要的政治背景。党的十八届四中全会首次专题讨论依法治国问题，并通过了全面推进依法治国的重要决定。党的十九大报告对全面依法治国提出了新要求，开启了全面依法治国的新时代。这两个重要事实是笔者选题的重要政治背景。在党的十五大首次将"依法治国"作为党和国家基本的治国方略郑重提出之后的二十年，党中央再次对"依法治国"进行强调足以说明法治的重要性，也从另外一个侧面说明以法治为主题研究的必要性。

在微观层面，刑法疑难案例层出不穷，然而相应的法律应对却"力不从心"。这一现象一方面表现为实务部门在处理案件时缺乏统一标准，存在"任意性"，以至于解释与"造法"不分，进而招致有违反法治之批评；另一方面表现为学界对刑法疑难案例的界定及应对方法论没有形成统一共识，其中"法律漏洞"的界定及其填补方法存在分歧便是最好的例证。概言之，对刑法疑难案例的关注促使笔者开始涉猎刑法方法论和刑法解释学。经过反复思虑，笔者认为之所以会形成刑法疑难案例，原因在于刑法描述的类型和具体案件事实的性质存在"竞合困境"（理论上习惯称为法律漏洞），既有法律交叉规定的积极竞合，也有法律不周延导致的消极竞合。正如观点所言："可以将法官在上述全部复杂案件中遇到的法律疑难问题概括为五类：法律疑义、法律反差、法律冲突、法律漏洞、'恶法'。"[①] 其本质在于语词理解存在分歧（理论上习惯上称为概念模糊）。与之相对，刑法疑难案例的应对方法论应该以语词解释为主（理论上习惯称为概念解释），特别是其中的抽象名词或形容词以及"抽象名词+形容词"术语的解释，如"情节严重"。质言之，破解刑法疑难案例的有效方法在于语词解释，明确语词的基本含义，尤其是明确语词含义的肯定/积极选项（概念核心）、中立/中性选项（概念外围、概念边缘）和否定/消极选项。[②]

（二）理论背景

研究的理论背景包括罪刑法定原则、刑法解释以及"语言学转向"三个事实。其中，罪刑法定原则是法治原则在刑法领域的具体化，是刑法学问题研究的永恒主题；刑法解释属于刑法方法论，是刑法学的热点前沿问题；语言学转向则是哲学领域的基本命题，不过其对刑法学问题，尤其是对刑法文义解释的研究十分重要。

罪刑法定原则以权利限制权力为本质，是刑事法治的体现。然而，罪刑法定原则却不断被突破。一方面，我国存在罪刑法定原则行政化的现象。正如有学者所言，"刑事法律表面上由全国人大及其常委会制定，而实际上却把定罪量刑的制定权实质性地赋予国务院及其部委等行

[①] 王洪：《法律逻辑学》，中国政法大学出版社2016年版，第58页。
[②] 参见 [德] 英格博格·普珀《法学思维小学堂》，蔡圣伟译，北京大学出版社2011年版，第53页。

政机关。"① 其中，行政违法行为犯罪化所导致的刑法扩张最为明显。另一方面，我国存在罪刑法定原则过度实质化、政策化、弱规范化的现象。形式上的罪刑法定原则强调构成要件的类型限定，是法律安定性的内在要求。为应对复杂多变的社会生活现实，解决"法有限情无限"的法律适用困境，法律适应性不断被强调，原则之外的例外越来越多，甚至有湮灭原则之危险。与之相对应，法益侵害性甚至是社会危害性不断压缩人权保障的价值空间。

刑法解释是近两年刑法研究的热点前沿。这一论断是基于文献研究和统计分析的结果。② 这一现象的形成一方面是学界对法律方法不断重视的结果。正如有学者所言："转型中国法学逐渐在走向法律方法论的时代，以呼应中国法治时代的到来。"③ 也有学者指出："中国法学的发展已经逐渐摆脱了既往简单粗糙的状态，进入一种'问题凸显，方法精致'的格局。"④ 质言之，刑法文义解释论是从法学方法论到法律解释学再到刑法解释学之研究领域不断具体细化，而逐渐突出语言学研究视角，特别是重视去解释对象的语境的结果。另一方面是刑法立法活跃的结果。正如张明楷教授所言："刑事立法活跃化的时代已经来临。我不知道这将意味着刑法解释学的蓬勃生机，还是预示出刑法解释学的深刻危机。"⑤ 或许正是基于这两个理由，法律解释学被认为是中国法学研究的显学。在刑法学中，刑法解释更是被认为不断走向中心化。不过，这两年刑法解释学多集中于主观与客观之立场与形式与实质之限度之争，在方法研究方面略显薄弱。由于实质解释立场的缘故，目的解释和体系解释还多少被关注，而最基础的文义解释却总显得黯然失色，甚

---

① 郝铁川：《罪刑法定原则行政化现象的学理分析》，《法制日报》2018年5月2日第10版。
② 王政勋：《刑法解释的语言论研究》，商务印书馆2016年版，第3、7、8页。
③ 焦宝乾、陈金钊：《法治迈向方法的时代：2010年度中国法律方法研究学术报告》，《山东大学学报》（哲学社会科学版）2011年第2期。
④ 参见秦前红《监察法学教程》，法律出版社2019年版，第11页。
⑤ 张明楷：《刑法学（上）》（第5版），法律出版社2016年版，前言第1页。

至被认为是无用的。正是基于此种因素，笔者对刑法文义解释产生了浓厚的学术研究兴趣。

哲学领域是人文社会科学的基础学科，蕴含着理论研究的发展方向和丰富的方法论资源，其重要转变影响着其他学科的理论研究。阿佩尔认为："西方哲学经历了本体论阶段、认识论阶段和语言论阶段的发展过程。"① 在哲学领域，"语言学转向"和"语用学转向"被认为是哲学界的哥白尼革命，其不仅意义重大而且影响深刻。在哲学领域，本体论（存在论）侧重于客观存在的本身还原；认识论（知识论）侧重于"存在即被感知"客观内化的心理机制，方法论侧重于客观规律的整体约束；而语言论则侧重于主观表述的现实效果，但无论如何都是关于本质与意义的探寻。而语用学则是语言向言语的转变，意义向使用的转变。如果说，前述文义解释研究的薄弱是笔者基于"查漏补缺"的领域创新而形成的研究动机，哲学领域的两个转向则是笔者基于视角创新而坚定的研究决意。正如有学者所言："在方法论上，刑法（法律）解释方法主要体现在工具性的特征，它是我们认识、理解法律文本的工具；而在认识论上，刑法（法律）解释方法又是一个思维过程，它是指引解释者从混沌认识到清澈理解的思维路径。"② 申而言之，在语言论上，刑法解释是一种语言作业或操作，刑法解释方法自然就是操作规范。质言之，刑法是一种特殊的语言规范，而"语言表达思想，思想是对客观存在的认识，或者说是对客观存在的主观反映"。于是，我们可以说，语言论是在本体论的基础上对认识论的进一步发展。从这一角度而言，刑法文义解释论是语言学到法律语言学再到刑法语言学之研究视角不断具体和限缩而逐渐突出"解释"的结果。概言之，哲学领域的理论转向为笔者坚定研究方向提供了深刻的理论依据和方法论指导。

---

① 参见陈嘉映《语言哲学》，北京大学出版社2003年版，第14—15页。
② 殷磊：《刑法文义解释方法新论》，《法制与经济》2017年第1期。

其实，在笔者看来，研究背景不过是笔者对研究缘起的理性论证和心路梳理。"兴趣才是最大的动力"，或者是学习背景的前见影响，或者是日常生活的灵感，抑或对前人研究成果的仔细观察，但必须形成兴趣这一心理动机。尽管兴趣是主观任意的，但无疑是笔者坚持研究的主要动力。刑法文义解释的研究是"转向"的结果，理论上将之概括为"哲学转向""语言转向""语用转向""解释转向"等。其实，无论是方法到存在的转向，还是本体向语言的转向，抑或语义向语用的转向，再或者是构建到解释的转向，背后都蕴含着思维过程的深刻变化和理论研究的发展趋势。

二 研究的意义

研究的意义是在研究背景的基础上对研究缘起的进一步论证。或者更准确地说是"问题意识"和目的理性导向下的一种必要性证成。也是对学者对"文义解释之法律解释基础和优先地位"这一学界共识提出的"文义解释无用"质疑的正面回应。刑法文义解释的内在机制与实证研究可以突出刑法文义解释的理论地位。

（一）刑法文义解释的内在机制可以突出语言视角

刑法文义解释的内在机制研究可以促使刑法教义学研究发展的"语言学转向"。正如陈兴良教授所言："在我国刑法学界，对于刑法的研究越来越趋向于刑法教义学的研究。在我看来，刑法教义学的研究主要是对刑法的语言学和逻辑性的研究，由此而形成一定的刑法学体系。"[1]同时，陈兴良教授还进一步较为明确地肯定了从语言学视角研究刑法解释的重要性，其指出："刑法是一种语言现象和逻辑现象，对于刑法的解释应该有语言维度和逻辑维度，刑法学者应当是一个语言学家和逻辑学家。刑法教义学的研究主要是对刑法的语言学和逻辑学的研究。刑法解释本身就是一个复合型的概念，语言学是刑法解释的一个方

---

[1] 王政勋：《刑法解释的语言论研究》，商务印书馆2016年版，序言第1—2页。

法，而且是基本方法，这主要是指在刑法解释中广泛运用的语义解释。而语义解释也是与语言学联系最为紧密的解释方法。法律解释是一种语言作业或操作。"① 王政勋教授更是直截了当地指出："法律就是语言！刑法解释就是语言分析！"②

（二）刑法文义解释的内在机制可以彰显文义优先

"任何规范都从法律条文出发。文义是所有解释的首要的出发点。因此，对法律文义谨慎地认识和分析是适当解释的首要前提。"③ 解释是理解并说明的过程。④ 一方面，理解又是主观反映客观即认识内化的过程，这一过程必须以语言符号为媒介。当然，认识的内容就是语言文字的意义。另一方面，说明是主观意思表示即表达外化的过程，这一过程同样离不开语言符号，而表达的内容也是语言文字的意义。具体到刑法规范，刑法解释过程必须以刑法条文表述为媒介，以语言文字的意义为中心，从具有普遍语言意义的文义出发，最终又回到具有具体语境意义的文义，而且不得背离可能的文义，始终围绕文义展开。正如有观点所言："只要将文义作为解释的思维中心的解释方法就是文义解释。"⑤ 由此可见，文义是解释的中心。因为尽管说解释语词的动机很多，但解释的落脚点一定是语词的意义。概言之，文义是解释思维过程的起点、中心、归宿和边界。诚如陈金钊教授所言，"文本的文义构成了解释的出发点和界限"。⑥ 只不过，文义经历了从普遍抽象的词汇意义到专业具体的语境意义的不断具体细化。由是观之，解释是不断将意义从抽象到具体的过程。

---

① 王政勋：《刑法解释的语言论研究》，商务印书馆2016年版，序言第1—3页。
② 王政勋：《刑法解释的语言论研究》，商务印书馆2016年版，第442页。
③ [德]伯恩·魏德士：《法理学》，丁晓春、吴越译，法律出版社2013年版，第315页。
④ 一般而言，心理活动包括认识、评价、意志三个阶段，意志包括决定和表达，而表达则是说明主体认识的过程。
⑤ 殷磊：《刑法文义解释方法新论》，《法制与经济》2017年第1期。
⑥ 陈金钊：《法律解释学——权利（权力）的张扬与方法的制约》，中国人民大学出版社2011年版，第6页。

(三) 刑法文义解释的内在机制可以强化法治关联

对刑法的语言学研究具有相对的中立性，可以确保解释结果最大限度地实现科学客观。刑法文义解释强调以文义为解释的起点与限度，而且是必经环节。如此一来，可以避免先入为主，从而避免解释过程过度实质化、政策化、弱规范化。例如，目的解释之目的的发现如果不以文义为基础和限度，难免被"政治化"，从而滋生肆意。同样，类推解释与扩大解释如果不以可能的文义为基础和限度，也容易相混淆而危及法治。毫不讳言，多数解释者在解释之前已有经验预判，与其说是解释倒不如说是论证。正如张明楷教授所言："事实上，大多数的所谓推理，在于为继续相信自己已经相信的信条而寻找理由。解释者在采用各种解释手段之前，就有一个达到目的的预断，任何解释手段的运用只是将文本敲打成能为自己的目的服务的形状，并坚持认为那种活动与文本解释之间不存在任何差别，自己的目的就是文本的目的。"[①] 王政勋教授也指出："在案件处理过程中，我们一般会首先凭借直觉或根据图式做出有或无罪的初步判断，然后再去寻找理论上、法律上的根据，就像拉德布鲁赫所说的，'是非感预先采取了结论，法律则事后为此提供理由及界限'。"[②] 正因为如此，哲学诠释学认为解释是视域融合的过程。解释是先见（前见）知识或者说是经验与作品含义的融合过程，其中难免有价值判断。正如日本学者前田雅英教授所言："解释的实质性的容许范围与实质的正当性（处罚的必要性）成正比，与法律条文的一般语义之间的距离成反比。"[③] 但是，无论如何我们要恪守文义的解释起点。虽然经验无法彻底被格式化，但是需要尽量将其科学化，而科学化首先是将过程分阶段、次序化。文义解释从语法意义到词汇意义再到语用意义，从日常意义到专业意义再到个案意义的过程正是从客观到主观、从形式到内容的科学过程。

---

① 参见张明楷《刑法学（上）》（第5版），法律出版社2016年版，第四版前言第1页。
② 参见王政勋《刑法解释的语言论研究》，商务印书馆2016年版，第168、177页。
③ ［日］前田雅英：《刑法总论讲义》，曾文科译，北京大学出版社2017年版，第4页。

综上所述，我国法律体系已经基本完备，现在已经进入法律解释的时代。法律解释必须在法律解释方法论的指导下进行。而文义解释是最为基础和最为重要的法律解释方法，所有法律解释方法的运用都必须建立在文义解释方法的基础之上，以文义解释为起点和重点。所以，文义解释的研究从理论上可以以语言学的理论充实刑法学理论，也能为刑事司法实践提供方法论指导。另外，"法律的意义需要语言建构"。刑法是一种语言现象，从语言学的角度构建刑法文义解释的操作原理，有利于从个案语境确定刑法术语的具体意义，可以突破传统理论研究的局限，实现从机械的文义解释到明达的文义解释的转向，增强刑法文义解释的有效性和可接受性；也可以解答主观解释与客观解释、形式解释与实质解释、文理解释与论理解释、刑法文理解释与其他学科文理解释的关系等问题；还可以使文义语言化、规范化、社会化、日常化，可以廓清"文本可能的含义范围"，确定"公民的可预测性"标准，增强刑法的确定性，进而使罪刑法定原则具体化。正如陈兴良教授所言："在我国刑法学界，对于刑法的研究越来越趋向于刑法教义学的研究，而刑法教义学的研究主要是对刑法的语言学和逻辑性的研究，由此而形成一定的刑法学体系。"因此，语言学是解释的基本方法，而文义解释是与语言学联系最为紧密的解释方法。概言之，刑法文义解释至关重要，刑法文义解释的基础理论研究和系统研究还不够并且存在较大理论争议、缺乏理论共识，这是本研究展开刑法文义解释基础理论研究的根本原因。

三 问题的引出

从法治导入是法律解释研究，甚至是所有法学研究的切入点和重要背景事实。例如张志铭教授的《法律解释学》一书的导言就是以"现代法治背景下的法律解释"进行命名；魏治勋教授在其《法律解释的原理与方法体系》一书的导论和第一章中以"中国法治建设事业的深入推进和公民权利意识的觉醒和权利保障事业的进步"为研究的逻辑起点。笔者在此也不例外。更何况"全面依法治国"已经成为重要的政治命题。另外,在理论上依法治国原则也已然成为重要的信条。而在刑法领域,罪刑法定原则是法治(依法治国理念)的具体表现。法律明确性又是罪刑法定原则最重要的信条之一。而法律的明确性之实现一方面在于"科学立法",更重要的一方面还在于刑法解释。然而,我们进行刑法解释不是为了解释而解释,而是为了更好地适用刑法。于是,刑法解释结论的正确与否就须臾不可或缺。尽管说,方法正确并不意味着结论就一定正确,但是没有科学的方法为依据,很难说能获得经得起考验的刑法解释结论。① 法律思维与法律方法便成为重要的法学知识谱系。而在所有的刑法解释方法中,刑法文义解释是最基础、最重要的解释方法。然而,刑法文义解释是什么,为什么要进行刑法文义解释,以及如何进行正确的刑法文义解释并非十分清楚,但是这些问题也并非先验的,而是充满争议。学界对于刑法文义解释的共识只停留在刑法文义解释具有优先性,是起点也是归宿等宏观的理论层面,即便是方法论意义上的规则也只是静态意义上的规则建构,动态意义的规则适用并不明

---

① 就解释结论的妥当性而言,我们可以将其划分为正确、精确、准确三个层次。首先,正确与错误相对应,也是对解释结论最基本的要求——正确适用法律。所谓正确的解释结论往往与错误的解释结论相对应。不过,正确与错误的界限具有相对性,需要明确判断的标准。在此,我们一方面要相信看到的、听到的、感觉到的客观存在,这是判断的基础,但是"耳听为虚,眼见的不一定为实",我们还需要进一步理性地判断。在此,我们还需要注意真假(伪)和对错(正确与错误)的区别。一般而言,对错(正确与错误)是在真的基础上的进一步划分(假的往往是错的)。在法律领域,我们也是只有在解决了事实问题的基础上才解决规范问题。详言之,真假解是对事实问题的评价,对错是规范问题的评价。关于事实的陈述有真假,依据规范的判断有对错。质言之,真假语句的主语是客观事物,对错语句的主语是人的观点。其实,"真假"是对某个"事物"的某个"陈述"的评判;"对错"是对某个"问题"的某个"回答"的评判;一个"陈述"为"真",当且仅当这个"陈述"符合"事实真相";对某个"问题"的某个"回答"是"对(正确)"的,当且仅当这个"回答"符合"标准答案"。于是,认识、理解、判断的依据是什么本身就是一个值得我们认真思考的问题。不过,可以肯定的是,类推解释的结论和荒谬的解释结论肯定是错误的。其次,精确与粗糙相对应,也是对解释结论更进一步的要求——论证过程精致。所谓精确的解释结论往往与粗糙的解释结论相对应,我们常常说精确到最小单位。因而精确更加强调解释过程的科学性和可操作性。而且我们也常说:"刑法是最精确的学科。"其主要的体系是学说较多。最后,准确与误差相对应,也是对解释结论的最高要求——案件定性准确。所谓准确的解释结论往往与解释误差相对应。准确更加强调解释过程和解释结果的技术性。

晰。质言之，现有理论只停留于一般方法论意义上的方法，并因可操作性和技术性不强而未能成为专门方法。因而以刑法文义解释的实际操作为指向，运用语言学基础理论对刑法文义解释的立场、限度、原则、方法、适用等技术问题和操作原理进行系统研究就成为必要。概言之，刑法文义解释基础理论的系统研究还不够并且尚存在较大理论争议，学界对此缺乏理论共识，这是本研究展开刑法文义解释内在机制研究的根本原因。

第二节 研究综述

一 研究的概述

（一）研究的数量及其分布

据对文献的不完全统计，笔者发现，其一，以"刑法文义解释"为篇名的论文数量很少，最早开始于2002年时延安教授的《论刑法规范的文义解释》一文，不过早在1995年李希慧教授就发表了《论刑法的文理解释方法》一文；以其为主题的论文则较多，自2005年近十年以来年均15篇，而且2012年以来呈逐渐增长趋势。其二，以"刑法解释方法"为篇名的论文数量较少，最早开始于1994年李希慧教授的《刑法的论理解释方法探讨》一文；以其为主题的论文则较多，近十年来年均43篇，自2001年开始就逐渐增长。其三，以"文义解释"为篇名的论文也较少，十年来年均3篇，以1995年陈金钊教授和尹绪洲教授合著的《法律的文义解释与词典的使用——对美国司法过程中词典使用的述评》一文为开端；以其为主题的论文则很多，而且不限于法学，自2000年以来数量开始增多并逐渐上升，十年来年均74篇。其四，以"刑法解释"为篇名的论文则很多，十年来年均85篇，而且可追溯至1981年甘雨沛教授与日本学者中山研一教授合著的《对牧野英一的刑法理论—刑法解释论》一文，不过1986年赵秉志教授的《简论刑法中的扩张解释》开启了我国真正意义上的刑法解释研究；以其为主题的论文则非常多，十年来年均865篇，自2000年以来数量开始快速增多并逐渐上升。由是观之，自1981年以来刑法解释的研究在我国一直都是一个理论问题，逐步升温，已然成为理论热点问题，而且越来越重视解释方法的研究，只不过对于刑法文义解释的专门研究较为薄弱。然而，刑法目的解释和刑法体系解释则相对较热，以"刑法目的解释"为篇名的论文有31篇，以"刑法体系解释"为篇名的论文有17篇。

就学位论文数量及其所占比重而言，以"刑法解释"为题的博士学位论文只有9篇，第一篇博士学位论文是1993年李希慧教授的《刑法解释论》，没有以"刑法解释方法"，更无"刑法文义解释"为题目的博士学位论文；以"刑法解释"为题的硕士学位论文也只占到14%，以"刑法文义解释"为题，甚至以"刑法解释方法"为题的论文都较少。当然，与其他各学科相比较而言，刑法文义解释还是走在了其他部门法前面，甚至几乎和法理学相当，2005年就有以此为主题的硕士学位论文。

在著作方面，涉及文义解释的著作较多，一般涉及法律解释的著作，尤其是教材都会对文义解释有所涉及，不过多作为方法做一个概念性介绍。就笔者所收集的文献中，具有代表性的中文著作是：陈金钊教授和张志铭教授各自所著的《法律解释学》；王泽鉴教授所著的《民法总则》，王利明教授所著的《法律解释学》，梁慧星教授所著的《民法解释学》；张明楷教授所著的《刑法学》《刑法分则解释原理》，高铭暄教授与马克昌教授主编的《刑法学》，陈兴良教授所著的《刑法学方法论研究》，赵秉志教授所著的《刑法解释研究》、李希慧教授所著的《刑法解释论》、魏治勋教授所著的《法律解释的原理与方法体系》等。然而，只有1部专利权方面的著作题目中含有文义解释，尚未检索到以文义解释为题的著作，更无以刑法文义解释为题的著作。其中，李希慧教授所著的《刑法解释论》，王利明和陈金钊所著的《法律解释学》，梁慧星所著的《民法解释学》中对文义解释做了专章论述。综上所述，对于刑法文义解释，除专论外，涉及法律解释的论著大都会对文义解释有所涉及，而且大都将其作为解释方法首先介绍，但是都不会深入论述。不过，在此需要特别说明的是，眼下，学界一般认为，王政勋教授是刑法学语言分析的开拓者，其博士学位论文修改而成的《刑法解释的语言论研究》蕴含着刑法文义解释研究的宝贵资源，甚至可以说是笔者对刑法文义解释进行研究的蓝本。

（二）研究的历程及其发展

在我国，民法学者最早开始研究法律解释问题，徐国栋教授和梁慧星教授先后分别出版了《民法基本原则解释》《民法解释学》。刑法学界最早关注并研究刑法解释问题的是李希慧教授，他在1993年以"刑法解释论"为题撰写了博士学位毕业论文，并在1995年付梓出版。1997年1月，法理学召开了题为"（民）法解释学"的学术研讨会，并出版了《法律解释问题》一书，该书对刑法解释问题的研究起到了非常重要的推动作用，其中苏力的《解释的难题：对几种法律文本解释方法的追问》、张志铭的《中国的法律解释体制》后来经常出现在刑法解释论文的引注中。1999年台湾学者杨仁寿的《法学方法论》进一步加大了法学界对法律解释问题的关注。2003年中国法学会刑法学研究会将刑法解释问题被确定为会议主题之一；同年，台湾学者陈爱娥翻译的卡尔·拉伦茨的《法学方法论》在大陆出版。2004年年初，张明楷教授的《刑法分则的解释原理》出版；当年年底，"刑法方法论"高级论坛的召开终于使刑法解释问题在刑法学界成为持续性热点之一。刑法文义解释更是随着学位论文和期刊论文的发表也逐渐成为热点关键词。其实，自1981年以来刑法解释的研究在我国一直都是一个理论问题，逐步升温，已然成为理论热点问题，而且越来越重视解释方法的研究，只不过对于刑法文义解释的专门研究较为薄弱。然而，刑法目的解释和刑法体系解释则相对较热。就未来走向而言，笔者认为，只要坚持罪刑法定原则之刑事法治，刑法文义解释就须臾不可或缺，而且会越来越精细且体系化。其中，刑法文义解释中"文义"的界定与获取是关键。而文义又是语言学的重要范畴。在语言学中，文义不再仅是字面含义而指称语言的意义内容,分为词汇意义、语法意义、修辞意义,从语言意义过渡到话语领域,产生语境意义,又分出上下文意义和社会文化意义两类。文义解释实质上是基于人们对语言意义的认识而提出的。在哲学社会科学领域发生了语言学转向,而语言学则发生了语用学转向。以文义为视角整合刑法文义解释的多学科背景,构建刑法文义解释的操作原理,可以顺应理论发展趋势,并且可以为形塑刑法解释的独立品格提供理论营养。

二 研究的叙述

研究综述可以有时间维度,也可以有数量维度,还可以有问题维度。如果说概述更多的是时间维度和数量维度的话,研究的叙述更多的应该是问题维度。一方面需要明确主题研究的争议,另一方面还应当明确主题研究已经解决的问题和尚未解决的问题。

(一) 研究争议的问题

关于刑法文义解释,学界主要在刑法文义解释的含义、性质、地位、方法、规则等几个方面存在争议。

1. 关于刑法文义解释的含义的争议

对于刑法文义解释的含义,第一种观点认为,"文理解释,就是对法律条文的文字,包括单词、概念、术语,从文理上所做的解释。"[1] 第二种观点认为:"文理解释,是指根据刑法用语的文义及其通常使用方式阐释刑法意义的解释方法。"[2] 第三种观点认为:"刑法的文理解释方法,是指从词义和语法结构上对刑法规定的含义予以阐明的方法,具体分为字面解释和语法解释两种。"[3] 第四种观点认为:"文义解释又称文理解释,是指根据立法描述所选择的语言意义确定法律规范内容的解

---

[1] 高铭暄、马克昌:《刑法学》(第8版),北京大学出版社、高等教育出版社2017年版,第24页。
[2] 张明楷:《刑法学》(第4版),法律出版社2007年版,第37页。
[3] 李希慧:《论刑法的文理解释方法》,《中央检察官管理学院学报》1995年第1期。

释方法，具体包括通常文义解释、可能文义解释和模糊文义解释。可能文义解释往往属于扩大解释，而模糊文义解释则属于类推解释，实际上在进行法律漏洞补充。"① 这一观点通过分析"文义"一词来对文义解释进行定义，并通过"是指"和"具体包括"两个方面明确了文义解释的概念及分类，其侧重于通过分析"文义"一词来对刑法文义解释进行定义。在其看来，文义——语言意义——是解释的根据，扩大解释是文义解释中的一种特殊解释。最近，有学者提出了刑法文义解释的含义，其指出："刑法文义解释是指从刑法规范的文义、语法结构和句式上对刑法用语的含义予以分析和解释的方法。"②

由此可见，刑法文义解释的传统定义并不统一，几乎是各有侧重。而且，传统定义在一定程度上混淆了解释的对象、目标、角度和根据。更为甚者，传统定义对"文义"一词的外延揭示不够周延，只局限于词义和语法，而缺少语用分析。

2. 关于刑法文义解释的性质的争议

对于刑法文义的性质，主要存在以下争议。第一，解释要素说。"法律解释有三个要素：逻辑、语法、历史。每一个解释必须同时具备这三个要素。"语法要素，是指对法律表达思想所使用的媒介进行阐明。③ 第二，解释标准说。"法律解释的标准有字义、法律的意义脉络、立法者的规定意向以及被规整的事物领域之结构。字义是指一种表达方式的意义，依普通语言用法构成之语词组合的含义，或者依特殊语言用法组成之语句的意义，于此，尤指该当法律的特殊语法。"④ 第三，解

---

① 王海桥、曾磊：《刑法文义解释探究》，《刑法论丛》2014年第2卷，法律出版社2014年版，第69—71页。

② 任彦君：《刑事疑难案例适用法律方法研究》，中国人民大学出版社2016年版，第37页。

③ ［德］弗里德里希·卡尔·冯·萨维尼、［德］雅各布·格林：《萨维尼法学方法论讲义与格林笔记》（修订译本），杨代雄译，法律出版社2014年版，第8页。

④ ［德］卡尔·拉伦茨：《法学方法论》，陈爱娥译，商务印书馆2003年版，第200—201页。

释要素和解释标准等同说。或许是由于翻译的问题，德国学者伯恩·魏德士却认为："萨维尼提出了解释的四个'基本要素'，它们已经在罗马法和中世纪的意大利法中成为正当的解释标准。语法要素，即对立法者所使用的'语言法则'进行解释。"① 第四，解释态度说。严格解释与灵活解释是既对立又统一的两种解释态度，一般认为文义解释是一种严格解释态度。第五，解释方法说。此乃学界之通说。多数学者认为，文义解释是法律解释的方法。第六，解释理由与解释技巧区分说。这是张明楷教授借鉴日本学者的观点而形成的学说，是对解释方法进一步精细化的结果，其认为，"平义解释是解释技巧，文理解释是解释理由。"② 第七，解释路径、解释规范、解释论点、解释理由四种"面相"说。张志铭教授在考察法律解释方法用语情况和逻辑分析的基础上，指出："法律解释方法的第一种面相是法律解释操作的可行路径（方式、方法、角度），第二种面相是法律解释操作所应该遵守的准则（规则、规范、标准、原则、指令、预设或格言等），第三种面相是法律解释操作结果——法律解释论点或主张——的形态，第四种面相是支持法律解释论点或主张的理由（根据、论据、前提、要素、因素、渊源等）。"③ 相比较而言，笔者更倾向于第一种面相——解释路径。

综观上述观点，第六种观点和第七种观点与第五种观点并无二致。质言之，最后两种观点都是在承认文义解释是法律解释方法的基础上，对法律解释方法之含义的进一步精细化区分的结果。相比较而言，第七种观点更是全面地解决了刑法文义解释的性质界定问题，值得借鉴。但是，其也仅仅是局限于方法论解释学视域下的刑法文义解释性质界定，而忽视了解释学的哲学转向。解释学已经从方法论解释学转变到了哲学论解释学，甚至有了语言学转向。所以，对于刑法文义解释的性质界

---

① ［德］伯恩·魏德士：《法理学》，丁晓春、吴越译，法律出版社2013年版，第300—301页。
② 张明楷：《刑法学（上）》（第5版），法律出版社2016年版，第34页。
③ 张志铭：《法律解释学》，中国人民大学出版社2015年版，第46—47页。

定，应当在方法论、认识论、本体论、语言论四个层面进行。

3. 关于刑法文义解释的地位的争议

刑法文义解释的地位，关乎文义解释与其他解释方法的关系，具体可以分为两个方面的问题：一方面是文义解释与其他解释方法是否存在外延上的包含关系的问题；另一方面是文义解释与其他解释方法是否存在适用上的优先关系的问题。

对于第一方面的问题，学界通说观点认为，文义解释与论理解释是相并列的解释方法；而陈金钊教授则认为："文义解释包括字面解释、限缩解释、法益解释、合宪解释、当然解释、语法解释、体系解释、比较解释。"[1]

对于第二方面的问题，学界首先有着法律解释方法之间是否存在一定位阶的争议。持肯定说的学者占多数，如克莱默、陈金钊、黄茂荣、梁慧星、梁根林、陈兴良、程红、苏彩霞等人，大致的顺序为：文义解释—体系解释—历史解释—目的解释—社会学解释—合宪性解释；但是也有学者持否定说，如萨维尼、拉伦茨、王利明、张明楷、周光权等人；折中说的学者较少，如阿列克西，其实偏向于否定说。[2] 另外，存在争议的是文义解释和目的解释二者谁更优先，谁才是解释的终点。对此，理论上一般认为，形式解释论者认为文理解释优先，是解释的终点；实质解释论者则认为目的解释优先，是解释的终点。[3]

其实，学界上述理论在关于刑法文义解释的优先性的讨论中没有区分"位序"与"位阶"。甚至可以说，学界在对刑法文义解释的优先性的讨论中混淆了"位序说"与"位阶说"。位阶一般侧重于效力上的高

---

[1] 陈金钊：《文义解释：法律方法的优位选择》，《文史哲》2005年第6期。

[2] 参见魏东、田馨睿《刑法解释方法：争议与检讨》，赵秉志主编《刑法论丛》2018年第3卷，法律出版社2018年版，第133页；王利明《法律解释学》，中国人民大学出版社2016年版，第452—453页；[奥]恩斯特·A.克莱默《法律方法论》，周万里译，法律出版社2019年版，第146—148页。

[3] 参见魏东、田馨睿《刑法解释方法：争议与检讨》，赵秉志主编《刑法论丛》2018年第3卷，法律出版社2018年版，第136页。

低顺序,在此,主要是就相互冲突的解释结论取舍而言的。而位序则一般侧重于适用上的先后顺序,在此,主要是就解释方法运用的解释过程而言的。不过,在理论上,文义解释是解释活动的起点,似乎不存在争议。因而,文义解释具有优先性。

4. 关于刑法文义解释的方法和规则的争议

对法律解释方法或者说文义解释方法研究有代表性的是王政勋教授,王政勋教授在其《刑法解释的语言论研究》一书中,首先提出了"解释论循环"的刑法解释原则,随后指出:"词义解释主要有以下方法:语素分析、多义词辨析、同义词分析。其在语素分析部分,指出合成词的构词方式有:偏正型、支配型、补充型、陈述型、联合型;在多义词辨析部分,指出从意义、功能、感情色彩上对多义词进行辨析;同时在同义词分析部分指出,除了借助于语感、语文词典外,辨析同义词意义的方法主要有训诂法、替换法和义素分析法。"[1]

致远教授认为:"文义解释法的具体应用规则主要包括语法规则、通常含义(平义)规则、通常含义与技术术语含义的选择规则、概括用语的解释规则等五个规则,概括用语的解释规则又分为同类规则、普遍性词语不影响特定化词语的意义规则、防止概括用语绝对化规则等三个规则。"[2]

魏治勋教授认为:"文义解释的司法操作技术规则是法官解释法律应予遵守的程序性准则,主要包括语法规则、语义学规则、概括性法律用语规则。语法规则又分为狭义的语法规则、词法规则以及语句逻辑规则等三个规则;语义学规则又分为通常含义规则、次要含义规则、专门含义规则、技术含义规则、'三不舞'程序规则、避免自然主义谬误等六个规则;概括性法律用语规则又分为同类规则、普遍性词语不影响特定化词语的意义规则、防止概括性用语绝对化的规则等三个规则。同

---

[1] 王政勋:《刑法解释的语言论研究》,商务印书馆2016年版,第233—256页。
[2] 致远:《义义解释法的具体应用规则》,《法律适用》2001年第9期。

时，黄金规则是文义解释的基本限制规则。"①

在王利明教授那里，"文义解释规则包括文义解释的依据、文义解释方法的运用和狭义的文义解释规则。文义解释的依据包括：借助法理进行解释、运用文法进行解释、借助词典进行解释、根据文义的语境进行解释、采用生活经验等其他方式进行解释；文义解释方法的运用包括判断文义是否清晰、确定文义的可能范围、确定文本的通常含义、借助规范语境确定法律规则的文义、对于特殊用语应当进行特别解释、文义解释与其他方法的结合运用；狭义的文义解释规则包括解释法律不可拘泥于文字、按照通常理解进行解释的规则、专业用语应依据专业含义进行解释、误载不害真意、文义解释不可断章取义、指示规则、同一解释规则、尽可能采纳用语清晰的文义、尽可能选择最有利于纠纷解决的解释方案等九个规则"。②

还有学者指出："法官解释法律的推理规则可以概括为以下三条：文义规则、弊端规则、黄金规则。上述规则构成法官释法的语义原则、语境原则和语用原则。"③ 对此，笔者认为，这一观点混淆了解释的规则、原则和方法，与其说上述三个原则是解释的规则，倒不如说其实解释的方法。亦或者说，将规则简单地描述为语义、语境和语用过于粗浅。

通过综合分析上述观点，我们可以发现，现有理论关于刑法文义解释之规则的研究，仅仅停留在实体规则的列举，而缺乏操作步骤的程序性体系规整，即使是实体规则列举也缺少实践理性，或者过于粗糙，或者失之片面。同时，上述观点在一定程度上混淆了解释的方法、依据和规则。在此，我们可以说现有理论在一定程度上混淆了文

---

① 魏治勋：《文义解释的司法操作技术规则》，《政法论丛》2014年第4期；魏治勋：《法律解释的原理与方法体系》，北京大学出版社2017年版，第155—178页。

② 王利明：《法律解释学》（第2版），中国人民大学出版社2016年版，第144—159页。

③ 王洪：《法律逻辑学》，中国政法大学出版社2016年版，第85—87页。

义解释的方法和规则，往往将法律解释规则简单地等同于法律解释方法。因而，我们应当在对方法、规则、原则进行区分的基础上将方法类和依据类的规则进行复归。相比较而言，王利明教授关于"文义解释的解释规则"的观点值得借鉴，可以以此为基础整合其他学者的观点。

（二）已经解决的问题

目前，没有争议或者争议已经基本解决的问题主要是文义解释的价值。其一，文义解释的法治意义及其与罪刑法定的关系已经为学界所公认。例如，周光权教授指出："解释无论如何不能逾越法条用语的可能含义，从而使得罪刑法定原则得以坚守。"[①] 张明楷教授也指出："凡是超出刑法用语可能具有含义的解释，都是违反罪刑法定原则的解释（有利于被告人的类推解释除外）。"[②] 其二，文义解释是解释的起点，是通说观点。例如台湾学者杨仁寿指出："欲确定法律的含义，'必须先了解其用词遣字，确定字句的意义，始能究其功'。"[③] 概言之，在刑法文义解释研究领域中，"（为什么）要进行文义解释"的问题，或者说"刑法文义解释的价值"的问题已经解决，或者说即使有争议也基本形成共识。当然此处的文义更多的是传统之文义——字面含义，笔者在此提倡将文义理解为语言学中的语义学或词汇意义。

（三）尚待解决的问题

当然，刑法文义解释还有诸多尚待解决的问题。不过，也正是这些尚待解决的问题促使笔者进行刑法文义解释的思考和研究，在这一意义上讲，这些尚待解决的问题能够得以解决也会成为笔者研究的创新点。当然，能够得以解决是笔者一厢情愿的想法，但这是笔者研究的动机和动力所在。因为谁都不敢说自己已经获得真理，我们只能努力不断接近真理，笔者也概莫能外。不过，在解决问题之前，问题梳理就成为一种

[①] 周光权：《刑法总论》（第3版），中国人民大学出版社2016年版，第49页。
[②] 张明楷：《刑法学》（第4版），法律出版社2011年版，第35页。
[③] 杨仁寿：《法学方法论》（第2版），中国政法大学出版社2013年版，第139页。

必要。

一是刑法文义解释的研究视野还不够细致。关于刑法文义解释的现有论述所针对的问题还不够具体。理论上，一般将问题分为宏观、中观和微观，而眼下刑法文义解释研究所针对的问题则正由宏观向中观过渡，微观问题研究已经开始但尚未形成气候。正如王政勋教授所指出的那样，"我国学界目前对刑法解释的研究仍然存在严重不足，即论证还不够精细，理论器宇还不够恢宏。从研究范围看，对刑法解释具体机制的探讨还比较肤浅——虽然很多论文涉及刑法解释方法，但更多是从保障人权、实现罪刑法定的角度出发的，对刑法解释的基本立场、刑法解释的基本机制缺乏应有关注……"[①]

二是刑法文义解释的知识谱系失之均衡。由前述问题导向的偏差，刑法文义解释的知识谱系难免有失均衡。一方面，现有理论成果多注重刑法文义解释的政治意义和哲学意义，而忽视了刑法文义解释的本体问题研究。质言之，现有理论在刑法文义解释的价值——"为什么要进行文义解释"问题花费了太多的笔墨，而在具体适用方法解决问题层面即"文义解释是什么"以及"如何进行文义解释"等方面的问题则关注不够，甚至有学者反对文义解释的方法属性和独立存在的必要性。另一方面，刑法文义解释要么过于局限在传统法学知识范畴之内，要么出现学科交叉研究的偏差。朱苏力教授将法学分为政治法学、规范法学、社科法学等。眼下，刑法文义解释论研究在注重学科交叉的同时，只注重政治科学的主义导向和社会科学的结果导向，而未能重视方法适用的技术导向整合，特别是语言学理论的汲取。正如王政勋教授所指出的那样，"从借助的理论资源看，对哲学、语言学的重视程度远远不够。"[②]

三是刑法文义解释的操作技术不够科学。令人可喜的是，学界已有

[①] 王政勋：《刑法解释的语言论研究》，商务印书馆2016年版，第26页。
[②] 王政勋：《刑法解释的语言论研究》，商务印书馆2016年版，第26页。

学者对刑法文义解释的操作技术进行了不同程度的尝试。但是，一方面，现有研究关于刑法文义解释操作技术的理论建构还较为粗糙。之所以现有理论说理较为粗糙，是因为在理论建构过程中没有合理汲取相关学科的理论资源，尤其是语言学分析理论。另外，关于"刑法文义解释"的前提问题没有得到解决，以至于学者在理论建构过程中将"是什么"和"怎么办"的问题混淆。另一方面，现有研究关于刑法文义解释操作技术的理论建构还需要进一步体系化，从而增强可操作性。即便是被理论认为是"语用解释开拓者"的王政勋教授，虽然是学界最早提倡从语言角度解释刑法的学者之一，其构建的"语言论解释方法"在体系性方面还需要进一步强化，在所能解释的问题范围方面还需要进一步拓展。概言之，学界对于刑法文义解释的研究，在"为什么要进行或者说要进行文义解释"方面的研究较为充分，而对于"刑法文义解释是什么"以及"如何进行刑法文义解释"方面的研究还需要进一步深入。

三 研究的评述

对于刑法文义解释，除专论外，涉及法律解释的论著大都会对文义解释有所涉及，而且大都将其作为解释方法首先介绍，但是都不会深入涉及，更是未能从具体操作层面系统展开，更囿于刑法学规范研究，尚无独特内容，亟须从语言哲学分析视角进行拓展。而且对刑法文义解释的用语、概念及理论的界定存在争议，尚未厘清主观解释与客观解释、形式解释与实质解释、文理解释与论理解释、刑法文义解释与其他学科文义解释是何种关系，如何进行刑法文理解释等问题。

对此，有观点认为，学者在解释学文章中都会对文义解释进行论述，但又往往并不把其作为研究的重心，或者更重视文义解释在价值上的优先地位而未作更详细的论述具体的操作过程；刑法学对于刑法解释的研究但似乎过多注重借鉴法律解释研究的通用性成果，忽视了刑法解释特有的学术品格的研究。① 也有观点认为，我国目前对刑法的文义解释的研究大多集中在其适用环节，而对其理论基础的研究还处于起步阶段；在刑法文义解释的适用过程中关于解释立场和解释目标也存在争议；就各种解释方法的关系各家学说也不统一，主流的学说是位阶学说，但也存在一定的问题。② 还有观点认为，学界对文义解释的探讨主要集中在文义解释的概念、文义解释是否为法律解释的终点、文义解释的特点及缺陷等三个问题。③

综上所述，目前学界对刑法文义解释的研究已经取得了一定的成就，但也存在仍处于发展中、亟待深入研究的领域。例如，学界对"刑法解释与刑事法治的实现之间的关系"这一"解释之外"的问题探讨得较为深入，而对刑法文义解释的内在机制这一"解释之内"的问题则不甚关注甚至尚未来得及关注。质言之，学界对刑法文义解释的体系化研究尚不充分，尤其是对刑法文义解释内在机制的系统研究和精细化研究还不到位，这是本研究欲重点解决的主要问题。

第三节　研究方案

一　研究的目的

研究的目的在于从语言学的视域对刑法文义解释进行重新界定，从而厘清其与其他解释方法之间的关系，并在此基础上建构刑法文义解释的操作规范，进而增强刑法文义解释的实践功能，进而可以加强刑法文义解释基础理论的系统研究。

(一) 重构刑法文义解释的基础理论体系

"理论体系"通常是通过范畴体系（化）来建构的。重构刑法文义解释的理论体系在于遴选和确定刑法文义解释的基本范畴，并构建范畴

---

① 参见苏凯《刑法文义解释研究》，硕士学位论文，山东大学，2013年。
② 参见李超《论刑法的文义解释》，硕士学位论文，河北大学，2015年。
③ 参见陈君枫《刑法词语解释研究》，硕士学位论文，中国政法大学，2010年。

体系。① 就遴选和确定刑法文义解释的基本范畴及其体系而言，笔者认为，应重点考虑以下三个方面的问题。第一，刑法文义解释是刑法文义解释范畴体系的首要范畴。刑法文义解释是刑法文义解释内在机制的研究对象，是刑法文义解释理论体系中最为基础的范畴。第二，刑法文义解释的范畴体系以语言学范畴体系为参照。刑法文义解释是刑法的语言学解释。刑法文义解释是从语言的角度说明刑法规定所包含的真实意义。刑法文义解释的内在机制是刑法的语言学分析。刑法文义解释范畴体系也就必然以语言学范畴体系为参照。语言学范畴体系应当包括语言意义范畴体系和语言分析方法体系。第三，必须根据"阶层思维"，从实体和程序两个方面构建刑法文义解释的解释规则范畴体系。"阶层思维"强调分阶段、有次序、不断递进。解释实体规则范畴体系强调"文义是解释的起点，法律文本的约束"等，有利于确保解释结论的有效性和正确性；解释程序规则范畴体系强调"从语法到语义再到语用（境），语境内部从言内到言伴再到言外"等，有利于确保解释过程的科学性和解释方法的可操作性。基于上述几个方面问题的考虑，刑法文义解释的内在机制的范畴体系应当包括刑法文义解释、刑法的语言学分析范畴体系、刑法的解释规则体系。刑法的语言学分析范畴体系又包括刑法术语的语言意义范畴体系和与之相对应的语言分析方法范畴体系。刑法术语的语言意义范畴体系包括语法意义、词汇意义和语境意义。语言分析方法范畴体系包括语法分析、词语分析和语境分析。需要说明的是，词汇意义不是字面含义，也不仅是传统的概念内涵，而是由法定含义、字典含义、学理含义、专业含义形成的概念内涵意义范畴体系以及由肯定类型（典型类型）、中间类型和否定类型形成的概念外延类型。语境范畴体系又是由言内语境、言伴语境和言外语境组成的范畴体系。言内语境分析可以包含传统的体系解释、言伴语境分析可以指称"以案释法"、言外语境分析则可以兼顾传统的目的解释、历史解释，还能

---

① 参见魏东《刑事政策原理》，中国社会科学出版社2015年版，第1页。

兼顾社会学解释、政策学解释等解释方法。

(二) 建构刑法文义解释的具体规则体系

方法的有效操作必须依赖于具体规则。刑法文义解释的内在机制也必须建立在具体的解释规则范畴体系之上。如前所述，刑法文义解释的解释实体规则范畴体系强调"文义是解释的起点，法律文本的约束"等，有利于确保解释结论的有效性和正确性；刑法文义解释的解释程序规则范畴体系强调"从语法到语义再到语用（境），语境内部从言内到言伴再到言外"等，有利于确保解释过程的科学性和解释方法的可操作性。具体而言，刑法文义解释的解释实体规则范畴体系应当包括正确划分日常用语和专业术语的语法分析规则，包括重文义而不拘泥于文字规则、日常用语依通常含义进行解释规则、专业术语依专业含义进行解释规则、误载及时补正规则的语义分析规则以及由同一解释规则、系统解释规则、根据指示合理选择规则、最佳含义优先规则、避免荒谬解释结果的规则等组成的语用分析规则体系。刑法文义解释的解释程序规则范畴体系包括判断系争语词的文义是否清晰、确定系争语词的典型文义类型、限定系争语词的可能文义范围、选择系争语词的具体语用含义、校验系争语词的具体语用含义等五个规则范畴。

(三) 增强刑法文义解释的实践功能

在应用层面，通过对刑法疑难案件的术语解释，使刑法规范准确地适用于案件事实，以增强刑法文义解释的实践功能。如前所述，理论上对文义解释存在片面理解。文义解释只是理论上的"最为基础和最为重要"的法律解释方法。但是与目的解释、体系解释相比较，文义并非最实用的法律解释方法，学者自觉不自觉地更倾向于进行目的解释等实质解释。其实，任何法律解释活动的过程都是解释方法综合运用的过程，解释者都在自觉或不自觉地使用各种解释方法。只不过，我们在方法的运用中有所侧重，或侧重于文义，或侧重于目的。相比较而言，学者更乐意进行目的等实质解释，殊不知，忽视或越过文义解释的其他解释早已背离了法律解释的客观性要求，进而危及罪刑法定原则。而如果从语言学角度借鉴语言学理论，则可以强调刑法文义解释的实践功能，特别是刑法文义解释的起点和限度功能。

二 研究的思路

刑法文义解释的内在机制研究旨在重构刑法文义解释的基础理论体系。这一理论体系既要突出刑法文义解释的语言学运用，又要建构完善的具体规则体系，还需要通过立法规范术语和疑难案例术语进行运用检验。

首先，刑法文义解释内在机制研究的总体思路以"是什么—为什么—怎么办"的问题解决研究范式为主，明确刑法文义解释的内涵、价值、技术问题，并在此基础上对其进行运用研究，以检验其在术语解释和疑难案例处理过程中的功效。详言之，在对刑法文义解释的用语、概念进行界定，厘清文义解释与论理解释、刑法文义解释与其他学科文义解释之间关系的基础上，考察刑法文义解释的历史发展、法理基础、功能局限，同时借鉴语义学、语法学、语用学等语言分析理论建构刑法文义解释的具体操作原理，并在刑事司法的个案解决和规范适用层面将其展开。第一章刑法文义解释的内涵，主要解决"刑法文义解释是什么"的问题。刑法文义解释，亦即刑法的语言学解释，是指将刑法条文视为一种语言现象，从语言的角度，运用语法学、语义学、语用学等语言学理论，以立法描述所选择的语言意义来理解并说明有争议的刑法条文术语之含义的思维过程。由此可见，刑法文义解释的概念范畴体系由刑法文义解释、语言、语义学、语法学、语用学、语言意义、刑法条文术语、系争语词等范畴体系。其中，语言、语法、语义、语用蕴含着刑法文义解释的语言分析体系和系争语词的语言意义体系。同时，从字面含义到语言意义的转变以及语言学内部语义到语用（语境）的转变，意味着刑法文义解释的价值分析范畴体系，特别是刑法文义解释的地位分析和功能分析。第二章刑法文义解释的价值，主要解决"为什么要进行刑法文义解释"的问题。刑法文义解释的价值范畴体系由历史发展考察、法理基础、地位分析、功能分析等范畴组成。第三章刑法文义解释的技术，主要解决"怎么进行刑法文义解释"的问题。刑法文义解释的技术范畴体系由技术指导、技术方法、技术适用、解释规则、技术要义等基本范畴组成。第四章 刑法文义解释的运用，主要解决"刑法文义解释的效果如何"的问题。刑法文义解释的运用范畴体系，由立法规范术语、疑难案例术语和刑法文义解释等范畴组成。

其次，刑法文义解释的内在机制研究还应以"解释—文义—刑法"为研究进路。在研究过程中，笔者无论是对刑法文义解释进行解构分析，还是对刑法文义解释进行法哲学基础分析，抑或刑法文义解释进行功能及局限分析，都是以"解释—文义—刑法"为研究进路。

最后，刑法文义解释内在机制的语言分析体系以"语法分析—词义分析—语境分析"为分析进路，按照分阶段、有次序、不断限缩递进的阶层思维，依次分析系争语词的语法意义、词汇意义和语境意义。当然，刑法文义解释的结论在于明确系争词语之概念外延意义的肯定类型（典型类型）、中间类型和否定类型，尤其是系争语词之概念外延的中间类型的确定。申言之，语法分析体系是"词法分析—句法分析—标点符号分析"的分析体系。词法分析通过词语学科类别分析、词语语法性质分析和词语组合结构分析明确系争语词的词法意义；句法分析可以明确系争语词所在语句的句型和层次以及系争语词在语句中所充当的句子成分等句法意义。词义分析体系是"下定义—类型列举"的概念意义分析体系，不同于传统的概念分析体系。词义分析首先依次对法定含义、字典含义、学理含义、专业含义进行分析，明确系争语词的本质特征，对系争语词下定义；在此基础上，明确类型划分的标准，再通过类型列举的方式，列举系争语词的肯定类型（典型类型）、中间类型和否定类型。语境分析通过言内语境分析、言伴语境分析和言外语境分析明确系争语词的语境意义。

三 研究的方法

第一,运用归纳研究方法。归纳研究方法的核心在于客观全面和差异比较。在第一章,通过对刑法文义解释用语的梳理,归纳出我国刑法文义解释的相关用语,并对其聚合关系进行分析,厘清其中的联系与区别,进而确定刑法文义解释的准确称谓,以期实现刑法文义解释的用语能名副其实。在第三章,对语词解释的传统路径进行归纳。通过归纳发现,就语词解释而言,拆词造句、查字典、观点综述、官方定义的再阐释是常见的四种传统路径。

第二,运用历史研究方法。历史研究方法的要义在于时间维度和显著特点。在第二章,对刑法文义解释的产生、发展情况进行研究,既考察刑法文义解释的中国发展史,同时也考察刑法文义解释的西方发展史。在西方发展史部分,主要考察了以德国、法国、日本为代表的大陆法系国家和以英国和美国为代表的英美法系国家的刑法文义解释的发展历程。运用历史研究方法对刑法文义解释的发展史进行考察旨在通过历史梳理能明晰刑法文义解释的产生和发展过程,进而夯实"为什么进行刑法文义解释"的理论基础。不过,由于语言的障碍,西方发展史的考察更多的是一种间接考察,是在域内学者已有考察基础之上的再次考察和综合梳理,更多的是获取最大公约数基础上的共识构建。

第三,运用比较研究方法。比较研究方法的关键在于立足本土和考察对比。在历史研究方法的基础上进行比较。对国内外刑法文义解释进行比较,明确其中的联系与区别,学习和借鉴国外成熟先进的成果和经验,主要是寻求刑法文义解释原理构建的启示,以期能探究适合中国司法制度的刑法文义解释的解释技术和思维方法。

第四,运用文献研究方法。文献研究方法的根本在于问题导向和观点梳理。在文献综述部分,查阅研究大量国内外刑法文义解释相关的文献资料。文献综述是理论研究的基础,而文献研究又是文献综述的前提。笔者主要以论文主要框架及关键问题为线索,以时间和相关性为维度，以刑法文义解释及语言学为主题进行文献收集、整理和综述，以期能明确已经解决的问题、尚待解决的问题以及理论聚焦的问题，最终能通过明确研究现状特别是研究的不足和薄弱环节确定笔者研究的思考方向和可能创新点。

第五，运用分析研究方法。在第三章，充分运用语义学、语法学、语用学等语言学分析方法，特别是其中的组合关系理论和聚合关系理论以及语句层次分析理论。在论文中，笔者主要运用组合关系理论分析合成词的解释思维过程，运用聚合关系理论分析近义词的解释思维过程。运用语句层次理论分析研究法条的层级结构和逻辑关系。

第六，运用案例研究方法。"案例研究方法，是指运用典型刑事案例研究刑法理论的方法。在运用案例研究方法时，不仅要以典型案例阐释刑法的基本理论，而且要以特殊案例、罕见案例证实各种学说的利与弊，以疑难案例反思现有理论，以新类型案例思考刑事立法趋势，从判决中抽象出一般规则。"[1] 具体到刑法解释学，其实就是结合具体案例解释刑法术语。在第三章第二节，言伴语境分析其实就是个案语境分析，指导性案例、经典案例、首例等案例资源对于刑法解释学理论研究十分重要。同时，在第四章第二节，通过疑难案例中的术语分析检验刑法文义解释理论的可操作性和合理性。

第七，运用交叉研究方法。通过运用刑法学、解释学和语言学的基本原理和理论，对刑法文义解释的内涵和技术进行研究。刑法文义解释论本来就是刑法学、语言学和解释学交叉结合的产物，需要多学科综合审视。刑法文义解释是从解释学到法律解释学再到刑法解释学最后到刑法文义解释论不断具体化的过程。特别是刑法文义解释的操作技术构建更是离不开应用语言学和边缘法学交叉结合。其中，应当以刑法学原理为本位，以语言学理论为中心，以解释学理论为指导，实现对刑法文义解释操作的理论建构，进而促进刑法方法论研究的精细化发展。

---

[1] 张明楷：《刑法学（上）》（第5版），法律出版社2016年版，第11页。

第八，运用功能主义方法。借鉴吸纳功能主义方法论的若干范畴来进行刑法文义解释的"运用"分析研究。在刑法解释论层面，功能主义方法论具体化为功能主义的刑法解释论。"目的理性""功能效果审查""整体有效性的功能主义"等是功能主义刑法解释论的基本范畴。无论是立法规范术语解释还是疑难案例术语解释，运用功能主义方法对系争语词进行言外语境分析不可或缺。功能主义方法可以不但在言外语境将目的、政策、价值、法益、实质等实质性解释方法要素融为一体，而且将其限制在系争语词的可能含义范围之内。正如劳东燕教授所言："在目的理性的刑法体系之内，刑事政策被定位为方法论层面的合目的性考虑。"[1] 由此可见，目的理性与刑事政策可以在方法论层面融合。同时，"功能主义解释是实质解释论发展的新阶段，其四个面向可归结为实质解释具体化：实质是实质解释的本质、目的是实质解释的方法、回应是实质解释的属性、后果是实质解释的诉求。"[2] 因此，我们可以说，功能主义、实质、目的、回应、后果是实质解释的基本范畴。

另外，还有注释研究法、哲学研究法、社会学研究法等研究方法。同时，辩证唯物主义和历史唯物主义的研究方法是中国一切社会科学研究必须遵循的方法指南，自然也是本研究需要贯彻始终的根本性研究方法。[3]

四 主要创新点

本研究主要的创新点在于对刑法文义解释的内在机制进行体系化和精细化研究，重构刑法文义解释的基础理论体系和具体规则体系。质言之，本研究的主要创新点在于刑法文义解释的理论体系化（范畴体系化）和解释规则体系化。具体而言，刑法文义解释的基础理论以语义

---

[1] 劳东燕：《能动司法与功能主义的刑法解释论》，《法学家》2016 年第 6 期。
[2] 赵运锋：《功能主义刑法解释论的评析与反思——与劳东燕教授商榷》，《江西社会科学》2018 年第 2 期。
[3] 参见秦前红《监察法学教程》，法律出版社 2019 年版，第 20 页。

学、语法学,尤其是语用学等语言分析理论为研究视角,研究刑法文义解释的内在机制,旨在突破只界定"何为文义解释"及强调文义法治意义的理论传统,阐述刑法文义解释的特有概念,并构建刑法文义解释操作原理,使文义的概念语言化、规范化、司法化。其主要体现在选题、视角和内容等三个方面。

一是选题方面的创新。刑法解释已经为刑法研究的热点问题,但已有成果研究多是立场、目标等宏观研究,在具体方法与司法操作微观方面的研究不够深入。就刑法解释方法而言,刑法目的解释的研究较为深入,或者说刑法的实质解释研究占主导地位,使得刑法适用存在弱规范化、过度实质化、过度扩张化的倾向。在刑法研究方法方面,多局限在刑法学科内部,而缺少从刑法外的学科交流借鉴。正是基于以上考虑,受老师上课时对语言学转向和法律语言学以及王政勋教授的《刑法解释的语言论研究》等通过运用语言学理论与方法来进行刑法解释等内容的讲授以及对维特根斯坦的语言哲学中语用学内容介绍的启发,笔者拟以刑法文义解释为切入点进行选题研究。这一选题蕴含着刑法学、哲学(解释学)和语言学的多学科背景和规范论、方法论和语言论等交叉研究视角。

二是视角方面的创新。首先,本研究侧重从语言学(语义学、语法学、语用学)同时兼顾语言论的视角研究刑法文义解释,强调概念分析和语言分析的重要性。其次,本研究侧重从形式理性(形式解释、法律文本)同时兼顾实质理性的视角研究刑法文义解释,强调法律文本与裁判说理的重要性。最后,本研究侧重从方法解释学同时兼顾伽达默尔的诠释学等哲学解释学的视角研究刑法文义解释,强调视域融合和语篇分析的重要性。概言之,在视角方面笔者旨在强调形式理性及语言分析哲学的重要性,王政勋教授的《刑法解释的语言论研究》一书十分值得借鉴,但这只是笔者需要创新的支点,笔者更愿意从语言规则的角度分析刑法规范解释和适用的具体操作问题。

三是内容方面的创新。本研究内容方面的创新主要在于理论体系化

(范畴体系化)和解释规则体系化。一方面,与传统理论相比较,本研究提出了一些新的观点。例如,文义是语言意义而非狭隘的字面含义;刑法是解释对象也是解释语境,是学科界限;文义解释不是简单地下定义而是明确系争语词的概念外延类型,尤其是中间类型;文义解释是传统解释方法的有序、综合运用;文义是解释的起点,语法意义是语言分析的起点,语境分析可以兼顾体系解释、历史解释、目的解释、社会学解释等传统解释方法等。其中,最核心的观点在于文义是语言意义,解释重在确定系争语词的中间类型以及语境分析尤其是言外语境分析可以统摄所有传统的论理解释方法。另一方面,本研究尤其强调分阶段、有次序和不断限缩递进的阶层思维来实现理论体系化和解释规则体系化。其一,根据语义学、语法学、语用学等语言学理论以"解释—文义—刑法"为进路对刑法文义解释进行解构分析,进而可以实现刑法文义解释称谓的统一(目前学界关于刑法文义解释的称谓大体共有刑法的文理解释方法、文义解释、文理解释、文法解释、字面解释、语法解释、语义解释、语文解释、平义解释、严格解释等十种)。其二,根据语义学、语法学、语用学等语言学理论以"刑法解释与文义解释"的交叉研究为视角对刑法文义解释进行解构分析,进而可以明确刑法解释与民法解释等其他部门法解释之间的界限。其三,根据语义学、语法学、语用学等语言学理论以"文义解释与论理解释"的关系研究对刑法文义解释进行功能分析,进而可以明确刑法解释与体系解释、目的解释等其他部门法之间的界限。其四,根据语法学、语义学、语用学等语言学理论以"术语解释与疑难案例分析"的双重研究对刑法文义解释进行实践分析,进而可以明确刑法文义解释的操作原理和技术规则,除了强调语义学、语用学等语言理论的法律借鉴,更突出词典使用规则、语法分析规则建构与裁判说理的制度完善。其五,根据语义学、语法学、语用学等语言学理论以"刑法与语言的关系"的学科交叉研究为契机,反思刑法规范的语言表达问题,进而促使刑法学的语言规范深入研究。

需要特别说明的是，王政勋教授的《刑法解释的语言论研究》一书是目前学界少见的，不可否认的是，从语言学角度研究刑法解释的一本著作，其提出了刑法解释的语言论解释方法。这本书对笔者进行本研究写作具有重大的影响。笔者的"语言学解释方法"与王政勋教授的"语言论解释方法"有紧密联系。甚至可以说，笔者的"语言学解释方法"是王政勋教授的"语言论解释方法"一脉相承的发展和体系化整合。笔者的"语言学解释方法"的问题意识和基本理论源自王政勋教授的"语言论解释方法"。不过需要指出的是，笔者的"语言学解释方法"虽然以王政勋教授的"语言论解释方法"为蓝本，但是二者还是存在一定的区别。其一，笔者的"语言学解释方法"的理论根据是语言学而非语言哲学。理论多有哲学的意味，语言论更多是哲学层面上的理论，因为其与方法论、认识论、本体论相对应，其更多的是思辨的成分，其中的规则缺少阶段性和次序性安排。而语言学是整个语言学理论，甚至可以说其更多是实践层面上的理论，更多是操作的成分，其中的规则注重"语言作业"的系统性安排。质言之，"语言学解释方法"更侧重于语言学理论，而"语言论解释方法"更侧重于（语言）哲学理论。其二，在笔者的"语言学解释方法"中，语法分析是独立于语义分析，甚至是先于语义分析的一种解释方法。而王政勋教授的语言论解释方法只包括语义解释和语用解释，语法分析只是语义解释范畴下的一种解释方法。[1] 其三，笔者的"语言学解释方法"坚持形式解释论的技术指导，强调以文义为解释起点；而王政勋教授的语言论解释学坚持实质论的技术指导，强调以处罚必要性为解释起点。其四，笔者的"语言学解释方法"始终坚持方法论研究的体系化，是"方法"的知识体系，而不应当是方法与问题的杂糅；而王政勋教授的"语言论解释方法"则在一定程度上混淆了方法和问题，例如在词义分析部分，将

---

[1] 参见王政勋《贿赂犯罪中"谋取不正当利益"的法教义学分析——基于语义解释方法的考察》，《法学家》2018年第5期。

作为方法的语素分析与作为问题的多义词辨析和同义词分析相并列；在语法分析部分，将作为方法的语言结构层次分析和标点符号分析与代词的语义所指和否定副词的意义相并列；最后又提出了语义分析法，与词义分析与语法分析相并列。而且词义分析、语法分析、语义分析相并列并统摄于语义解释下，在逻辑上失之偏颇。其五，笔者的"语言学解释方法"是以"语言学"为本体，客观解释是语言学分析的技术立场指导；而王政勋教授的语言论解释学则是以"客观解释"为本体，语言论是客观解释的研究视角。在其看来，解释立场的语言论考察是客观解释之根基，刑法的语义解释是客观解释之基础，刑法的语用分析是客观解释之实现。概言之，王政勋教授的语言论解释学虽冠以"语言论"之名，其研究的重点是刑法的客观解释；笔者的语言学解释方法则以"语言学"之名强调刑法语言学解释技术的系统化和体系化。

概言之，本研究主要在于阐述文义解释与关联称谓的关系，刑法解释与文义解释的关系，尤其是文义解释与论理解释关系等问题。同时，对刑法文义解释的操作原理进行语言学构建则是进一步的目的。最后的目的则是反思刑法规范本身及其司法解释与司法适用过程的语言表达问题，以期能为笔者从语言学角度对刑法问题进行研究进而可以形成以语言刑法学为核心的学术研究领域。

五 研究的不足

本研究的不足主要表现在语言学理论运用不够娴熟、文献综述不够翔实、理论发展考察不够细致等三个方面。首先，在研究方法方面，刑法文义解释的实质是刑法的语言学解释。可以说，本研究是笔者将语言学理论运用到刑法解释的一次尝试。然而，不精通语言学理论是本次研究的最大硬伤。虽说笔者可以凭借语文功底，对系争语词进行"语法分析—语义分析—语用分析"等基本的语言学分析，但是在运用具体的语言学理论解释系争语词方面还是不够娴熟，故而有所欠缺。其次，在研究准备方面，文献综述不够翔实。刑法文义解释的文献既需要搜集刑法解释的文献，也需要收集文义解释的文献，还需要收集法律解释的文献。更为重要的是，要收集语言解释或语言分析方面的文献。笔者在文献收集的过程中难免有所纰漏。假设文献收集较为全面也能满足研究需要，但是，笔者面临更大的问题是由于缺乏科学的文献综述方法，未能全部消化吸收文献，也就未能进行翔实的文献综述。最后，在研究内容方面，理论发展考察关乎刑法文义解释的价值，即回答"为什么要进行刑法文义解释"的问题。然而，如前所述，不过，由于语言和文献获取的障碍，理论发展的考察更多的是一种间接考察，是在域内学者已有考察基础之上的再次考察和综合梳理，难免失之片面。同时，笔者未能区分理论考察和考察启示。故而，理论考察也就缺乏针对性，考察启示的归纳也就不科学。概言之，本次研究的不足既有内容层面上的问题，也有研究方法上的问题。

第一章

刑法文义解释的内涵

对刑法文义解释进行界定主要是解决"刑法文义解释是什么"的问题。一方面通过对其进行用语归纳和解构分析，明确刑法文义解释所包含的意义和内容及其与相关用语的区别；同时通过对其进行概念分析，明确刑法文义解释的内涵和外延及其与相关概念的逻辑关系。另一方面从解释类型和解释方法两个层面界定刑法文义解释的性质，明确刑法文义解释的理论定位。

第一节 刑法文义解释的含义

一 刑法文义解释的用语归纳

目前，除论文篇名和文中标题外，笔者发现在文章中很少有"刑法文义解释"的用语。只有李希慧教授等较少学者将刑法文义解释表述为"刑法的文理解释方法"，[1] 其余大都直接援引"文义解释"或"文理解释"的表述与界定。甚至有文章指出，刑法教科书在对刑法解释方法的介绍时多出现"文理解释"一说，而少见"文义解释"的说

---

[1] 该文也是其博士学位毕业论文和著作《刑法解释论》第四章第一节的内容。参见李希慧《论刑法的义理解释方法》，《中央检察官管理学院学报》1995年第1期。

法。① 例如从语言论的角度研究刑法解释的王政勋教授在其《刑法文理解释方法论》一文中，直接援引文理解释的用语。② 不过，孔祥俊等同视之，"文义解释，又称为文法解释、文理解释和字面解释。"③ 张志铭教授也认为，"语义解释，又称语法、文法、文理、文义等解释"，④ 这是对文义解释最宽泛的理解。梁慧星教授只将文义解释等同为语义解释，⑤ 谢晖教授和陈金钊教授则认为，"文义解释有时也被称为字面解释和语义解释等。"⑥ 张明楷教授提出了平义解释的表述，将其称为解释技巧，而将文理解释称为解释理由，与之相关其还提出了作为解释态度的严格解释。⑦ 而苏力教授则认为平义解释是文义解释的下位概念，"文义解释方法还可以细分为平义方法和特殊文义方法。"⑧ 其他文献中的用语或者是上述观点的引用，或者与上述观点大抵相同。

概言之，目前学界关于刑法文义解释的用语大体有刑法的文理解释方法、文义解释、文理解释、文法解释、字面解释、语法解释、语义解释、语文解释、平义解释、严格解释等十种。诸种用语之间存在交叉与差异，不仅不利于刑法文义解释的统一认识，也不利于刑法文义解释的具体运用。正如有学者所言："当前有关文义解释含义和范围界定的分歧正在瓦解文义解释优位性的共识。"⑨ 因而，刑法文义解释的用语必须统一。至于使用何种用语，则需要根据语义学、语法学、语用学等语言学理论以"解释—文义—刑法"为进路进行解构分析。其实，之所

---

① 参见冯殿美、王琪《刑法文义解释方法论》，《山东警察学院学报》2009年第1期。
② 参见王政勋《刑法文理解释方法论》，陈兴良主编《刑法方法论研究》，清华大学出版社2006年版，第43页。
③ 参见孔祥俊《法律解释方法与判解研究》，人民法院出版社2004年版，第321页。
④ 参见张志铭《法律解释的操作分析》，中国政法大学出版社1998年版，第105页。
⑤ 参见梁慧星《民法解释学》，中国政法大学出版社1995年版，第214页。
⑥ 参见谢晖、陈金钊《法律：诠释与应用》，上海译文出版社2002年版，第132页。
⑦ 参见张明楷《刑法学》（第4版），法律出版社2011年版，第37—39页。
⑧ 参见苏力《解释的难题：对几种法律文本解释方法的追问》，梁治平主编《法律解释问题》，法律出版社1998年版，第33页。
⑨ 魏治勋：《文义解释在法律解释方法中的优位性及其限度》，《求是学刊》2014年第7期。

以会有诸多用语,其根本原因在于学界对"文义"理解不同,进而存在对"文义"一词的近义词"随意"使用。

二 刑法文义解释的解构分析

刑法文义解释的解构分析其实是"解释—法律解释—文义解释—刑法文义解释"的演绎过程,故而以"解释—文义—刑法"的逻辑顺序分而述之。

（一）解释

解释是所有刑法解释方法的共同语素。就字面而言,解释乃是理解并说明（或说清楚）。其中,理解是内化的自我认识过程,是对系争语词进行识别判断的过程。说明是外化的意思表达过程,是将所认识的系争语词进行说明阐述的过程。正如张志铭教授所言:"法律解释是对法律文本的意思的理解和说明。理解指解释者对法律文本意思的内心把握；说明指对理解结果的外在展示。"[①] 焦宝乾教授也指出:"法律解释有'解'与'释'的阶段划分,前者是指理解层面,解读文本,形成自己的解释观点,而后者则是在理解的基础上,阐释与证成观点,使其能获得公众的普遍认可。"[②] 至于何谓"说明"？在此,笔者倾向于将"说明"一词解构为表达清楚或者是说清楚。详言之,对于接受者而言,表达清楚就是接受者对于表达者所表达的内容没有争议或疑惑。对于表达者而言,表达清楚就是表达到不需要再解释为止,或者说表达到不深入要再用其他语言替换为止。因为解释是用一个更为常见的词替换系争语词的过程,而且是不断循环的过程。同时,根据《现代汉语词典》,"解释作动词用,有两个义项:（1）分析阐明；（2）说明含义、原因、理由。"[③] 根据词典所列举例和语词搭配关系,解释在此特指说

[①] 张志铭：《法律解释学》，中国人民大学出版社2015年版，第11页。
[②] 焦宝乾等：《法律修辞学：理论与应用研究》，法律出版社2015年版，第155页。
[③] 中国社会科学院语言研究所词典编辑室：《现代汉语词典》（第7版），商务印书馆2016年版，第666页。

明含义。在现代汉语中，解释共有五个（属性）义项，其中汉语语词、心理学名词、哲学名词这三个义项具有学术意义，其余两个义项为歌曲名称。① 作为汉语语词，解释有两个义项：①分析说明，分析阐明，分析解说；②说明含义、原因、理由等。作为心理学名词，解释是个体心理咨询技术之影响性技术之一，即运用心理学理论来描述求助者的思想、情感和行为的原因、实质等，或对某些抽象复杂的心理现象、过程等进行解释。作为哲学语词，"解释"一词有三种含义：（1）最广义解释——对各种文化客体的理解。（2）广义解释——对语言材料的理解。（3）狭义解释——在特定语境和交流行为中，选择一个被使用的语言的意义，如法律解释。具体到刑法文义解释，其主要是通过发现争议规范之个案文义的方式提供司法裁判的理由。

不过，在理解"解释"一词含义的过程中，还需要将其与诠释、阐释、理解、适用等语词进行比较区分，同时还需要进行方法论与本体论的选择界分。在语义上，解释、诠释、阐释并无太大区别，都有说明（白）、说清楚的意思。"诠释也作动词用，只有一个义项：说明、解释。"② 可见，诠释可以与解释替换使用。"阐释，也作动词用，只有一个义项：论述并解释。"③ 然而，在解释学上，解释、诠释、阐释则存在较大区别。尤其是哲学解释学的兴起，使得解释与诠释之间的鸿沟愈来愈宽。正如有学者所言："在法律科学中，解释是法律方法，诠释是法学方法；解释是语义域概念，诠释是语用域概念；解释是客观性范

---

① 由此可见，"解释"一词蕴含着深刻的心理学和哲学学科背景，法律解释使得心理学、哲学和法学有着密切联系；"文义"一词蕴含着深刻的语言学、逻辑学和心理学学科背景，语言学中的语用学和语境理论又蕴含着深刻的价值论知识。因此，我们可以说，文义解释是一个具有多学科背景的综合、交叉理论知识点，需要多学科交叉、综合审视。例如，概念既是逻辑学的基本范畴也是心理学的重要术语，还是词语的理性意义。而概念又恰恰同时是法律解释，特别是文义解释的重要范畴。
② 中国社会科学院语言研究所词典编辑室：《现代汉语词典》（第7版），商务印书馆2016年版，第666页。
③ 中国社会科学院语言研究所词典编辑室：《现代汉语词典》（第7版），商务印书馆2016年版，第143页。

畴，诠释是主观性范畴。法律只能被解释而不能被诠释。"① 也有观点认为："诠释侧重文本自在的本来意图，重视概念、词语所表达的定义；阐释包括循环、体系等逻辑方法的运用，关注文本意义的创新和重新塑造。"② 但是，理论上也有观点认为诠释根本就不是一种解释方法。正如考夫曼教授所言："然就其本质上言，诠释学并非方法，而是超验哲学，它完全论及意义理解可能性之条件，即在何种条件下人们可分别理解某种意义。"③ 故而，笔者在此倾向于选择"解释"一词，并将其定义为"说明含义。"

其实，解释的对象应当为困惑或争议，无论是陈述理由（原因）（有学者称之为释因），还是说明含义（有学者称之为释义，法律解释学其实是法律释义学。）④。故而，我们也可以说当我们说到"解释"一词时，其实我们是在说"释疑"。⑤ 当然，解释活动的目的更在于促进"名副其实。"正如德国学者卡尔·拉伦茨所言："解释乃是一种媒介行为，借此，解释者将他认为有疑义文字的意义，变得可以理解。"⑥ 易言之，只有在出现争议或困惑时，才会使用"解释"一词。而理由或含义只是"解释"一词的起点和归宿。只是，在法律解释的语境下，我们习惯将解释等同于说明含义。正如有观点所言："这就是我们所称的'解释'：探求规范的法律意义。"⑦ 具体到法律适用层面，解释的对

---

① 戚渊：《论法律科学中的解释与诠释》，《法学家》2008 年第 6 期。
② 陈金钊：《体系思维及体系解释的四重境界》，《国家检察官学院学报》2020 年第 4 期。
③ ［德］阿图尔·考夫曼：《法律哲学》刘幸义译，法律出版社 2011 年版，第 50 页。
④ 争议的本质是不一致。详言之，之所以会发生争议，首先是因为自己的观点和对方的观点不一致，其次更为主要的是在于认为和自己的观点不一样的对方的观点是错误的，或者说对方的观点和自己所认为的正确的标准不一致。
⑤ 理论上一般在两种意义上使用"解释"一词，即"是什么"和"为什么"，因而解释可以分为解释意义和解释原因，可简称为"释义"和"释因"，在此，我们多在"释义"的意义上使用"解释"一词。
⑥ 卡尔·拉伦茨：《法学方法论》，陈爱娥译，商务印书馆 2003 年版，第 193 页。
⑦ 张明楷：《刑法分则的解释原理》（第 2 版），中国人民大学出版社 2011 年版，序言第 6 页。

象应当是不清楚的文本，或者是有困惑或争议的语词，或者是由于语词含义理解引起的困惑或争议。"法律解释学是以研究解决疑难案件为主要目标的学问。"① 因此，我们要注意避免解释概念的泛化与绝对化，而对其含义进行限缩，进而还原其固有的本义。一方面，我们不能把法律解释泛化，要注意解释的适用范围。"受哲学解释学的影响，在当今的西方学界，解释是一个被泛化的概念，几乎所有的研究都可以被称为解释。解释已经失去固有的意义，自然科学、人文社会科学都被称为关于解释的学问。"② 这一问题，在中国学界也同样存在，而且有愈演愈烈之势。因此，我们要注意解释的必要性，不能说任何法律文本都需要解释，能不解释就不解释，解释或多或少会因"前见"而改变意义。另一方面，我们也不能把法律解释绝对化，要避免过度解释。法律解释更不能松动法律规则的严格性和法律条文的形式理性。解释是通过文本获得意义，但是解释不能消解文本。因此，我们不能把所有的行为都称为解释，也不能将所有对法律文本含义的认定行为都笼统地称之为法律解释，而混淆解释意义和赋予意义的界限，将创造性解释也认为是解释的类型。概言之，"（狭义的）解释就是对那些意义或意思不是很清楚的问题进行阐释和说明。"解释"这个词或者更准确地说解释的实践应该只针对疑难文本和具有一定重要性的文本。"③

另外，解释与描述、分析、判断（论断）、认定、评价、适用、续造（造法）、论证、推理（推论）等行为的本质区别在于解释活动的目标是在文义的可能范围内提供理由。④ 正如有观点所言："解释的标的

---

① 陈金钊：《法律解释学——权利（权力）的张扬与方法的制约》，中国人民大学出版社2011年版，第5页。
② 陈金钊：《法律解释学——权利（权力）的张扬与方法的制约》，中国人民大学出版社2011年版，第6页。
③ 参见［美］布莱恩·H.比克斯《牛津法律理论词典》，邱昭继等译，法律出版社2007年版，第110—111页。
④ 我们需要明确解释和论证的区隔，一方面，需要防止从释义滑向释因，即从"是什么"滑向"为什么"；另一方面，需要防止从解释滑向论证，即从"现象导向"滑向"结论导向"。

是'承载'意义的法律文字，解释就是探求这项意义。"① 另外，我们可以在区分事实与观点以及事实与规范的基础上，根据词语搭配和句子成分进行语言学上的界分。② 例如，我们通常说描述事实、认定事实（也说对事实定性或对事实进行法律判断或价值判断），解释法律、续造法律、适用法律。不过，我们在此需要特别强调法律解释与法律漏洞填补、法律续造的区别。对此，有观点认为："因法律解释的结果不得超出文义范围，否则便进入'造法''补充法律'或'法律续造'等领域。"③ 由此可见，文义的可能范围是重要的区分标准。"在德国，人们于学术上用来区分解释和法律续造的三个标准分别是：在法律的可能语义之内；超出法律的可能语义，但在立法意旨的框架之内；以及超越法律的立法意旨。"④ 其实，解释是对"是什么和包括什么"这一问题的回答即对概念内涵的确定，判断是对"什么是"这一问题的回答，而回答"什么是"这一问题的过程其实也是对"包含什么"即概念外延的划定。因而，从某种意义上讲，文义解释就是下定义，至少可以说下定义是文义解释的首要方法和步骤。正如有观点所言："在学术界，为了清楚、明了并且尽可能精准地确定概念的意涵，就要对概念下定义。"⑤ 同时根据逻辑学原理，概念分为内涵和外延两个部分。与此相对应，概念界定也主要是厘清内涵和划定外延两个方面。一般来说，厘清内涵主要通过下定义的方法，来解决是"是什么"的问题；划定外

---

① ［德］卡尔·拉伦茨：《法学方法论》，陈爱娥译，商务印书馆2003年版，第194页。
② 简单地说，事实就是基于观察（直接看到的、听到的、摸到的、观测到的）而形成的，可以被证明真假的描述；观点则是基于判断（猜出来的、推理出来的、计算出来的）而形成的，无法被证明的对事实的感觉或看法。概言之，事实与观点的区别应当与描述和评价、认识和价值的区别相对应——与主体需求有关的判断。在语言学层面，观点中一般有诸如情感形容词、副词、情感动词等体现主体需求的评价性语词。
③ 舒国滢、陶旭：《论法律解释中的文义》，《湖南师范大学社会科学学报》2018年第3期。
④ ［德］齐佩利乌斯：《法学方法论》，金振豹译，法律出版社2009年版，第102页。
⑤ ［德］英格博格：《法律思维小课堂》，蔡圣伟译，北京大学出版社2011年版，第29页。

延则主要通过列举的方式,来回答"什么是"或者"包含什么"的问题。理论上,一般将概念界定等同于下定义,难免失之偏颇。不过,即便是下定义,字面解释也只是第一步。而字面解释往往根据汉语工具书进行。另外,还需要根据语境即语言使用者使用语言的场合进行确定具体意义。概言之,概念界定通过汉语词典等语言工具书确定本义,再根据语境来确定具体意义。当然,术语的意义解构和重构是基础。对于概念的外延划定,则主要回答概念应该包括哪些内容,或者说哪些事物可以纳入概念的范畴。我们可以将揭示概念外延的方法统称为分类,即按照一定的标准划分并列举系争语词的概念外延类型。概念的外延划定一方面可以与相关概念进行区分,另一方面也可以明确概念的应有内容。

(二) 文义

根据语言聚合理论,与文义相关的语词有文理、文法、语法、语义、语文、语言、语词、语用、字面、平义、严格等。其中,语、文、字、词是次共同义素,其在与义、法等语素组合或者彼此组合的过程中需要进行细致区分。

其一,"文理,作名词用,有两个义项:(1) 文章内容方面和词句方面的层次;(2) 文科和理科的合称。"在此,主要使用第一个义项。①

其二,"文法,作名词用,其只有一个义项:语法。"② 可见,文法与语法是同义词。"语法,作名词用,指语言的结构方式,包括词的构成和变化、词组和句子的组织。"③

其三,"语义,作名词用,是指语词、句子的意义。与之相关的

---

① 中国社会科学院语言研究所词典编辑室:《现代汉语词典》(第 7 版),商务印书馆 2016 年版,第 1291、1364 页。
② 中国社会科学院语言研究所词典编辑室:《现代汉语词典》(第 7 版),商务印书馆 2016 年版,第 1363 页。
③ 中国社会科学院语言研究所词典编辑室:《现代汉语词典》(第 7 版),商务印书馆 2016 年版,第 1590 页。

'语意'一词则是指语言所包含的意义。"①

其四,"语文,作名词用,有两个义项:(1)语言和文字,(2)语言和文学。"② 在此显然是指语言和文字,其内涵和外延最为广泛。其中,"语言,作名词用,也有两个义项:(1)人类所特有的用来表达思想、交流思想的工具,是一种特殊的社会现象,由语音、词汇和语法构成一定的系统。'语言'一般包括它的书面形式,但在与'文字'并举时,只指口语;(2)话语。"③ 而"文字,则有三个义项:(1)记录语言的符号系统;(2)语言的书面形式;(3)文章(多指形式方面)。"由是观之,"文"一般指称语言的书面形式,意指"说、话"的语则指称语言的口语形式。

其五,"字面是指文字表面上的意义(不是含蓄在内的意义)。"④ "严格,有两个义项:(1)作形容词用,是指在遵守制度或掌握标准时,认真不放松;(2)作动词用,使严格。"在此,主要使用第二义项。在《现代汉语词典》中,笔者未能查到平义与文义的解释,只查到字义的意义,其是指"字所代表的意义。"⑤ 其实,文理是一种解释理由,严格是一种解释态度,平义是一种解释技巧。

语言学理论一般以语或文为中心进行建构。根据语言学理论,文字构成语词(或词语),语词构成语句,语句构成语段,语段构成语篇,语篇构成文章。字、词、句、段、篇、章是逐步递增的语言单位,是解释对象的要素。我们并不能将字、词、语、文等而视之。正如概念必须

---

① 中国社会科学院语言研究所词典编辑室:《现代汉语词典》(第7版),商务印书馆2016年版,第1590页。
② 中国社会科学院语言研究所词典编辑室:《现代汉语词典》(第7版),商务印书馆2016年版,第1591页。
③ 中国社会科学院语言研究所词典编辑室:《现代汉语词典》(第7版),商务印书馆2016年版,第1591页。
④ 中国社会科学院语言研究所词典编辑室:《现代汉语词典》(第7版),商务印书馆2016年版,第1730页。
⑤ 中国社会科学院语言研究所词典编辑室:《现代汉语词典》(第7版),商务印书馆2016年版,第1730页。

在命题（判断）中有意义，文字也必须在语句中才有意义。同时根据语言学理论，语音学、语义学、语法学、语用学是并列的分支。语义与语法、文法也不能同等使用，语义侧重于意义的发现，语法侧重于语言的结构分析，只能以二者的上位概念——语言学来进行统称。但是按照语言习惯，口头（有声、音即言或说）为语，书面（字或写）为文。另外，根据罪刑法定之成文化的要求以及以语言称谓的失之过宽，笔者在此以语言的书面形式——"文义"进行称谓。当然，文义不是字面含义，更不是断章取义。同时，"传统上认为，文义解释是一种语义解释和逻辑解释方法。"①

其实，"文义"一词的理解需要从语言学角度切入。在语言学上，文义有三个义项：（1）文章的义理，文章的内容；（2）亦作"文谊"。文字的意义。（3）文辞。另外，根据语言学理论，"语义是语言的意义和内容，分为词汇意义、语法意义和修辞意义三大类，从修辞意义过渡到话语领域，产生语境意义，又分为上下文意义和社会文化意义。"②其中，词汇意义以概念为基础，是对客观现象本质特征的概括反映；当然，词汇意义除同"概念"相关之外，还和词语在词汇体系中的地位有关。语法意义是在词汇意义上的更大的概括和抽象，包括关涉性、数、格、时、人称等范畴意义的语法单位的意义，关涉主语、谓语、宾语、定语、状语、补语等句子成分意义的语法功能意义以及关涉陈述句、疑问句、祈使句等句型意义的句法结构意义。概言之，语法意义包括词法意义和句法意义。修辞意义包括对所谈对象的评价和态度的表情色彩、诸如书卷语体、谈话语体等语体色彩以及从词汇意义的联想而产生的联想色彩。

在刑法文义解释中，首先文有文字之义，此乃罪刑法定原则之成文法的要求；其次是刑法条文之义，理论上也习惯上称为刑法规定之义；

---

① 王利明：《法律解释学》（第 2 版），中国人民大学出版社 2016 年版，第 144 页。
② 王德春：《语言学通论》，北京大学出版社 2006 年版，第 292 页。

再次是刑法文本之义，是对刑法法典整体意义之指称。"文本，作名词用，其只有一个义项：文件的某种本子（多就文件、措辞而言），也指某种文件。"① 而义则可以解释为含义（含义可以分为专业用语含义、习惯用语含义、通常含义）、定义、内涵、内容、意义、意蕴等义项。对此，"美国学者赫施对解释文本的'含义'和'意义'做出严格区分，他认为，含义存在于文本之中，是确定的，而意义则是文本含义与具体的人、事物或情境相联系的结果，是可变的。"② 张志铭教授进一步指出："其实，含义与意义固然有区别，后者显然更为丰富，但如果在这同时把文本的含义视为文本所具有的基本意义或一般意义，则更为贴切。"③ 陈金钊教授进一步指出："'文义'（含义）一词一般来说是指该用语或词在一般语言习惯上被理解的含义，即强调法典词条的原来含义；'意义'一词强调该用语或词在特定环境中与其他事物发生关系而产生的影响；'意蕴'则是在文本与理解者对话过程中所衍生的第三者。"④ 由此可见，文义侧重于对象层面，一般是指通常含义；意义侧重于结果层面，一般是指语境意义。概言之，文义即文字意义，而"文字可以被设想为一种描述声音形式的语言。"⑤

另外，理论上还存在概念、类型、范畴、意义等词语来表示"意义"，对此需要进行区分。不过，在逻辑学理论中，有学者提出了"类型概念"。⑥ 这一术语的提出解决了概念与类型的关系问题——类型概念是一种特殊的概念形式。同时，在语言学理论中，有学者提出了

---

① 中国社会科学院语言研究所词典编辑室：《现代汉语词典》（第7版），商务印书馆2016年版，第1371页。
② ［美］赫施：《解释的有效性》，王才勇译，生活·读书·新知三联书店1991年版，第16—17页。
③ 张志铭：《法律解释学》，中国人民大学出版社2015年版，第47页。
④ 陈金钊、尹绪洲：《法律的文义解释与词典的使用——对美国司法过程中词典使用的述评》，《商研究》1996年第3期。
⑤ ［奥］维特根斯坦：《哲学研究》，李步楼译，商务印书馆1996年版，第5页。
⑥ 参见［德］英格博格·普珀《法学思维小学堂》，蔡圣伟译，北京大学出版社2011年版，第22页。

"概念意义"。① 这一术语的提出解决了概念与语词的关系问题——概念意义是一种特殊的语言意义。概念意义又称为理性意义、认知意义，对应于语词的指称意义。在语言学中，词的意义包括指称意义和系统意义两个方面。其中，指称意义，又称为所指意义，是语词和外部世界的关系决定的意义，是语词指称各种对象（事物、行动或状态、性质和特征）所形成的意义；系统意义，又称为结构关系意义，是词汇系统内部各个要素之间的关系决定的意义，是语词在和其他语词的意义联系、在语言结构中获得的意义，包括聚合关系意义和组合关系意义。② 理论上所说的"通常的使用方式"其实是语词的通常组合或聚合方式。而且比起概念，类型更准确，而范畴与类型并无二致。其实，无论是概念还是类型抑或范畴，都不及"含义"一词能指称语言内容或意义。质言之，意义或者说含义应当是元语词，是解释的归宿，是语词指称内容的根本。在意义之下有概念，亦即概念意义只是其中一种意义。在概念之下有类型，亦即概念有内涵和外延之分，内涵是根本性质之抽象，而外延则是具备这一性质之对象列举或范围划定。在此意义上，外延和类型大体对应。只不过，学界有争议的是传统理论一般认为外延是密封的，类型是开放的。其实不然，封闭的外延也是可以伸缩的，如此与开放的类型并无二致。笔者在此愿意将外延和类型统一理解，进而可以分为肯定类型（典型原型是肯定类型中更有代表性的类型）、中间类型和否定类型。③ 其实，对类型的如此划分是对概念之外延的进一步厘定。

---

① 参见王政勋《刑法解释的语言论研究》，商务印书馆2016年版，第218、232页。
② 组合关系，又称为配置关系，是指语言单位与语言单位前后连缀起来所形成的关系，即线形相互关系或搭配关系。聚合关系又称为联想关系，是指可以出现在一定组合中相同位置上的各语言成分所具有的类聚会同的关系，即替换关系。王德春、许宝华：《大辞海·语言学卷》，上海辞书出版社2015年版，第22—23页。也有观点认为，"聚合关系是在相同和区别的基础上形成的对立关系，各种类型的语义场都是聚合关系，同义词、反义词、语义相对词、上下位词等，都可构成聚合关系。"参见王政勋《刑法解释的语言论研究》，商务印书馆2016年版，第219、223页。
③ 典型是语言哲学中的一种研究方法，这种方法认为我们应以典型范例为基础来理解（或讲授）词语的意义。参见[美]布莱恩·H.比克斯《牛津法律理论词典》，邱昭继等译，法律出版社2007年版，第169页。

这一划分是对德国学者英格博格·普珀教授的概念划分理论进行借鉴的结果，其认为："概念可以分为概念核心和概念外围（概念边缘），肯定（积极）选项组成概念核心，概念外围由中立（中性）选项所组成，位于概念之外的是否定（消极）选项。"① 在语言分析理论中，"使用模糊的表述，产生以下的情况：对于一些对象，能够明确这个有疑问的表述适用于它们（肯定的候选）；同样，对于其他一些对象，能够明确这个表述无疑不能适用（否定的候选）；而对于剩下的最后一类对象，不能确定是否适用（中性的候选）。"② 简言之，在笔者看来，外延是范围，是集合；而类型是对象的初步抽象，是介于概念与对象之间的语词；特征则是对象的属性，本质特征则是概念的内涵。因此，我们应当对内涵与特征以及外延与类型等基本范畴有所区分。

同时，词语是最小的解释对象，也是最为核心的解释对象。详言之，法律解释的核心在于法律词语含义理解，更准确地说，法律解释的核心是在于准确定义概念内涵基础上的确定法律词语的外延——肯定类型、中间类型和否定类型。③ 例如，交通肇事罪的理解在于"交通事

---

① 参见［德］英格博格·普珀《法学思维小学堂》，蔡圣伟译，北京大学出版社2011年版，第53页。

② 参见［奥］恩斯特·A.克莱默《法律方法论》，周万里译，法律出版社2019年版，第29—30页。

③ 因此，我们可以说，文义解释的过程首先是类型思维运用的过程，而且是"具体化"的类型思维运用过程，其次还是逻辑思维和评价思维运用的过程。我们不能一味笼统地说我们要运用类型化思维，提倡用类型取代概念，作类型化解释，而应当是结合概念和类型，形成新的"类型化"思维。例如，在理解侵犯财产犯罪与其他相关犯罪的关系时，我们必须充分注意区分词语、行为和罪名之间的区别。例如，诈骗和合同诈骗、金融诈骗，诈骗行为和合同诈骗行为和金融诈骗行为以及诈骗罪与合同诈骗罪、金融诈骗罪的关系并非一一对应的。就词语和行为而言，诈骗与特殊诈骗（在行为方式或行为对象方面，更多的是在行为方式方面）是一般和特别的关系，而就罪名而言并非如此，诈骗罪和特殊诈骗犯罪之间是（法益不同的）交叉关系。在此，我们需要区分法律术语和日常用语、类型名和具体罪名、属概念和种概念。诈骗以及诈骗行为是类概念或者说是属概念，诈骗罪则应当被解释为普通诈骗罪，其是具体罪名或种概念。在此，我们可以从逻辑上以诈骗类犯罪为属概念进行划分，将其分为（普通）诈骗罪和特殊诈骗类犯罪，特殊诈骗类犯罪再分为金融诈骗类犯罪和合同诈骗罪，依此类推，金融诈骗类犯罪再分为信用卡诈骗罪等。在刑法中，盗窃、抢夺、抢劫犯罪与相关犯罪（在行为方式或行为对象，更多的是在行为对象方面）的关系亦是如此。

故"一词的理解，而"交通事故"一词的理解又在于"车辆"和"道路"两个词的理解。首先，对于"车辆"一词的理解。根据《道路交通安全法》第一百一十九条第二项之规定，"车辆"是指机动车和非机动车。然而，这一规定并未明确"车辆"这一用语的内涵或本质，只是对其外延或类型进行了列举。换句话说，这一规定只解决了"什么是车辆"的问题，并未解决"车辆是什么"的问题。其实，仔细分析其也没有彻底解决"什么是车辆"的问题。因为一方面，从逻辑上讲，机动车与非机动车之间的连接词应当是"或"而不是"和"，两个相矛盾的词是无法并列，更无法为同一个词所指称的——不能既是机动车又是非机动车；另一方面，这一规定对于既不是机动车又不是非机动车的交通工具的性质其并未进行明确的界定。例如，在"四川首例驾驶电动滑板车致人死亡案中"，法院认为，"电动滑板车既不属于机动车，也不属于非机动车，属于滑行工具。"此外，与之类似的平衡车、电动独轮车都属于未按规定注册登记通行工具。质言之，电动滑板车、平衡车、电动独轮车是滑行工具而非车辆。亦即，滑行工具不是合法的交通工具——车辆。因而，在此需要对机动车、非机动车、滑行工具、车辆的逻辑关系进行分析。根据《道路交通安全法》，机动车和非机动车的上位概念是车辆，车辆的上位概念是交通（通行）工具。在此，机动车是车辆的典型类型，非机动车是车辆的中间类型，滑行工具是车辆的否定类型。其实，在司法实践中，存在较大争议的还是电动车。我们可以按照用途方式将电动车分为电动汽车、电动三轮车、电动自行车三类，其中的电动三轮车争议最大。电动汽车可以没有争议地划入机动车系列，电动自行车划到非机动车辆也没有争议，但是电动三轮车的划归并不明确。其次，是对于"道路"一词的理解。根据《道路交通安全法》第一百一十九条第二项之规定，公路是道路的肯定类型，即公用之路，是指汽车、单车、人力车、马车等众多交通工具及行人都可以通行的路，按照行政级别分为国道、省道、县道、乡道、村道。城市道路也是道路的肯定类型，是指通达城市的各地区，供城市内交通运输及行人使用，便于居民生活、工作及文化娱乐活动，并与市外道路连接负担着对外交通的道路，根据道路在城市道路系统中的地位和交通功能，分为快速路、主干路、次干路、支路。而虽然在单位管辖范围但允许社会机动车通行的地方是道路的中间类型，在司法实务中容易发生争议和分歧，也容易因政策等因素发生变化。例如，浙江省《关于办理"醉驾"案件若干问题的会议纪要》，对这一用语作了排除性的限制解释，"道路，不包括居民小区、学校校园、机关企事业单位内等不允许机动车自由通行的通道及专用停车场。"[①] 由此可见，"道路"一词是指用于公众通行的场所，包括公路、城市道路和虽然在单位管辖范围但允许社会机动车通行的地方、广场、公共停车场等，不包括居民小区、学校校园、机关企事业等单位内部等不允许机动车自由通行的通道及专用停车场。

由是观之，我们对系争语词进行文义解释，至少要明确以下内容：一是通过"解构式下定义"的方式明确系争语词的核心含义（或概念内涵意义、本质特征）及其构成要素；二是通过"归纳式列举"的方式明确系争语词的边缘含义（或概念外延意义）；三是通过"排除式列举"的方式明确系争语词的否定意义。法律条文或司法解释规定中的"除外规定"其实就是在列举否定类型。在此，需要说明的是，其一，我们不能将概念内涵意义的构成要素和概念外延意义的具体对象相混淆，也不能将概念内涵意义的构成要素与概念内涵意义的外在特征互相混淆。其二，我们还需要注意不能将系争语词的内在本质特征与其他语词的内在本质特征，尤其是在同一语义场的语词（在逻辑上一般指的是逻辑并列概念和逻辑上位概念）的内在本质特征互相混淆。其三，我们要注意区分外延、对象、类型。外延是对象的集合，类型是具有一定外在特征的对象抽象。同时，法律只是规定

---

① 浙江省高级人民法院、省检察院、省公安厅联合发布的《关于办理"醉驾"案件若干问题的会议纪要》，浙高法〔2019〕151号。

类型而不直接规定对象,刑法也概莫能外。因而,类型就成为刑法文义解释的重要范畴。我们通常所说的分类之"类"就是类型之"类",新型之"型"就是类型之"型",分类又是通过明确种属关系认识系争语词之概念外延意义的重要方法。在此,我们应当将系争语词的外延区分为典型类型(肯定类型)、中间类型和否定类型。概言之,系争语词文义解释的结论应当是由界定系争语词概念内涵的"定义"(该定义由可以明确其本质特征的概念内涵意义要素组成)与列举系争语词概念外延的"类型"(该类型包括具有系争语词核心含义的肯定类型、具有语词边缘含义的中间类型、具有系争语词反对意义的否定类型)所组成的语句。然而,学界在对系争语词下定义或概念分析时,要么只进行内涵分析不明确"包括什么"和"不包括什么"的问题,有时将内涵分析和特征列举混同,要么只进行外延划定,但是也只进行"包括什么"的外延划定,基本不重视"否定类型"的列举。有时甚至混淆内涵分析和外延划定,将外延划定混同于内涵分析。① 另外,在进行外延划定时,不区分肯定类型、中间类型和否定类型,混淆肯定类型与中间类型,混淆平义解释和扩大解释的界限,甚至混淆中间类型和否定类型,以至于无法区分扩大解释和类推解释、法律解释和法律续造的界限。特别是,当我们要面对介于典型类型之间的中间类型或者是兼具典型类型本质特征的交叉类型所形

---

① 混淆内涵分析与特征列举的例子如我国刑法对"黑社会性质组织"的界定。例如,有学者指出,"我国刑法明确规定了'黑社会性质组织''黑社会组织'法定概念(概念法定化),但是具体的问题意识在于:我国刑法并没有明确界定'黑社会性质组织''黑社会组织'的法定内涵(内涵界定缺位);没有明确'黑社会性质组织'的法定特征(法定特征缺位);也没有明确'黑社会性质组织'与'黑社会组织'之间的逻辑关系(组织逻辑关系缺位);也没有明确四个特征之间的逻辑关系(特征逻辑关系缺位)。"参见魏东《案例刑法学》,中国人民大学出版社2019年版,第217页。混淆外延划定和内涵分析,例子如我国刑法总则第五章其他规定对"公共财产""公民私人所有财产""司法人员"等刑法术语的界定,等等不一而足。由此可见,刑法法定含义也并非尽然正确合理,对其或者需要再解释,或者需要进行语言学检视和逻辑学完善。例如,法定特征应当是本质特征,否则就会导致定性混乱或法律疑难。

成的词语时,我们会感觉到解释更为困难,更容易发生混淆。因此,我们可以说,文义解释的难点在于解释处于两个矛盾的典型类型之间的语词或同时具有两个矛盾的典型类型的本质特征的语词。例如从性别上分类,人可以分为男(性)人和女(性)人,而变性人是处于男人和女人之间的类型,两性人是同时具有男人和女人本质特征的类型。

其实,文义解释与体系解释、目的解释、历史解释等其他解释方法之间的本质区别在于解释活动的出发点是文义而不是体系、目的、历史。[①] 申言之,任何法律解释活动的过程其实都是解释方法综合运用的过程,解释者都在自觉或不自觉地使用各种解释方法。换句话说,法律解释的各种方法并不是被单独适用的。正如德国学者卡尔·拉伦茨所言:"萨维尼已经区分'文法''逻辑''历史'及'体系'的解释因素。并且也已经提及:这些因素不应是个别地发挥作用,毋宁是相互合作。"[②] 黄茂荣教授进一步指出:"法律解释必须考虑的各种要素根本就不是法律解释的方法,它们在各种法律解释的过程中承担不同的任务,发挥不同的功能,从而在共同协力下完成发现法律的规范意旨的任务。"[③] 只不过,我们在方法的运用中有所侧重,或侧重于文义,或侧重于目的。正如张明楷教授所言:"解释者在采用各种解释手段之前,就有一个达到目的的预断,任何解释手段的运用只是将文本敲打成能为自己的目的服务的形状,并坚持认为那种活动与文本解释之间不存在任何差别,自己的目的就是文本的目的。"[④] 尽管"文义是解释活动的起点"是共识,但是学界仍然有不同的思维定式,即习惯任意地越过文义直接以目的(法益)、体系、历史为解释起点。殊不知,离开文义,

---

[①] 在某种意义上讲,出发点是本质区别,思维过程尤其如此。因为出发点意味着方向,影响着过程的导向、思维的进路和结果的本质内容。

[②] [德]卡尔·拉伦茨:《法学方法论》,陈爱娥译,商务印书馆2003年版,第200页。

[③] 黄茂荣:《法学方法与现代民法》,中国政法大学出版社2001年版,第287页。

[④] 张明楷:《刑法学(上)》(第5版),法律出版社2016年版,第四版前言。

无论是目的、体系还是历史都无从谈起。即便有，也是"解释者"主观臆测的结果，解释的客观性自然也就难以保障。质言之，目的、体系、历史都必须来源于文义。文义解释不排斥其他解释方法，也不应当被其他解释方法排斥甚至被否认。

只是因为通说观点通常认为，文义解释是指根据词语的字面含义来确定法律的意思。而使得文义解释被认为是过于机械而无用。其实，文义一般是但并非只是字面含义。如前所述，文义即文字之语义的内容远非如此，字面含义只是其中的词汇含义。在一般情况下，可以根据词语的日常含义来确定法律的意思。但是在特定情况下，需要根据词语的特定含义来确定法律的意思。文义解释其实是语言学解释，只不过，字面解释是文义解释的常见做法或者说是文义解释的典型类型。

其实，在学界对文义解释早有不同的界定。例如有观点指出："文义解释法可分为两种：一种是机械的文义解释法，另一种是明达的文义解释法。前者近乎机械地追随法律文本的字面含义，甚至宁可牺牲立法目的，也要遵从文字含义。后者虽然也是从字面含义出发，但有一定程度的灵活性。为了维护文义解释法在现代法律方法中的基础地位，明达的文义解释法把处于文义解释法和其他解释方法（如系统解释法、目的解释法）边缘的一些规则纳入了文义解释法的范畴。"[①] 概言之，文义有广义和狭义之分，广义是语言学意义，理论上往往称为可能含义；狭义特指词汇意义或字典意义，理论上往往称为字面含义或核心含义。

（三）刑法

"对象决定方法。就法而言，这意味着：法提出了哪些问题以及应以何种思考方法回答这些问题都取决于法本身的性质和功能。"[②] 在刑

[①] 参见张光杰《中国法律概论》，复旦大学出版社2010年版，第35页。
[②] ［德］齐佩利乌斯：《法学方法论》，金振豹译，法律出版社2009年版，第1页。

法文义解释这一术语中，刑法是区分义素，其限定对象，也框定学科，更确定语境。质言之，刑法既是法律解释的对象，也是法律解释的学科界限，更是法律解释的语境。正如陈兴良教授所言："刑法解释与民法解释或者其他法律解释在性质上还是有区别的，出于法律性质的考虑，刑法解释应当受到罪刑法定原则的严格限制，更应当受到法律文本的约束，这就是刑法应当严格解释的基本法理。"① 张明楷教授同时指出："如果说刑法解释与其他法解释有什么不同，也仅仅在于刑法的目的与其他法律的目的不同。"② 魏东教授也认为："'刑法解释的司法适用性'命题具有区别于其他部门法解释适用的特殊性，这就是刑法解释所应当具有的适当保守性。"③ 在解释论层面，魏东教授所言的"解释的适当保守性"就是解释的从属性、严格性。可见，刑法解释与其他法律解释最大的区别在于"严格"，而决定这一区别的根本在于刑事法本身的特殊性。质言之，刑法解释与民法解释、宪法解释、行政法解释等其他学科解释之间的本质区别在于解释对象是刑法条文。正如魏东教授所言："刑法解释是对刑法规定含义的理解、阐明和具体适用。"④ 张明楷教授也指出："刑法解释是指对刑法规定意义的说明。"⑤

详言之，解释对象是法律规定（法律文本）使得法律解释与其他解释区别开来，解释对象是刑法规定使得刑法解释与其他法律解释区别开来。诚如有观点所言："法律解释方法以其所解释的法律材料及其设定的特殊目的为导向。所以，针对不同的法律材料，可能会有大相径庭

---

① 陈兴良：《判例刑法学》（教学版），中国人民大学出版社2012年版，第7页。
② 转引自张明楷《刑法学（上）》（第5版），法律出版社2016年版，第38页。
③ 魏东：《刑法解释学基石范畴的法理阐释——关于"刑法解释"的若干重要命题》，《法治现代化研究》2018年第3期。
④ 魏东：《刑法解释学基石范畴的法理阐释——关于"刑法解释"的若干重要命题》，《法治现代化研究》2018年第3期。
⑤ 张明楷：《刑法学（上）》（第5版），法律出版社2016年版，第28页。

的解释方法。在该意义上,有'方法的客体相应性'的说法。"① 具体到刑法解释,正是刑法规定这一法律材料及其规范目的的特殊性使得刑法解释区别于民法解释等其他法律解释。对此,王政勋教授指出:"根据同位素理论,刑法中反复出现的'刑''罪''犯'等关键词的语义决定了刑法文本和其他法律文本的区别,也使得刑法具有和其他部门法迥异的面貌和特色。"② 无独有偶,日本学者前田雅英教授也认为刑事法律解释具有特色,其指出:"刑事法的主要着眼点在于'为了包含被害人在内的全体国民的利益,是否应该科处刑罚?'这一问题,即调整全体与个人的利益。而民法是以调整个人与个人的利益为基本原理的。可以说,刑事法具有民事法相对照的性质。但是,在最终探求'国民看来的具体妥当性'这一点上,二者不存在本质上的差异。再者,与追求目的合理性的行政法相比,虽然可以说刑事法作为司法,重视法的安定性,但二者的差异也是相对的。而且,刑法被认为是哲学色彩、理论色彩最为浓厚的法律,但必须注意的是,近来其政策性色彩正在加强。"③ 由此观之,在前田雅英教授看来,刑事法解释的特殊性在于刑事法的着眼点,即调整的利益不同,根本还在于刑事法本身的特殊性。

其实,刑法规定与其他法律规定最大的区别在于其本质上是刑罚之法——惩罚规范,以规定禁止规范和权益剥夺为主要内容。④ 而民法规定则主要是权利规范,主要调整的内容是个体之间的利益,调整的手段以赋予权益为主。行政法规范虽然是义务规范,主要调整的内容也是国

---

① [奥]恩斯特·A. 克莱默:《法律方法论》,周万里译,法律出版社2019年版,第9—10页。
② 王政勋:《刑法解释的语言论研究》,商务印书馆2016年版,第322页。
③ [日]前田雅英:《刑法总论讲义》,曾文科译,北京大学出版社2017年版,第4页。
④ 刑罚是以否定评价和剥夺性痛苦为内容的强制措施。参见张明楷《罪刑法定与刑法解释》,北京大学出版社2009年版,第3页。

家与个人之间的利益,调整的手段以设定义务为主,但其义务主要是命令义务,即便存在惩罚规范也主要是以权益限制为主要内容。① 正如王政勋教授所言:"和民法、行政法等相比,刑法还有其他一些特点。其他部门法重在调整、规范人们的行为,刑法重在对犯罪行为的制裁和遏制;其他部门法的目的在于在社会主体之间分配、确认权利义务,刑法的目的在于责任的追究;其他部门法针对的是社会的'生理现象',刑法针对的是社会的'病理现象'。"② 易言之,刑法规范调整的内容较其他法律规范调整的内容更为重要,不容许调整手段过分自由。

三 刑法文义解释的基本含义

(一) 刑法文义解释的定义

定义是对本质的揭示。究其本质,刑法文义解释是作为方法的文义解释与作为本体的刑法解释交叉结合的结果。对于文义解释,王彬博士的观点值得借鉴,其在《法律解释的本体与方法》一书中指出:"在本书中,所谓文义解释是指从法律条文的文义出发,以法律语词作为解释

---

① 刑法侧重于惩罚,亦即更侧重于违法性评价和社会秩序的稳定。易言之,对一个行为的违法评价并不意味着对另一相关行为的合法评价。例如,在"黑吃黑"过程中,对侵犯违禁品占有的惩罚并不意味着被侵犯者行为的合法性。非法债务亦如此,"因索取非法债务"而构成犯罪的降格定罪,并不意味着非法债权人之债权的合法性。与之相对,民法更侧重于保护,亦即更侧重于合法评价和个人权利的保护。质言之,对一个行为进行救济并不意味着对另一相关行为的否定评价。例如,侵权责任中基于公平原则的补偿责任,并不意味着责任承担者存在违法行为。又如,对于事实婚姻,因为刑法侧重于惩罚和违法评价,则倾向于将事实婚姻解释为"婚姻";民法侧重于保护和合法评价,则倾向于不将事实婚姻解释为"婚姻"。其实,刑法是二次违法,在刑法之前置法的法律责任部分已经规定了违法行为类型。因此,在刑法学理上,在一方面说"规范违反",又同时说"构成要件符合"。再如,民事责任年龄的下限比刑事责任年龄低,而且理论上对降低民事责任年龄持反对意见较少而对降低刑事责任年龄持反对意见较多。未成年人保护是基本的法律原则,民法降低民事责任年龄是为了将更多的不是未成年人纯获利益行为排除出"合法有效"的民事法律行为范畴,使其避免承担"显失公平"的民事义务和民事责任,是合法评价;而刑法则主要是犯罪化,是将未成年人越轨行为纳入刑罚处罚的范畴,是违法评价。虽说,理论上倾向于将违法评价和构成犯罪区分为两个阶层,年龄是责任阻却事由,但都是毫无疑问的否定评价。

② 王政勋:《刑法解释的语言论研究》,商务印书馆 2016 年版,第 326 页。

对象的解释方法，文义解释是典型的根据法律进行思维的解释方式，但不仅仅是对法律条文字面含义的确定，而是在法治语境下对法律文义进行的意义追问。"① 具体而言，刑法文义解释，亦即刑法的语言学解释，是指将刑法条文视为一种语言现象，从语言学的角度，运用语义学、语法学、语用学等语言学理论，以立法描述所选择的语言意义来理解并说明有争议的刑法条文术语之含义的思维过程。之所以如此界定，是为了与前述之"解释—文义—刑法"的解构分析相对应。

其一，刑法文义解释是解释者理解并且说明的过程。这是从"解释"的角度对刑法文义解释进行的定义。解释，即说明含义、原因、误会或争议，是哲学介入刑法的最佳切口。如前所述，解释的本质是理解并说明。其中，理解是内化的自我认识过程，是对系争语词进行识别判断的过程。对此，哲学解释学认为，解释的过程就是解释者前见和系争语词视域融合的过程。其实，理解的过程是心理过程。不同于传统的认识论，诠释的过程更加强调主体的主观能动性，而且更包含个体选择的主观色彩。而说明是外化的意思表达过程，是将所认识的系争语词进行说明阐述的过程。这一过程为大多数学者所忽视，其在定义"解释"一词时更多地侧重"理解"。然而，在笔者看来，就方法论而言，表达比理解更重要。因为，认识有感性和理性、主动和被动之分，而且没有表达的认识只能停留于主观世界，如此解释并不能提供理由。更为主要的是，没有表达的认识无法交流，也因为无法争论而不具有科学性。因为"可复制性与可验证性是科学与经验的本质区别。"即便是经验也要科学。对此，美国大法官霍姆斯曾强调："法律的生命在于经验而不在于逻辑"，但其更强调："逻辑是经验的组成部分。"

只不过，理论上存在"断章取义"，只强调前半句话而得出"霍姆斯反逻辑"的谬论。其实，并非如此，其原话是"法律的生命不在于逻辑而在于经验，但是经验是由逻辑构成的"。卡多佐也说过："霍姆

---

① 王彬：《法律解释的本体与方法》，人民出版社2011年版，第265页。

斯并没有告诉我们当经验沉默无语时应当忽略逻辑。"① 可见，经验要建立在逻辑的基础之上，而建立在逻辑基础之上的经验则又因"科学"而可取。

其二，刑法文义解释从语言学角度进行的理解和说明。这是从"文义"的角度对刑法文义解释进行的定义。文义，即文字的意义，是语言学介入刑法学的最佳切口。语言角度意味着侧重表达和交流。具体而言，语言角度一方面意味着在认识视角方面侧重将刑法条文视为一种语言现象。正如有观点所言，"语言现象，是指在一定语言环境下，有自身特点和运用规律的语言的某种客观存在。"② 作为符号系统，语言现象是一种特殊的客观存在，可以确保意义来源和发现的客观性。将刑法条文视为一种语言现象旨在突出刑法解释的客观性。另一方面意味着在理论依据方面侧重运用语义学、语法学、语用学等语言学理论。步骤，即分阶段和有序性是刑法解释科学性的主要体现，也是其与传统的"估堆式"的经验性解释的最大区别。"语义—语法—语用"之有序的语言学分析路径有充分的理据性，运用语言学理论对刑法进行解释可以增强刑法解释的科学性。另外，语言角度还意味着在意义选择方面侧重以语言意义为基础。以语言意义为基础意在突出刑法条文意义的多层次性以及语言意义的不可或缺性。正如有观点所言："解释是思想的工作，它在于从明显的意义里解读隐蔽的意义，在于展开暗含在文字意义中的意义层次。"③ 探求语言意义的过程其实是发现刑法条文术语之"核心含义"和"可能含义"的过程。这一过程在理论上也被习惯地称为发现"狭义和广义以及最广义的"过程。概言之，以语言意义为基础可以促进刑法解释的合理性。

其三，刑法文义解释是对具有争议的刑法条文术语之含义的理解和

---

① 转引自张斌峰《法学方法论教程》，武汉大学出版社 2013 年版，第 77 页。
② 刘红婴：《法律语言学》，北京大学出版社 2007 年版，第 15 页。
③ ［法］利科：《存在与诠释学》，洪汉鼎编《理解与解释——诠释学经典文选》，东方出版社 2006 年版，第 256 页。

说明。这是从"刑法"的角度对刑法文义解释进行的定义，是刑法解释之对象理性的内在要求。如前所述，刑法是区分义素，其限定对象，也框定学科，更确定语境。刑法是惩罚（制裁）规范之本质是刑法文义解释的学科界限，是其和他学科文义解释的根本区别之所在。在此，笔者重点强调"刑法解释的对象是刑法条文"的根本原因在于，一方面强调法律与事实的区别。众所周知，司法审判包括事实认定和法律适用两个方面。事实与规范是司法审判思维的两端，司法裁判过程是"目光不断往返于规范与事实之间"的过程。因而，我们必须对规范与事实进行区分，而且不能因"目光不断往返"而模糊事实与法律的界限。事实只能通过"认定"即定性的方式被认识，而法律则是通过"解释"即定义的方式来被解释。即便事实可以被解释也只能称为"事实解释"。[①] 而且，人们一般习惯从"发生学"的角度来解释事实发生的原因即"释因"。简言之，就一个具体案例而言，"司法认定"侧重于事实定性，其对象是案件事实，"法律解释"侧重于法律适用，其对象是法律条文。另一方面强调刑法条文与刑法规范的区别。刑法条文是刑法存在的载体，而刑法规范是刑法存在内涵的意义本身。对此，张明楷教授认为："刑法条文表述刑法规范，是刑法规范的载体和认识来源，刑法规范是刑法条文的内容和实质。"[②] 张志铭教授更是直截了当地指出："法律条文是法律规范的载体，法律规范则是法律条文的内容。法律条文和法律文本是同义词。法律文本是以书面法律语言的形式存在并包含法律规范内容的法律条文。而对于'法律规定'一词，尽管人们往往把它与'法律规范'相提并论，但实际上它与'法律条文'一词更为亲和，用法大致相当。"[③] 由此可见，刑法条文是罗列于刑法文本的具体条款，是刑法解释的对象。而刑法规范作为裁判规范，是法律推理的大前提，必须意义清晰且结构完善，是刑法解释的目标。同

[①] 魏治勋：《法律解释的原理与方法体系》，北京大学出版社2017年版，第44页。
[②] 张明楷：《刑法学（上）》（第5版），法律出版社2016年版，第26页。
[③] 张志铭：《法律解释学》，中国人民大学出版社2015年版，第20页。

时，也有学者指出："规范只是陈述的规定性意义……如果规范就是意义的话，它就不可以被解释，因为一个意义不可能。因而，解释只能针对陈述，解释就是确定陈述所表达的规范……在解释之前不存在意义……在解释之前不存在规范，仅仅存在文本而已。"① 由是观之，规范是意义本身。刑法条文是一种陈述，而刑法规范是陈述的规定性意义——作为刑法推理之前提的刑法命题。

质言之，就解释对象而言，理论上习惯称之为"文本"。正如德国法学家萨维尼所言："解释总是基于某种给定的东西，即文本。"② 而这种"给定的东西"可以是事实也可以是法律，但是从"定性"与"定义"的层面，还是应当有所区别。而且基于"约定俗成"的考虑，法律解释的对象只能是法律文本，刑法解释的对象只能是刑法，具体说应当是体现刑法规范的刑法条文（或法典），再具体说应当是刑法条文中的术语，其中以刑法条文之法律术语为主。在此，需要特别说明的是，刑法条文中的术语是特殊的法律语词。而法律语词是指在研究、制定和运用法律过程中集中使用的领域语汇，是法律术语和法律基本用语的总和。③ 法律术语是具有法律专门含义的语词。④ 法律基本用语是指从全民语言中借用而来，在法律领域中较高频率使用并且用法相对固定的语词。⑤ 应当说，"法律用语"是一种非正式的提法，主要是指法律术语及法律常用语。⑥ 正如有学者所言："解释的标的是'承载'意义的法律文字，解释就是要探求这项意义。"⑦ 因此，语词、语句/条文、文本是陈述意义的载体，而概念、命题/规范、推理是陈述所包含的意义本

---

① [法] 米歇尔·托贝：《法律哲学：一种现实主义的理论》，张平、崔文倩译，中国政法大学出版社2012年版，第89页。
② [德] 弗里德里希·卡尔·冯·萨维尼、[德] 雅各布·格林：《萨维尼法学方法论讲义与格林笔记》（修订译本），杨代雄译，法律出版社2014年版，第7页。
③ 刘红婴：《法律语言学》，北京大学出版社2007年版，第54—55页。
④ 刘红婴：《法律语言学》，北京大学出版社2007年版，第55页。
⑤ 刘红婴：《法律语言学》，北京大学出版社2007年版，第55页。
⑥ 刘红婴：《法律语言学》，北京大学出版社2007年版，第22页。
⑦ [德] 卡尔·拉伦茨：《法学方法论》，陈爱娥译，商务印书馆2003年版，第194页。

身——规范含义或内容。概言之，语言是存在，是解释的对象，逻辑是意义及脉络，是解释的目标。

(二) 刑法文义解释的范围

刑法文义解释的范围研究主要解决刑法文义解释的指称范围。究其本质，其旨在明确"是否能通过语境这一范畴涵盖论理解释等非文义解释方法"这一问题。传统理论一般认为，"文理解释分为字面解释和语法解释。其中字面解释，是指从词义上对刑法规定所使用的词汇予以注释，从而阐明刑法规定的含义；语法解释，是指对刑法规定的词组联系、标点符号、句子结构等进行语法上的分析，从而阐明刑法规定的含义和内容。"[①] 由是观之，在传统观点中，文义解释的指称范围只是字面（语义）解释和语法解释两种解释并没有将语境解释包含在内。对此，笔者认为，一方面，如果将文义等同于字面含义，容易发生望文生义的错误。因为字面解释就是"顾名思义"的"拆词造句"的直觉解释，因而不具有理据性，而只是随意的感性认知和没有依据的表面解释。另一方面，传统观点中即便论及语法解释也只是蜻蜓点水而不够深入，更不成体系。

其实，语境解释有着强大的涵括性。然而，理论上一般将语境与体系等同置换。例如有观点指出："体系解释即语境解释……"其实，语境不只是体系，还兼顾目的等内容。申言之，语境即语言使用的环境，需要同时考虑体系、逻辑、目的、历史、社会、文化因素。正如王彬博士所言："当我们在语用意义上阐释文义解释时，历史、目的、体系等其他解释因素均是为建立文义解释的语境服务的，实际上，其他解释方法作为文义解释的辅助方法，均体现了我们在法律解释过程中合理性和妥当性的追求。"[②] 其中，体系是一种系统，只能是相关法条之间或法律之间的关系，只能局限于法的范畴之内。而语境则不仅仅是对系统思

---

① 李希慧：《论刑法的文理解释方法》，《中央检察官管理学院学报》1995 年第 1 期。
② 王彬：《法律解释的本体与方法》，人民出版社 2011 年版，第 270 页。

维的强调，而且是对语言形成和使用环境，特别是使用环境的关切。质言之，语境不但可以渗透到同一法条内部，还可以向外扩展突破法的约束到进入社会文化范畴。可以简单地说："语境可以是同一法条内，法律（法条）之间才是体系。"其实，体系思维是一种整体性思维和相关性思维，而这一思维完全可以为语言学中与"家族相似性"理论相关的语言"聚合"理论所替换。概言之，语境解释可以包含并替换体系解释。而在学界早有观点明确了文义解释的范围，"文义解释包括字面解释、限缩解释、法益解释、合宪解释、当然解释、语法解释、体系解释、比较解释。其中，最典型的文义解释是字面解释，其他解释方法之所以被纳入文义解释的范畴，是因为笔者坚持这样一个标准：只要解释的对象是法律语词，所使用的方法是发现，姿态是对法律服从，解释结果没有背离可能的文义，就属于文义解释。"[1]

第二节　刑法文义解释的性质

刑法文义解释的性质决定了其应当与什么相并列。亦即，对刑法文义解释的性质界定决定了刑法文义解释的定位、地位以及刑法解释方法的分类问题。例如，将文义解释作为解释结果，则其应当定位为"平义解释"与扩大解释、限制解释相对应；将文义解释作为解释路径则其应当定位为"文义解释"与目的解释、体系解释、历史解释相对应。对此，张志铭教授在其《法律解释学》一书中将法律解释基本含义区分为规范、路径、形态或结果、理由等四个面向。[2] 张明楷教授在其最新版的《刑法学》教材中将刑法解释首先划分为解释态度和解释方法，其次将解释态度划分为严格解释和灵活解释，将解释方法划分为解释理由和解释技巧，然后在此基础上将法律解释理由进一步分为文理解释、

---

[1] 陈金钊：《文义解释：法律方法的优位选择》，《文史哲》2005 年第 6 期。
[2] 张志铭：《法律解释学》，中国人民大学出版社 2015 年版，第 46 页。

体系解释、历史解释、比较解释、目的解释等五个理由,将解释技巧划分为平义解释、宣言解释、限制解释、扩大解释、反对解释、补正解释等六个技巧。①

围绕这一问题,综合分析各种观点可以发现,学界诸种观点的分歧在于对"解释"和"方法"有不同理解所致。解释类型是侧重于"解释"的分类,解释方法是侧重于"方法"的分类。当然,根本还是对于解释之本质的不同理解所致。如果将解释视为一种思维过程,则应当分析其基本要素;将其视为一种认知手段,则应当考虑其路径、角度、方式。

一 作为解释类型的刑法文义解释

作为解释类型的刑法文义解释是立足于"解释"侧面根据解释学理论对刑法文义解释的性质界定。而在解释学理论中,解释经历了从"方法论"向"本体论"的转向,"解释学的重心转换使法律解释处于方法与本体的张力之中。"② 侧重于方法的法律解释是狭义的法律解释学,又称为方法论意义下的法律解释,侧重于本体的法律解释是法诠(阐)释学,又称为本体论意义下的法律解释。

(一) 方法论解释学下的刑法文义解释

方法论解释学,是传统意义上的解释学,也被称为古典解释学或解释学,强调文义是客观存在的,解释的本质在于发现这一客观含义的方法或手段。其以主观解释为解释立场,以文义解释为主要解释方法,要求形式解释和严格解释,限制解释的任意性和自由性。③ 概言之,方法论解释学更强调解释的方法。方法论解释学下的刑法文义解释以作者或刑法立法者为中心,自然是强调法的安定性和分权原则以及解释的服从

---

① 张明楷:《刑法学(上)》(第5版),法律出版社2016年版,第38—47页。
② 王彬:《法律解释的本体与方法》,人民出版社2011年版,第1页。
③ 参见魏东、田馨睿《刑法解释方法:争议与检讨》,赵秉志主编《刑法论丛》2018年第3卷,法律出版社2018年版,第135页。

性，更能契合刑事法治的形式理性和确定性，强调语义解释的分析性，相对而言，更为客观和中立。

（二）本体论解释学下的刑法文义解释

本体论解释学，是现代意义上的解释学，也被称为哲学解释学或诠释学，强调解释亦是存在本身，而不是认识其他事物的方法或手段。文义不是客观存在的，而是存在于解释者的"前理解"之中，解释的过程是解释者的视域和文本视域不断融合的过程。其以客观解释为解释立场，以目的解释为主要解释方法，要求价值判断和实质解释。[1] 概言之，本体论解释学更强调解释本体——解释的过程和结果。本体论解释学视角下的刑法文义解释看似是以解释者和文本为二元中心，其实是以读者或刑法解释者为中心，自然强调法的合目的性和均衡原则以及解释的创造性，更倾向于刑事法治的实质理性和妥当性，强调语用解释的循环性，具有较强的主观色彩。

二 作为解释方法的刑法文义解释

作为解释方法的刑法文义解释是立足于方法侧面根据方法论理论对刑法文义解释的性质界定，是在上述方法论解释学范畴下的进一步性质界定。质言之，作为解释方法的刑法文义解释是方法论解释学的理论展开。

（一）作为规范的刑法文义解释

"在规范层面，解释方法是解释的准则、标准、规范、原则、规则、指令、预设或格言等。"[2] 由此可见，解释方法不仅是获得正确解释结论的手段，还是检验解释结论正确与否、解释操作过程是否规范的依据和标准。一方面，规范蕴含着行为模式——可以、应当、不得。作为规范的刑法文义解释，首先意味着在刑法解释过程中应当遵守文义背

---

[1] 参见魏东、田馨睿《刑法解释方法：争议与检讨》，赵秉志主编《刑法论丛》2018年第3卷，法律出版社2018年版，第125页。

[2] 参见张志铭《法律解释学》，中国人民大学出版社2015年版，第46页。

后的"语言规范"——语法学规范、语义学规范和语用学规范；其次，刑法解释还应当恪守"罪刑法定"所要求的应当严格解释以及不得超越系争语词可能文义的限度；最后，刑法解释还应当恪守"认识—评价—决定—表达"这一"认知—表达"特性，遵循解释活动分阶段、有次序、递进性的思维规律。另一方面，规范除了行为模式还蕴含着行为后果，解释结论的有效性——正确性、合理性、合目的性。亦即，通过解释结论的有效性反思解释方法本身及其适用过程的妥当性。因为，方法正确并不意味着结论也正确。因此，方法论的规范性还必须考虑方法适用的变量因素，尽可能使方法具有可操作性。概言之，作为规范的刑法文义解释从解释行为模式和解释结论有效性两个方面对刑法解释过程进行规范。

（二）作为路径的刑法文义解释

"在路径层面，解释方法是解释的路径、角度、方式或方法等。"[1] 由是观之，路径是狭义的方法，也是"方法"一词最典型的汉语意义，更注重于解释活动的思维过程，或者说是解释结论或主张的形成过程。正如《现代汉语词典》所述，"方法是关于解决思想、说话、行动等问题的门路、程序等。"[2] 既然是过程和程序，则必须强调可操作性——分阶段、有次序。一方面，如前所述，文义解释与体系解释、目的解释、历史解释等其他解释方法之间的本质区别在于解释活动的出发点是文义而不是体系、目的、历史。申言之，任何法律解释活动的过程其实都是解释方法综合运用的过程，解释者都在自觉或不自觉地使用各种解释方法。但是，必须强调"解释活动的起点是文义"这一基本命题。甚至可以说，说理的起点是解释，解释的起点是文义。另一方面，甚至是更为重要的一个层面，亦即，路径意义上的刑法文义解释必须明确文义获取的思维过程。对于文义这一认识起点，需要区分为可能的文义与

---

[1] 参见张志铭《法律解释学》，中国人民大学出版社2015年版，第46页。
[2] 中国社会科学院语言研究所词典编辑室：《现代汉语词典》（第7版），商务印书馆2016年版，第366页。

具体的文义，然后在此基础上，再运用语言学理论先后进行语法分析、语义分析和语用分析。

（三）作为结果的刑法文义解释

"在结果层面，解释方法是解释的主张、结论、形态、论点等。"①由此可见，方法与结果并非截然分开的，有效方法的建构和选择离不开结论正确与否的考虑。而具体到刑法文义解释，传统的法律解释理论习惯在结果意义上称为平义解释，而与扩大解释与限制解释相对应。在此，所谓的平义是解释结论符合法律真意。至于何谓法律真意？笔者认为是法律共同体或解释共同体都认可的，进而没有争议的意义。另外，平义解释根据普通解释与专业解释（特殊解释）还可以分为日常的平义解释与法律的平义解释。不过，需要说明的是，在此还需要将目的性限缩与扩张并列考虑。因为，扩大解释与限制解释是基于外延层面的扩张与限制，而目的性限缩与扩张则是对内涵的限制与扩张。

（四）作为理由的刑法文义解释

"在理由层面，解释方法是解释的理由、论据、根据、前提、要素、因素、渊源等。"②据此，解释理由主要解决为什么做如此解释的问题。或许正因为如此，传统理论才将文义解释定义为"根据文义进行解释"或"从文义的角度进行解释"等。因此，刑法文义解释是首先明确系争语词的可能含义、核心含义，然后再据此去发现该语词在具体案例该当条文中的具体含义。在此意义上，文义是刑法解释思维过程的依据，也是法官说明裁判理由的重要渊源。另外，"理由"一词往往与论证、推理有关。在法律思维中，三段论是重要的推理理论。显然，法律解释是沟通法律条文和作为大前提法律论题的重要媒介。在此需要说明的是，三段论推理的大前提并非法律条文本身，也不是法律规范本身。尽管理论上习惯上说"目光往返于规范与事实之间"，其实，作为

---

① 参见张志铭《法律解释学》，中国人民大学出版社2015年版，第46页。
② 参见张志铭《法律解释学》，中国人民大学出版社2015年版，第46页。

三段论推理的大前提应当是"法律论题",是对法律条文解释后的法律命题。如果非要说大前提是法律规范,也只是裁判规范,或者更准确地说是法律规范中的一个重要命题。而"从裁判规范中创设法律命题,需要对裁判规范付出进一步的智力劳动,因为我们必须从裁判规范中抽象出普遍有效的命题并通过适当的方式表达出来。"① 而这种进一步的智力劳动其实就是法律解释。

(五) 作为态度的刑法文义解释

在态度层面,解释方法是解释的立场和限度,涉及解释者的解释态度——价值选择和立场倾向。理论上一般态度将解释划分为严格解释与灵活解释。严格解释侧重于立法场域,意味着遵循罪刑法定原则,强调"根据法律"进行解释,否认解释的创造性,主张根据立法者的意思进行解释。与之相对,灵活解释侧重于社会场域,意味着可以根据社会发展的客观需要进行解释,允许进行"合目的"的考察,承认解释的创造性。② 作为态度的文义解释是与严格解释相对应的解释类型。

(六) 作为技巧的刑法文义解释

为了区分,作为技巧的刑法文义解释,理论上也称为平义解释,也有学者进一步区分出特殊平义解释,只不过是与宣言解释、限制解释、扩大解释、反对解释、补正解释等相并列;其实,技巧更侧重于操作和规则,更具有实践理性。不过,何谓"平义"?现有理论只是将其笼统地等同于"立法原意",而缺少其作为技巧该有的属性。当然,如何进行平义解释,自然也就无从谈起。因而,有必要对其从语言学上对其进行技术改造。

综上所述,理论上一般在理由、结果、态度、技巧四个层面上将刑法文义解释作为一种解释方法使用。在理由层面,理论上习惯称之为文

---

① [奥] 尤根·埃利希:《法律社会学基本原理》,叶名怡、袁震译,中国社会科学出版社2009年版,第131页。

② 参见张明楷《刑法学(上)》(第5版),法律出版社2016年版,第32—33页。

理解释，其一般与论理解释（体系解释、历史解释、比较解释、目的解释等）相并列；在结果层面，理论上习惯称之为平义解释，而与扩大解释与限制解释相并列；在技巧层面，理论上也习惯上称之为平义解释，只不过是与宣言解释、限制解释、扩大解释、反对解释、补正解释相并列；在态度层面，理论上习惯称之为严格解释，而与灵活解释相并列。其实，刑法文义解释的性质界定关乎刑法解释方法的分类。

三 刑法文义解释的基本性质界定

"'方法'意指通往某一目标的路径。在科学上，方法是指这样一种路径，它以理性的，因而也是可检验和可控制的方式导向某一理论上或实践上的认识，或导向对已有认识之界限的认识。在法学上，也如在其他科学上一样，将以理性的，因而也是可论证的方式探求开放性问题之答案的路径称为方法。"[①] 因此，刑法文义解释应当是一种解释类型，是方法与本体的统一，但是更侧重于方法之侧面。之所以如此论断，一方面是因为解释本来就是一种方法。法理学理论一般认为，法律方法具体包括法律解释、法律推理、法律论证等方法。正如有观点所言："法律方法之具体形式包括法律解释方法、法律续造方法、法律事实的认定方法、判例法方法；法律方法之思维形式包括法律推理、法律论证、法律分析与批判等。"[②] 甚至，我们可以说说理的起点在于解释，解释的起点在于文义。对此，法国哲学家保罗·利科尔直截了当地指出："我们应该将解释学当成一种本体论，但不能因此而否定其方法论的意义；解释学成为本体论的最合适的道路是从语言的解释开始，从语义学阶段到反思阶段，最后达到存在阶段；语言是人类一切经验最基本的条件，要理解存在的意义就必须先研究语言；文本一旦形成，就与特定的历史环境和作者的意图产生一定的距离，成为一个有自律性的言语实体；理

---

① 参见［德］齐佩利乌斯《法学方法论》，金振豹译，法律出版社2009年版，第1页，中文版序言第1页。
② 参见葛洪义《法律方法论》，中国人民大学出版社2013年版，目录，第2—5页。

解是解释者与文本意义的同化过程。"① 因此，我们应当坚持方法论和本体论相统一的文本中心论，既不能只是以作者为中心的方法论解释学，也不能只是以读者为中心的本体论诠释学。

另一方面是因为相比较而言，刑法文义解释更侧重于司法场域、形式理性、个案面向、沟通之维、语言向度。其一，刑法文义解释必须侧重于司法场域。刑法首先是评价规范，其次才是行为规范。质言之，刑法首先规制法官，其次才是行为人。故而，刑法思维首先是一种评价思维，刑法首先是法官法。当然，刑法方法也就首先是一种裁判方法。另外，刑法文义解释作为一种方法一旦离开司法实践而囿于刑法教义则难以发挥作用。其二，刑法文义解释必须侧重于形式理性。一般而言，形式理性往往与实质理性相对应。在法教义学中，形式理性更多地是"根据法律"的思考，而实质理论更多地是"关于法律"的思考。形式理性更多地是以"法律内部因素"为思考的起点和依据，是"服从性"的解释；实质理性更多是以"法律背后的外部因素"为思考的起点和依据，是"创造性"的批判。其三，刑法文义解释必须侧重于个案面向。在实务中，是案例提出问题。刑法文义解释应当围绕具体个案展开。解释是认识并且表达的过程。文义指称的对象存在于现实世界，通过认识文义形成的概念则是思维世界的范畴，文义表达的内容则是语言世界的内容。但是，对象、概念、表达都不是随意而不确定的，而是存在于具体个案中的。故而，刑法文义解释必须以具体案件为线索将现实世界、思维世界、语言世界融合于法律世界。其四，刑法文义解释必须侧重于沟通之维。沟通或商谈是解决冲突最好的选择。解释的过程是不同主体沟通的过程，也是不同主体视域融合的过程。在解释的过程中，首先是法律文本本身的含义、立法者所欲表达的含义、解释者认识的含义的融合过程；其次在解释者层面，解释过程还是法官、被告人、律

---

① [法]保罗·利科尔：《解释学与人文科学》，陶远华等译，河北人民出版社1987年版，第41页。转引自张明楷《刑法学（上）》（第5版），法律出版社2016年版，第4页。

师、公诉人等不同诉讼主体沟通的过程和视域融合的过程。其五，刑法文义及时必须侧重于语言向度。一般而言，解释或评价存在语言、逻辑、目的等向度。语言与逻辑存在一定程度的对应，但并不完全对应。在笔者看来，语言似乎比逻辑更为广泛，内容也更为丰富。因而，可以用语词替换概念，句子替换命题，语篇替换推理。因而，需要区分逻辑与语言，而语言与逻辑的界分，其实是交流与思维的界分。① 知识论和方法论都属于内在的思维层面，而语言论则属于外在的表达层面。同时，语言与目的也存在密切联系。但是，目的在法外，而且往往是由解释者所赋予的。而且目的更多地属于价值论，是法律之外的、更深层次的实质考虑和利益权衡，是属于言外语境的内容。② 概言之，"正义的实现需要有操作性标准"，③ 而解释正是不断明确标准的过程。抑或说，解释是提供标准的过程，解释结论往往是一种更具体的"具体标准"。例如对于"情节严重""情节恶劣""造成严重后果"等评价性语词，解释者往往依据一定标准列举"具体情形"，这是一个量化的过程。在司法实践中，这一任务往往由《立案标准》等司法解释来完成。在此需要说明的是，此处的"具体情形"是一种类型或集合，而非具体的对象。此处的"标准"往往是语词的核心含义、概念的本质，蕴含着价值判断。在法律适用层面，解释是通过不断明确事实认定标准进而明确法律适用标准的过程。质言之，解释其实是明确标准并根据（运用）这一标准进行推理或论证的过程。同时，"法律发现的过程又并非完全可以通过客观标准事先加以把握的一个纯粹的认识过程"。④ 其实，法

---

① 理论上一般认为，概念是逻辑、思维用语，语词是语言、表达用语。同时，理论上也一般认为，方法是思维方式、语言是思维工具、逻辑是思维规则。

② 模仿哲学的方法，人们一般把法理学分成本体论、认识论、价值论、方法论等四个组成部分。参见焦宝乾等《法律修辞学：理论与应用研究》，法律出版社2015年版，第53、60页。不过，笔者倒是更愿意将理论分成本体论、认识论、方法论、语言论等四个部分，再将认识论根据认识的对象分成世界观、人生观、价值观、历史观等。因为，在笔者看来，"观"是观点和态度，是一种特殊的认识。

③ 王政勋：《刑法解释的语言论研究》，商务印书馆2016年版，第231页。

④ ［德］齐佩利乌斯：《法学方法论》，金振豹译，法律出版社2009年版，第26页。

律解释就是发现法律、探求法律真意的过程。同时，法律解释也并不排除价值判断和利益权衡，以及前理解的影响，只是我们应当将其最大限度地标准化和程序化，使其变得具有可操作性。其实，无论是根据法教义学之理论要义，还是根据"以审判为中心"之现实旨趣，我们都应当将刑法首先界定为裁判规范，刑法解释方法也就首先应当是裁判方法。概而言之，刑法文义解释首先是一种法律方法，更具体地说是一种裁判方法，是在解释过程中融合语言、逻辑、目的的裁判方法。

第二章

刑法文义解释的价值

如果说刑法文义解释的内涵主要是解决"刑法文义解释是什么"的问题,那么刑法文义解释的价值则主要是解决"为什么要进行刑法文义解释"的问题。当然这一问题的解决是建立在"为什么要进行解释"基础之上的。法律解释的价值(或意义、必要性)在于:人类认识理性缺陷导致的法律漏洞和用以表述法律的语言局限(词不达意、一词多义、一义多词)以及语境的转换要求。对此,笔者以为,法律解释的必要性其实就是文义解释的必要性。因为无论是克服语言局限,还是实现语境转换要求都必须通过文义解释进行。因此,可以说在所有刑法解释方法中,文义解释不但不可或缺,反而需要被特别强调。这一问题具体需要从刑法文义解释的历史发展、法理基础以及功能分析三个方面进行阐述。①

第一节 刑法文义解释的历史发展

刑法文义解释的历史发展考察其实是刑法文义解释的学说梳理。这

---

① 在此,需要说明的是,刑法文义解释的历史发展凸显其历史价值,刑法文义解释的法理基础凸显其法学理价值,刑法文义解释的地位分析凸显其刑法方法论价值,刑法文义解释的功能分析凸显其本体价值。当然,这也是基于"是什么—为什么—怎么办"之问题解决型理论范式的整体安排和考虑。

一考察既应当包括我国刑法文义解释产生与发展的纵向历史考察，也应当包括横向的大陆法系国家和英美法系国家刑法文义解释产生与发展的域外比较考察。如前所述，囿于语言的障碍，无论是历史考察还是域外考察，都是一种间接考察，都是在域内学者已有考察基础之上的再次考察和综合梳理，是对现有考察结论的梳理借鉴，难免失之片面。而且术业有专攻，文义解释的中国发展史考察由中国法律史专业学者考察更具有专业性和权威性；同理，文义解释的域外发展考察由比较法专业学者考察更具有专业性和权威性。但是，就刑法文义解释的历史发展考察而言，无论是历史考察还是域外考察又都必不可少。而且，刑法专业学者也有义务和责任就刑法学的专业问题进行考察，故而笔者在此不是推脱责任，而是旨在交代一种理论考察的实际情况。而且，根据问题解决导向的本用关系，笔者认为理论发展考察应当立足我国实际，先发掘本土传统资源再进行域外比较借鉴。因此，我们应当在依次考察刑法文义解释在我国、大陆法系国家以及英美法系国家产生与发展的基础上，寻求可供借鉴的知识体系，以期促进刑法文义解释的科学发展。

一 我国刑法文义解释的产生与发展

笔者对我国刑法文义解释之产生与发展的考察，主要以谢晖教授的《中国古典法律解释的哲学向度》[1] 与王利明教授的《法律解释学》[2] 为重要资料依据，并结合沈家本的《历代刑法考》[3]、程树德的《九朝律考》[4]、邱汉平的《历代刑法志》[5] 等经典中国法律史类文献进行。通过考察，笔者发现中国古典的法律解释就是刑法解释。正如谢晖教授

---

[1] 参见谢晖《中国古典法律解释的哲学向度》，中国政法大学出版社2005年版，第34—67、171—205页。
[2] 参见王利明《法律解释学》（第2版），中国人民大学出版社2016年版，第92—95页。
[3] 参见沈家本《历代刑法考》，商务印书馆2011年版。
[4] 参见程树德《九朝律考》，商务印书馆2010年版。
[5] 参见邱汉平《历代刑法志》，商务印书馆2017年版。

所言："既然中国古典的法律，所指的就是或主要是刑法，那么，对古典中国法律在解释学意义上的审视，其实也就是对刑法解释的解释学审视。"① 因而，我国刑法文义解释的产生与发展史其实就是法律解释的产生与发展史。

据考证，法律解释学始于秦朝，《云梦秦简的"法律问答"》是最早的官方法律解释文本。正如有观点所言："中国至少自秦汉以来，就存在发达的法律解释活动和丰富的法律解释成果。"② 自汉朝开始，私家注律（亦即我们现代所说的学理解释）比较盛行。唐朝是中华法制发展的巅峰，也是法律解释发展的巅峰，《唐律疏议》是典型代表，其采用的解释方法主要就是文义解释，也从立法意旨和历史沿革方面来解释法律。明朝的私家注律也比较多。随着"西学东渐"的深化，清末时期以及北洋政府时期的法律解释，受大陆法系的影响比较明显。整体而言，我国古代法律解释在解释主体方面以官方解释为主，与之相对，在解释类型方面也就以独断体解释为主。同时，也存在注释体解释和判例体解释。正如谢晖教授所言："中国古典法律解释的方法有独断体解释方法、问答体解释方法、注释体解释方法、判例体解释方法四种。其中，注释体解释是通过文法而阐释法律文本中的法律意义，是关于法律解释中的'是什么'的说明；判例体解释是通过事实而发现法律的过程，判例在古典中国照例是案件事实和法律规定相结合的产物，是事实与规范相博弈的结果。"③ 这一观点颇具启发意义。一方面，文义解释在中国古典法律解释中不仅以"法律注释"的形式存在而且十分重要。另一方面，中国古典法律解释中的文义解释与判例解释结合有利于促进学界对文义解释的重新认识。如果再结合眼下"两高"指导性案例进行得如火如荼的事实，我们可以做如此论断：以注释为基础的语义解释

---

① 谢晖：《中国古典法律解释的哲学向度》，中国政法大学出版社 2005 年版，第 23 页。
② 谢晖：《中国古典法律解释的哲学向度》，中国政法大学出版社 2005 年版，第 27 页。
③ 谢晖：《中国古典法律解释的哲学向度》，中国政法大学出版社 2005 年版，中文摘要第 3 页。

与以案例为核心的语用解释之间交互循环而形成的文义解释是现代司法活动的核心,对于法官裁判说理更是不可或缺。当然,在民国时期,文义解释也是一种重要的解释方法。根据方乐博士的考察,"在民国时期法律解释的方法实践中,文理解释通常集中地使用在对法条中的概念进行意义阐释或者说明上。"[①] 据此,我们可以做如下论断:首先,文义解释的对象是法律条文,更准确地说是法律条文中的法律术语;其次,文义解释的定义是(法律条文中的概念)意义的阐释或说明;最后,文义解释在司法实践中不仅存在、不可或缺而且被广泛应用,是最基础的法律解释方法。新中国成立以来,我国的法律解释仍然以官方的司法解释为主。不过,真正意义上的司法解释是自改革开放才正式开始,1981年全国人大常委会《关于加强法律解释工作的决议》是重要标志。当下,我国的法律解释仍然以"两高"的司法解释为主,也存在一定数量的立法解释。而且,司法解释呈现出多元化发展趋势,除了传统的准立法的司法解释文件外,司法解释还以指导性案例、典型案例、公报案例为核心的案例解释的形态出现,而以类案检索报告制度推行案例解释的约束力。不过,需要注意的是,司法解释的政策导向比较明显。另外,司法人员个人通过裁判说理解释法律的现象已经普遍存在,但是司法人员个人解释法律的制度却未建立起来。由是观之,我国的刑法文义解释由来已久,几乎与法律解释同步产生和发展,而且被广泛应用,是较为基础的刑法解释方法。

二 域外刑法文义解释的产生与发展

如前所述,域外考察更多的是一种间接考察,是对现有研究成果的梳理借鉴。尽管间接考察难免失之片面,但是域外考察又必不可少。这不只是论述便宜考虑而且还是比较论证之内在要求。在此,笔者对域外刑法文义解释之产生与发展的考察,主要以魏东教授的《西方国家刑

---

① 方乐:《民国时期法律解释的理论与实践》,北京大学出版社2016年版,第399页。

法解释（学）的学术考察》①、张明楷教授的《刑法学（上）》②、孔祥俊教授的《法律解释与适用方法》③、张志铭教授的《法律解释学》④以及王利明教授的《法律解释学》⑤为重要资料依据，并按照传统理论将域外划分为大陆法系国家和英美法系国家分别进行考察。

（一）大陆法系国家刑法文义解释的产生与发展

大陆法系国家文义解释的产生和发展涵括在解释学的产生和发展过程中。故而，大陆法系国家文义解释的域外考察首先是解释学的发展脉络梳理。据考证，"解释学的发展分为七个阶段：第一阶段，解释的词源出自希腊文，后来应用于对《圣经》的诠释，属于语文学。此后，德国和法国将其引入哲学领域。第二阶段，19世纪初，施莱尔马赫扩大研究范围，使局部解释学发展为一般性解释学。第三阶段，19世纪末20世纪初，狄尔泰将解释学的问题纳入了历史过程的精神科学或人文科学之内探讨其可能性。第四阶段，20世纪海德格尔将解释学从认识论推进到本体论。第五阶段，后来，伽达默尔在海德格尔的基础上使得解释学超越了方法论而进入本体论。第六阶段，20世纪60—70年代，解释学和法兰克福学派意识形态之间，进行了一场激烈争论。第七阶段，法国哲学家利科尔挺身而起，将解释学当成一种本体论，同时也不否认其方法论的意义，同时指出，解释学成为本体论的最合适的道路是从语言的解释开始。"⑥ 由是观之，解释学首先经历了从神学到哲学的发展，在哲学内部又经历了从局部解释学到一般性解释学再到人文科学的发展，随后，经历了从认识论和方法论到本体论的转向，但是必须

---

① 参见魏东《西方国家刑法解释（学）的学术考察》，魏东主编《刑法解释》总第3卷，法律出版社2018年版，第45—59页。
② 参见张明楷《刑法学（上）》（第5版），法律出版社2016年版，第3—4页。
③ 参见孔祥俊《法律解释与适用方法》，中国法制出版社2017年版，第211—239页。
④ 参见张志铭《法律解释学》，中国人民大学出版社2015年版，第71页。
⑤ 参见王利明《法律解释学》（第2版），中国人民大学出版社2016年版，第87—92页。
⑥ 参见张明楷《刑法学（上）》（第5版），法律出版社2016年版，第3—4页。

"从语言的解释开始"。其实,"从语言的解释开始"背后是语言论的哲学转向。简言之,解释学的发展历程表明解释学与语言学是须臾不可分割的关系。因此,可以说文义解释在解释学中根深蒂固。

另外,刑法文义解释是一种特殊的法律解释,其最早可以追溯到罗马法。一般认为:"法律解释学是一门古老的学问,最初来源于神学家施莱尔马赫的一般诠释学(最初运用于神学和语文学两个领域)而肇始于古罗马时代,其历史发展分为古罗马法律解释学、中世纪时期的法律解释方法的发展、近代法律解释学的发展—法律解释学的体系化、现代法律解释学的嬗变—自由法运动的兴起和反思、法律解释学在当代的发展趋势等五个阶段。古罗马时期又可以分为发生期、发展期、古典期、衰退期、优士丁尼时期。在这一时期,法学家主要采用文义解释和类型化解释,由严格的字面解释向论理解释再向严格的文义解释的循环发展。中世纪时期的法律解释学发展伴随着罗马法的复兴。而罗马法的复兴是由前期注释法学派和后期注释法学派(注解法学派)共同完成的。前者采用经院哲学的解释方法,偏重从语义学的角度解释法律;后者采取对个别问题深入研讨的方式,偏重文义和逻辑的结合,通过对文本逻辑结果的分析解释出法律条文的真实含义。近代法律解释学的发展伴随着法典化运动。在法典化运动早期,法律解释学仍然仅限于罗马上的文义解释,拘泥于文本,而且注重探求立法者立法时的原意,严格排斥法官在解释中的能动作用。在这一时期,以萨维尼为代表的历史学派以历史的方法探究法律本源,抽象出法律的一般规律,完成了法律解释学的科学化和体系化,从而奠定了近代法律解释学的基础。"[①] 由此可以说,在法律解释的西方发展历程中,文义解释由来已久,可以与法律解释同义替换。甚至可以说,文义解释是最早的一种法律解释形态,也可以说刑法文义解释、

[①] 参见王利明《法律解释学》(第 2 版),中国人民大学出版社 2016 年版,第 87—92 页;梁慧星《民法解释学》,中国政法大学出版社 2000 年版,第 3—78 页。

文义解释与解释学发展同步。另外，大陆法系文义解释或者说法律解释的发展过程更多的是"解释"的认识发展史，其大致经历了从方法到本体，从心理到存在的认识发展过程。

同时，文义解释作为解释方法的系统研究只能追溯到萨维尼的法学方法论。① 在萨维尼的法学方法论中，"解释是语文学视角下的法学，是在立法者立场上基于文本对法律所包含的思想的重构，包括逻辑、语法（文义）、历史、体系四个要素。其中，语法要素是对立法者所使用的'语言法则'进行阐明。"② 受萨维尼的法律解释理论影响，德国的法律解释方法主要有文义解释、法意解释、语境解释、历史解释。需要注意的是，"德国传统的解释方法将'逻辑解释'归为独立于文义解释的方法，且逻辑解释的功能是确定规范的概念结构，但现代方法已将其部分地归入文义和体系解释之列（部分归入教义解释）。"③ 由此可见，在德国的法律解释方法中，文义解释、逻辑解释、语境解释都可以纳入"文义解释"一词的指称范围。即便是法意解释也与文义解释联系密切，因为"我们可以运用语言规则和语言规律还原立法者立法时法条词语所表达的含义，也能避免解释者在不同的语境下理解法条语言"。④

（二）英美法系国家刑法文义解释的产生与发展

相对于大陆法系国家法律解释的产生与发展的考察，学界对英美法系国家文义解释的产生与发展的考察相对薄弱，可资借鉴的资料并不多。根据魏东教授的考察，"英美法系国家的法律解释（包括制定法解

---

① 不过，莱布尼茨1667年撰写的《法学研究与讲授的新方法》是法学方法论的先驱。参见［德］弗里德里希·卡尔·冯·萨维尼、［德］雅各布·格林《萨维尼法学方法论讲义与格林笔记》（修订译本），杨代雄译，法律出版社2014年版，译者序言，第1页。

② ［德］弗里德里希·卡尔·冯·萨维尼、［德］雅各布·格林：《萨维尼法学方法论讲义与格林笔记》（修订译本），杨代雄译，法律出版社2014年版，第7页；［德］伯恩·魏德士：《法理学》，丁晓春、吴越译，法律出版社2013年版，第302页；王利明：《法律解释学》（第2版），中国人民大学出版社2016年版，第89页。

③ 孔祥俊：《法律解释与适用方法》，中国法制出版社2017年版，第233页。

④ 魏东：《刑法理性与解释论》，中国社会科学出版社2015年版，第61页。

释和普通法解释）产生于 1215 年英国自由大宪章。"① 通过考察，笔者发现英美法系国家文义解释或者说是法律解释的发展过程更侧重于"分析"维度，是"分析"基础上的"语言"转向过程。其中，语言学内部的由语义学向语用学转向的痕迹十分明显，甚至可以说其对英美法系国家刑法文义解释的产生与发展的影响根深蒂固。而语言学转向内部的语用学转向主要发生在维特根斯坦语言哲学内部。一方面，"维特根斯坦在其所著《逻辑哲学论》一书中，对语言进行了分析。他还认为，通过把复杂的语句与命题分解成构成它们的基本成分（它们只描述简单的事实）来阐明它们的含义，具有特别的重要意义。"② 另一方面，"维特根斯坦又在其《哲学研究》一书中，否弃了《逻辑哲学论》中的许多原则，从命题及其含义的逻辑分析转到了对语言实际作用的方式的思考，并宣称，'一个字词的含义乃是在它在语言中的使用'。"③

具体到法律解释方法中与文义解释相关的内容，英国的传统法律解释方法主要有文义规则、黄金规则、除弊规则，均被用以确定立法者的意图。④ 其中，黄金规则是对文义规则的修正，除弊规则发展为论理解释或目的解释。不过，法院在理论和实践中仍然倾向于传统的文义解释，即通过字面意思和遵循先例对条文进行解释，法官在解释法律的过程中通常运用严格的文义解释，而不会过多地探求条文背后的立法者意图和目的。美国的法律解释方法基本遵循了英国的法律解释理论，共有二十种解释方法。其中，按照典型的普通语义进行解释、按照系争语词的标准的专门含义进行解释以及根据语境确定含义的解释等三种解释方法可以纳入"文义解释"一词的指称范畴。

---

① 魏东：《西方国家刑法解释（学）的学术考察》，魏东主编《刑法解释》总第 3 卷，法律出版社 2018 年版，第 48 页。
② ［美］E. 博登海默：《法理学 法律哲学与法律方法》，中国政法大学出版社 2004 年版，第 143 页。
③ ［美］E. 博登海默：《法理学 法律哲学与法律方法》，中国政法大学出版社 2004 年版，第 143 页。
④ 孔祥俊：《法律解释与适用方法》，中国法制出版社 2017 年版，第 233 页。

综上所述，刑法文义解释的历史发展表明文义解释古来有之，而且在世界范围内普遍存在。只是，刑法文义解释在其发展过程中忽视了"语用学转向"而将"文义"局限在字面含义之中，进而未能充分汲取语用学理论成果，重视语境分析，也就未能将"文义"提升至语言意义层面。易言之，我们对刑法的语言学解释是强调有余、发展不足，甚至还理解有误，自然也就难以精细。我们一直都在进行文义解释，也一直在强调文义解释的优先性、重要性和必要性，但是对"为什么要进行刑法文义解释"这一问题的回答还不是很到位，遑论对"如何进行刑法文义解释"这一问题进行回答。即便有学者在进行刑法文义解释或者对"如何进行刑法文义解释"的问题有过回答，但是其也没有将这一问题上升到语言学高度，自然也就难以形成系统的文义解释方法论。而且，刑法文义解释的发展还遭到了非文义解释学者的反对，被降格为"查字典"解释，甚至还背上了机械、无用的"罪名"。因而，刑法文义解释的未来发展应当通过"文义"回归语言学，及时汲取以维特根斯坦语言哲学为基础的语言学理论养分。当然，囿于"刑法"的规范性，刑法文义解释不能纯技术化，但是"解释"还是应当恪守其科学和可操作性的"方法论"本性。

第二节 刑法文义解释的法理基础

如前所述，刑法文义解释是文义解释在刑法学中的具体展开，是文义解释和刑法解释结合的结果。因此，我们要从与文义解释和刑法解释相对应的法理学和刑法学两个维度探寻刑法文义解释的法理基础。而在法理学层面，文义解释的法理基础应当是相关的法哲学流派及其核心主张；在刑法学层面，刑法解释的基础主要是罪刑法定原则以及作为这一原则发挥作用的人权保障机能和法益保护机能的平衡。因此，刑法文义解释的法理基础主要是由法理学维度的法哲学基础和刑法学维度的法精神基础。

一 刑法文义解释的法哲学基础

按照前述"解释—文义—刑法"的逻辑进路,刑法文义解释的法哲学基础应当是"分析(概念)—语言—规范(教义)"。申言之,刑法文义解释的法哲学基础应当首先是与"解释"相对应的分析法学。"分析"是从解构的角度来研究法,但我们要避免分析法学降格为概念论,落入概念法学的理论窠臼,因而需要同时明确概念法学的法哲学要义;其次,刑法文义解释的法哲学基础是与"文义"相对应的语言学法学,语言学法学其实是新分析法学下依靠语言科学的方法论发展,是法学与语言学的交叉,是法学理论发展"语言学"转向的结果;最后,刑法文义解释的法哲学基础是与"刑法"相对应的规范法学。规范法学侧重于"法律"本体研究,而不做政治、道德或正义等法外评判。不过,规范法学的发展出现了教义化和体系化,因而我们还要同时注意教义学法学的法哲学教义。概言之,刑法文义解释的法哲学基础应当依次是分析法学与概念法学、语言学法学、规范法学与教义学法学。

(一) 分析法学

分析法学是以"分析"为基本进路,在研究对象方面强调法律与道德的分离,是以探究"法律语词和法律概念的意义"为目标的法学哲学流派。根据《现代汉语词典》,"分析,是指把一件事物、一种现象、一个概念分成较简单的组成部分,找出这些部分的本质属性和彼此之间的关系(跟'综合'相对)。"[①] 同时,在思维层面,分析思维是与直觉思维相对应的思维,是经过逐步分析后,对问题解决做出明确结论的思维,是有逻辑性的思维。同时,逻辑学依次由概念、命题、推理等基本范畴形成,因此概念分析是逻辑分析的基础和核心。正如有观点

[①] 中国社会科学院语言研究所词典编辑室:《现代汉语词典》(第7版),商务印书馆2016年版,第383页。

所言："作为一种法哲学的研究路径，分析法学研究的重点在于概念分析。分析法学的背后是分析哲学。分析哲学家倾向于认为概念分析是一种可靠地理解我们世界各个组成部分的手段。"① 据此，我们可以说，分析法学以分析哲学为基础，而分析哲学的核心在于概念分析。同时，分析哲学很少使用"感性""理性""直觉""观念"以及"感觉材料"等概念，而是更多地使用"语言""意义""分析""逻辑""真理"以及"指称"等术语，而且分析哲学家强调了逻辑与心理学的区分，坚持用逻辑的而不是心理学的方法去研究哲学问题。② 简而言之，分析法学的核心就在于法律概念分析。"分析法学主张一般法学的任务限于从逻辑上分析'实际是这样的法'即实在法规范，而不研究'应当是这样的法'即自然法或正义法。"③ 由此可见，法律概念的逻辑分析是"分析"法学的重要研究路径。而"概念分析通过区分概念范畴的逻辑结构或必要的、本质的属性来探求我们的世界的某些层面的真，致力于确定对象或实践的性质或本质。"④ 由此可见，概念分析重在分析概念范畴的本质特征。在逻辑学上，这就是概念的内涵分析。

不过，在此需要强调的是，语词含义的解释不同于逻辑概念的分析，核心含义或者典型类型并不等同于内涵，可能含义也不完全等同于外延。内涵是本质特征的概括，外延则是具有这一本质特征的对象的范围限定。相比较而言，笔者更愿意将语词含义的外延列举性地划分为肯定类型、中间类型和否定类型。其实，肯定类型大体对应于我们经常说的当然含义、核心含义和典型类型，中间选型大体对应于可能含义与边缘含义，只不过，在此必须重点强调否定类型。其不仅是反对解释的切入点，而且更有利于我们明确系争语词的类型含义，还能明确类推解释

---

① 参见［美］布莱恩·H. 比克斯《牛津法律理论词典》，邱昭继等译，法律出版社2007年版，第7页。
② 江怡：《分析哲学教程》，北京大学出版社2009年版，导言第4页。
③ 曹建明、何勤华：《大辞海·法学卷》，上海辞书出版社2015年版，第628页。
④ 参见［美］布莱恩·H. 比克斯《牛津法律理论词典》，邱昭继等译，法律出版社2007年版，第40、41页。

和扩大解释的界限。甚至可以说，概念分析是抽象辩证思维的运用，而语词分析更多的是具体列举思维的展现。总而言之，相比较"概念分析"而言，笔者更愿意使用"词语分析"一词，在将法律表述当成逻辑命题之前首先将其视为语言表述。

(二) 概念法学

如前所述，分析法学的核心是概念分析。"分析法学家的目标就是通过辨识法律概念并将它们分解成构成它们的基本成分来阐明法律的概念。"① 但是，分析法学不能唯"概念论"，不能完全等同于概念法学。刑法文义解释应打破概念法学理论的桎梏。因而，我们在此必须明确概念法学的核心要义。概念法学，又称为"潘德克顿法学"，是指"由历史法学演变而来的，以罗马《学说汇纂》为历史基础的法学体系。该法学体系强调制定法的作用，强调对法律概念的分析和构造法律的结构体系。"② 对此，德国学者伯恩·魏德士教授指出："概念法学将法看作纯粹的概念逻辑的产物，概念金字塔能够产生法。"③ 由此可见，概念法学也强调体系，不过其强调的是法律概念体系以及由法律概念体系构造的制定法体系。但是，概念法学发展的后期走向了极端，过于强调概念体系及其所构造的制定法体系的作用，割裂了法与社会的关系，最终滑向了概念万能主义和法典万能主义的深渊。但是，概念法学强调法律概念及法律概念体系之重要性的观点不但不能被抹杀，还需要被特别强调。诚如伯恩·魏德士教授所言："因为概念金字塔的逻辑形式主义将法与社会及政治的现实割裂开来，是对法'非国家化'后进行的'非现实化'，概念法学有很多副作用。但是，概念建构的说服力毕竟创造了令人印象深刻的功绩，其通过不断一般化的概念表达其学说，从而达

---

① [美] E. 博登海默：《法理学 法律哲学与法律方法》，中国政法大学出版社 2004 年版，第 1 页。
② 参见王德春、许宝华《大辞海·语言学卷》，上海辞书出版社 2015 年版，第 628 页。
③ [德] 伯恩·魏德士：《法理学》，丁晓春、吴越译，法律出版社 2013 年版，第 204、206 页。

到整个知识领域的精确化。概念法学只不过是将这成功的过程运用于不合适的对象而已。"① 由此可见，概念法学的方法论并没有问题，只是在运用方面出现了问题——适用对象错误和方法运用绝对化。而且概念法学主要面临的是以耶林为代表的目的法学或功利主义法学的批判，其认为："整个法的创造者是目的而不是法的概念。"② 究其实质，争议的焦点在于谁是法的创造者，或者说谁是法律体系的起点和核心。故而，我国有学者认为："中国法学不能放弃以概念法学作为主要指导思想之一的立场，应该以修正或补救的态度而非摆脱或抛弃的态度对待概念法学。"③ 概言之，我们要强调法律概念及法律概念体系的重要性，但是不能"唯法律概念论"。

(三) 语言学法学

语言学法学是新分析法学的一个分支，是语言学与法学交叉发展的结果。正如 E. 博登海默教授所言："新分析法学的特点是否弃早期分析法学家试图把法理学的任务限制在对基本的法律观念和概念进行注释那种单一的做法，进而承认其他研究法律现象的方法也是合理性的。"④ 其中，语言学方法也是其他研究法律现象的方法，而且在"语言学转向"和"语用学转向"背景下的重要研究方法。因此，我们可以说，语言学法学是分析法学的分析方法开放性发展的结果。但是，需要注意的是，尽管研究法律与语言关系的学者很多，但是除 E. 博登海默外很少有人使用"语言学法学"这一表述，甚至没有将语言学法学视为一种法哲学思想流派。反倒是法律语言学的表述倒是很常见，而且有独立成为一个学科的趋势。但是，笔者认为，二者有着本质区别，而且笔者

---

① 参见 [德] 伯恩·魏德士《法理学》，丁晓春、吴越译，法律出版社 2013 年版，第 204—206 页。
② 参见 [德] 伯恩·魏德士《法理学》，丁晓春、吴越译，法律出版社 2013 年版，第 205 页。
③ 蒙晓阳：《为概念法学正名》，《法学》2003 年第 12 期。
④ [美] E. 博登海默：《法理学 法律哲学与法律方法》，中国政法大学出版社 2004 年版，第 143 页。

更倾向于"语言学法学"这一表述。一方面,语言学法学比法律语言学更有包容性,只要是研究"法律与语言"关系的都可以纳入语言学法学的范畴;另一方面,语言学法学也更"法学",能突出"以法学为本体和研究对象,是法学的分支"的意蕴。而相比较而言,法律语言学更强调"以法律语言为研究对象,是语言学的分支"。对此,有观点指出,强调以"法律语言"为研究对象的法律语言学一般是或偏于"'法律语言'学",而 Forensic Linguistics(法庭语言学)和新分析法学的研究则更多地为"法律'语言学'"或"语言学法学",即在方法上运用语言学。[①] 至于更为详细的理由,笔者将在结语部分进行阐述,在此不再赘述。另外,在笔者看来,语言学法学是以维特根斯坦的《逻辑哲学论》和《哲学研究》为哲学基础,其强调将法律视为一种语言现象,将法律规定视为法律语句,强调法律问题解决的语言学分析视角,突出语言学理论的方法论意义。"语言问题前置"和语言学分析是其核心要义,而且语用(语境)分析更具有开放性、包容性和统摄性,更具有解释力,因而也有更强的方法论意义。正如有观点所言:"尽管法律解释学是对社会关系的诠释,但在诠释过程中,语言的运用及对语言的解释是不可缺少的。因此,法律解释学需要对话式的研究。"[②] 与此同时,需要强调的是,虽然语用(语境)分析更具有开放性、包容性和统摄性,更具有解释力,但是我们必须将其限制在语义的中间类型范围之内。

(四)规范法学

规范法学,又称为纯粹法学、维也纳法学,是在奥斯丁分析实证主义法学基础上发展起来的与新分析法学相并列的20世纪实证主义法学,是狭义的实证主义法学,也是更为纯粹的分析法学,其核心在于"规

[①] 邹玉华:《法律语言学是"'法律语言'学"还是"法律'语言学'"?抑或"'法律与语言'学"?——兼论法律语言学学科内涵及定位》,《辽宁师范大学学报》2018年第1期。

[②] 参见陈金钊《法律解释学——权利(权力)的张扬与方法的制约》,中国人民大学出版社2011年版,第9页。

范"。在规范法学看来,"规范"一词特指那些具有法律性质的、能确定某些行为合法或非法的标准。正如有观点所言:"所谓规范,凯尔森意指'某事应当是或应当发生,尤其是指(强制)人们应当以一定的方式行事',是有关人的行为的强制性秩序。"在此基础上,"规范法学主张将法当作'纯粹'的独立自在的规范体系进行研究,并认为纯粹法学是真正的法学,它仅限于分析各种法律规范,而不涉及任何正义问题及人们的实际行为。"[1] 因此,我们可以说,规范法学仍然强调"分析"的研究进路,只是其更侧重于"规范体系"这一研究对象,而且它强调的"规范体系"是独立自在的封闭体系,不涉及正义问题及人们的实际行为等法律规范外因素。甚至可以说,越纯粹的规范法学越是脱离案件事实和社会背景。正如有观点所言:"汉斯·凯尔森在方法论上的目的并没有止于消除法律科学中的政治的和意识形态的价值判断。他还希望使法律理论摆脱一切外部的因素和非法律的因素,以进一步实现法律'纯粹'之目标。"[2] 对此,笔者以为纯粹法学的这一理念十分重要,法学研究一定要尽可能地将法学与心理学的、社会学的、伦理学的和政治理论的因素区分开,保留最纯粹的法学理论,以法理论为本体和核心,先考虑法学解决方案,然后在此基础上再综合地考虑其他学科方案。质言之,在从事法学研究时,还是要首先"根据法律"考虑法律内因素,然后再在法律之外考虑法律外因素,进行"关于法律"的合理性论证。即便在法律内部,我们也要将思维过程区分为法律思维、法理思维和法治思维。否则,法律本身的规范作用就会被其他法外因素消解,司法适用者的说理就会过于泛化,并最终失之专业。概言之,规范法学有利于保持法律思考和法学研究的专业性和纯粹性,是刑法文义解释的重要法哲学基础,其弊端在于是"消除"而非"区分"法律外因素,因而失之片面。

---

[1] 曹建明、何勤华:《大辞海·法学卷》,上海辞书出版社2015年版,第628页。
[2] [美] E. 博登海默:《法理学 法律哲学与法律方法》,中国政法大学出版社2004年版,第131页。

(五) 教义学法学

教义学法学，又被称为法教义学、法释义学、法律教条学，指称固有意义的法学，其核心在于"教义"。而德国，学者也将教义与信条等同使用。其实，无论是"教义"还是"信条"都强调"将现行实在法秩序作为坚定信奉而不加怀疑的前提"，因而是法教义学的起点。"不批评立法"是其基本态度。"解释"和"体系化"是其核心内容。"根据阿尔尼奥的见解，法教义学的任务，一方面是说明法秩序的内涵，另一方面是法律概念和规范的体系化。"[①] 其实，法教义学自始就跟法律解释学相关，只是到后来才与历史法学、概念法学关系密切。[②] 而且，"在裁判理论上，法教义学坚持三个基本主张：第一，法教义学反对摆脱'法律约束'的要求，主张法律（规范）对于司法裁判的约束作用；第二，法教义学反对过度夸大法律的不确定性，主张司法裁判的法律（规范）属性；第三，法教义学反对轻视规范文义的倾向，主张认真对待文本本身。在法概念论上，法教义学反对'事实还原命题'，主张法律的规范属性。在法学理论上，法教义学反对纯粹的描述性法学理论，秉持规范性法学理论的立场。"[③] 概言之，"法教义学是不受质疑的观点组织，以在法律评价领域产生可裁判性。"[④] 另外，根据阿列克西的概括，法教义学的内涵包括对现行有效法律进行描述的"描述—经验"维度，对法律之概念—体系进行研究的"逻辑—分析"维度以及提出解决法律案件的建议的"规范—实践"的维度等三个层面。[⑤] 当然，需要注意的是"虽然教义学法学强调法律教义，重视概念、规范的定义

[①] [德] 乌尔弗里德·诺伊曼：《法律论证学》，张青波译，法律出版社2014年版，第66页。
[②] 参见秦前红《监察法学教程》，法律出版社2019年版，第12页。
[③] 雷磊：《什么是我们所认同的法教义学》，《光明日报》2014年8月13日第16版。
[④] [德] 乌尔弗里德·诺伊曼：《法律论证学》，张青波译，法律出版社2014年版，第121页。
[⑤] 参见 [德] 罗伯特·阿列克西《法律论证理论》，舒国滢译，中国法制出版社2002年版，第311页。

作用，但教义学法学不等于概念法学，更不等于法条主义。"① 概言之，教义法学也强调概念体系和规范体系，但是它所强调的是受法律约束的，向道德、政策、目的、价值、社会、文化等法外因素开放的概念体系和规范体系。

需要特别说明的是，法教义学是最近很时髦的分析范式。甚至可以说，法教义学分析已经成为一种思潮。无论在法理学还是在部门法学，法教义学分析都很显眼。其中刑法教义学分析更为盛行。我们对此需要警惕。一方面，法教义学之学术繁荣的背后其实存在着认识偏差，至少学术界没有对"我们所谓的法教义学分析是什么"形成清晰而统一的认识。例如刘艳红教授指出："在我国刑法教义学化的过程中存在着五大误区。一是在未对'刑法教义学'达成共识的情况下，即已纷纷展开了具体的刑法教义学的研究，导致根源性问题先天不足；二是在未对刑法教义学与刑法解释学之间的关系彻底厘清时，等同使用这两个概念，造成了一定的理论混同，导致对刑法教义学的认识莫衷一是；三是缺乏对刑法教义学科学特质的探讨，进而缺乏对刑法教义'化成'过程的揭示，导致中国刑法实行教义学化的必要性未能充分揭示；四是将刑法教义学等同于法条主义/反实践主义，并因此误解而反对刑法教义学，导致刑法教义学招致了莫须有的不信任；五是将中国刑法的教义学化等同于研究中的概念转换，庸俗了刑法教义学化的志业，导致中国刑法教义学化进程受到影响。"② 另一方面，学界所谓的法教义学分析徒有教义学分析之名，而无教义学分析之实，其在"分析"层面与传统的法理论分析或法规范分析并无二致。质言之，在分析层面，"法教义学"与"法学理论""法规范"本来就难以区分。目前没有争议的是，法教义学是一种特殊的理论，至少是一种正确的理论，否则难以让人信服，指导实践。质言之，法教义学是一种令人信服，让人觉

---

① 陈金钊：《体系思维及体系解释的四重境界》，《国家检察官学院学报》2020 年第 4 期。
② 刘艳红：《中国刑法教义学化过程中的五大误区》，《环球法律评论》2018 年第 3 期。

得是正确的法学理论。也有学者认为，法教义学更侧重强调其是纯粹的法学理论，是纯粹以规范或法律本身为对象的法学本体理论；还有学者认为，法教义是面向实践的法学理论等。具体到刑法学，刑法教义学是本体刑法学、纯粹刑法学、规范刑法学、刑法学原理或者说是狭义刑法学。

同时，在刑法学领域，理论界对刑法教义学与刑法解释学的关系存有不同看法。陈兴良教授认为刑法解释学不同于刑法教义学，其指出"注释刑法学需要经由刑法哲学才能抵达教义刑法学"；[1] 张明楷教授则认为："刑法教义学就是刑法解释学，而不需要在刑法解释学之外再建立一门刑法教义学。"[2] 而笔者认为，这两个观点并不存在根本矛盾。一方面，解释是刑法教义学的核心。正如有观点所言："刑法教义学的任务主要在于对法概念进行逻辑分析，建构法律体系，并将概念体系运用于司法裁判。"[3] 另一方面，刑法教义学体系化的刑法解释学。从表面上看，体系化是刑法教义学与刑法解释学的根本区别。其实，体系化是知识层面的事情，而且解释论并不反对体系化，甚至也以追求"体系化"为志趣。不过，相比较而言，笔者更愿意使用"刑法释义学"这一语词。一方面，"刑法释义学"是"刑法教义学"的另一种称谓；另一方面，如前所述，我们通常在"释义"和"释因"两种意义上使用"解释"一词，但是前者侧重于解释的本来含义，是文本中心和现象导向，而释因则侧重于论证与说理，是解释者中心和结论导向。质言之，释义是对解释这一具有丰富内涵语词的合理限缩。其实，更为根本的是，"释义"一词是解释和教义的"公约数"，而且可以消解人们因"解释"与"教义"的指称不清而引发的争议和困惑。另外，需要说明的是，此处的"释义"所示的"义"乃是有争议的或有疑惑的"疑义"。

---

[1] 陈兴良：《注释刑法学经由刑法哲学抵达教义刑法学》，《中外法学》2019年第3期。
[2] 张明楷：《刑法学（上）》（第5版），法律出版社2016年版，绪论，第2—3页。
[3] 参见焦宝乾《法教义学的观念及其演变》，《法商研究》2006年第6期。

二 刑法文义解释的法精神基础

正确的刑法文义解释则必须同时符合刑法的语义和刑法的语境。罪刑法定原则及其司法实现是当下刑法适用的重要语境。刑法文义解释的法精神基础是在实现罪刑法定原则的前提下平衡人权保障机能和法益保护机能。质言之，罪刑法定原则及与其密切相关的人权保障机能和法益保护机能是刑法文义解释的法精神基础。

（一）罪刑法定原则是刑法文义解释的刑法原则基础

一方面，罪刑法定原则蕴含着刑法文义解释的必要性和正当性。关于罪刑法定原则，理论上一般认为其有以下七个方面的内容。第一，罪刑法定原则最为经典的表述是："法无明文规定不为罪，法无明文规定不处罚。"第二，罪刑法定原则是法治原则或者说是依法治国基本方略在刑法领域的具体体现。第三，罪刑法定原则的本质是限制刑罚权。第四，罪刑法定原则的思想渊源是三权分立说和心理强制说。第五，罪刑法定原则的思想基础是民主主义和尊重人权思想，其蕴含的基本立场是有利于行为人立场——事实存疑有利于行为人、允许有利于行为人的类推解释和溯及既往。第六，罪刑法定原则的核心内容或基本要求是成文的罪刑法定、事前的罪刑法定、严格的罪刑法定、明确的罪刑法定以及适当的罪刑法定。当然，与此相对的是，罪刑法定原则的派生原则：禁止习惯法、禁止事后法、禁止类推解释和禁止不确定的刑法和禁止不均衡的处罚。第七，罪刑法定原则贯彻刑事活动始终，适用于所有刑事活动主体，并无例外。其中，无论是"明文规定""法治""限制刑罚权""三权分立""尊重人权"以及"成文的罪刑法定""严格的罪刑法定""明确的罪刑法定""禁止类推解释"都蕴含着"文义解释"的必要性和正当性。其中，"明文""成文"以及"明确的罪刑法定"是文义解释最直观的法精神基础；"法治""限制刑罚权"以及"严格的罪刑法定"则是文义解释更为实质的法精神基础。其实,"法治反对解释",①绝对的罪刑法定原则禁止解释。虽然现在理论上采取相对的罪刑法定原则,但是,仍应当禁止过度解释。而文义解释所划定的系争语词的可能含义就是这个度。在此,需要特别说明的是,虽然《刑法》分别规定了罪刑法定原则、罪刑相适应原则以及刑法面前人人平等原则等三个基本原则,但是后面两个原则可以为罪刑法定原则所包含。罪刑相适应原则其实是实质的罪刑法定原则——禁止不均衡的处罚。刑法面前人人平等原则就是刑法适用于所有刑事活动主体,并无例外,既禁止高于刑法的特权,也不允许低于刑法的歧视。故而,笔者在此将刑法文义解释的刑法原则基础重点确定为罪刑法定原则。

另一方面,刑法文义解释有利于实现罪刑法定原则。如前所述,作为刑法解释方法的刑法文义解释,在理由层面,理论上习惯称之为文理解释,其一般与论理解释(体系解释、历史解释、比较解释、目的解释)相并列;在结果层面,理论上习惯称之为平义解释,而与扩大解释与限制解释相并列;在技巧层面,理论上也习惯上称之为平义解释,只不过是与宣言解释、限制解释、扩大解释、反对解释、补正解释相并列;在态度层面,理论上习惯称之为严格解释,而与灵活解释相并列。特别是其中的平义解释和严格解释最有利于实现罪刑法定原则的形式侧面,确保法的安定性和"三权分立"。正如有观点所言:"解释程序的特征是:解释者只想谈论文字本身,并不想对它有任何增减。"② 因此,我们可以说文义解释是最纯粹的解释,也是最严格的"根据法律"的解释,尽可能多地限制了"关于法律"的论辩。同时,刑法文义解释遵循从形式到实质,从客观到主观,从语言到法律再到社会的阶层解释路径,有利于实现法的客观性。正如魏东教授所言:"语义解释是外在

---

① 陈金钊:《法律解释学——权利(权力)的张扬与方法的制约》,中国人民大学出版社2011年版,第29页。
② [德]卡尔·拉伦茨:《法学方法论》,陈爱娥译,商务印书馆2003年版,第194页。

的字面语义分析,主要运用语言学等知识,相对具有客观性。"① 而在笔者看来,在法律解释语境下,"客观"一词就是指只涉及客体——作为解释对象的法律;主观就是考虑主体——制定法律的主体或解释主体;形式就是"根据法律"或只涉及法律内因素,实质就是"关于法律"或涉及法律外因素。在语言学层面,客观只考虑客体——语言作品;主观就要考虑主体——作为赋予作品意义的作者和解释作品意义的解释者;形式就是只涉及语言本身,实质就是涉及语言外因素。具体到刑法文义解释,语法解释旨在明确系争语词的词法意义和句法意义。这是纯粹的技术分析和单纯的形式解释和客观解释;语义解释通过归纳法定含义、字典含义、学理含义和专业含义下定义,并在此基础上划分类型,介于形式解释与实质解释、客观解释与主观解释之间;语境分析通过言内语境分析、言伴语境分析和言外语境分析,尤其是言外语境分析是实质解释和主观解释。概言之,刑法解释距离作为客体的语言作品本体和法律规定本身越近,其客观性越强。

(二) 人权保障机能是刑法文义解释的刑法机能基础

一方面,人权保障机能蕴含着刑法文义解释的自由价值基础。尊重人权是罪刑法定原则的思想基础,而人权保障的背后是"自由"这一法的价值。其实,在刑法学中,权利、自由、人权、基本权利等词语所指称的内容大致相同——个人不受国家刑罚权的不当侵害。如前所述,无论是刑事法治还是罪刑法定原则,其核心要义都是限制国家刑罚权保障公民个人权利。在刑法立法和刑事司法实践过程中,人权保障机能蕴含着"有利于行为人"的行为人立场和权利本位的法精神。在刑法立法方面,人权保障机能表现为刑法谦抑主义框架下的非犯罪化和非刑罚化、有限犯罪化语境下的轻罪化和轻刑化;在刑法司法方面,人权保障机能主要表现为事实存疑时的出罪。概言之,人权保障机能实质上要求立法论意义上要慎重犯罪化,司法论意义上要"坚守刚性化、形式化

---

① 魏东:《刑法理性与解释论》,中国社会科学出版社2015年版,第53页。

的入罪底线,准许有利于行为人的客观解释、实质解释的常态化立场。"① 这一刑法解释的保守性立场蕴含着刑法文义解释的解释路径。其中,"刚性化、形式化的入罪底线"蕴含着狭义的刑法文义解释——语义分析,"有利于行为人的客观解释、实质解释的常态化立场"蕴含着广义的刑法文义解释——语境分析。

另一方面,刑法文义解释能够健全刑法的人权保障机能。然而,在现实生活中,刑法的人权保障机能屡遭破坏,且不论刑事诉讼法的"疑罪从轻",以实质解释突破刑法底线进行入罪,以处罚必要性为起点突破构成要件该当性的情形时有发生。这一行为的根本原因在于没有区分入罪与出罪的司法场域,也没有坚持从事实到价值、从客观到主观、从形式到实质的阶层思维,更没有厘清系争语词之概念外延意义的肯定类型、中间类型和否定类型,尤其没有重视否定类型的限度意义。刑法文义解释强调以系争语词的词汇意义为起点,坚持从语言到法律,从语法到语义再到语境,在语境内部又坚持从言内语境到言伴语境再到言外语境,严格恪守从事实到价值、从客观到主观、从形式到实质的阶层思维,坚持从语义入罪,从语境出罪的保守性思维,尤其强调系争语词之概念意义的否定类型,无疑有利于在刑事司法实践过程中健全刑法的人权保障机能。

(三)法益保护机能是刑法文义解释的刑法机能基础

一方面,法益保护机能蕴含着刑法文义解释的秩序价值基础。所谓"法益保护原则",是指刑法必须以保护法益为目的和任务,必须确定具体刑法规定为了保护何种法益。法益保护原则要求刑事立法必须也只能谦抑地将严重侵犯法益或者侵犯重大法益的行为规定为犯罪,尽可能地保护法益;刑事司法必须以法条的保护法益为指导进行实质解释,首先明确具体犯罪的刑法规定所保护法益的内容,并以其为基本标准进行

---

① 魏东:《刑法理性与解释论》,中国社会科学出版社2015年版,第44页。

解释、判断、推理，并最终做出犯罪认定。① 由此可见，法益保护原则蕴含着刑法谦抑、实质解释、法益解释等方法论意义，这些方法论意义背后蕴含着刑法文义解释的秩序价值基础。

另一方面，刑法文义解释能够提升刑法的法益保护机能。其一，刑法文义解释有利于夯实法益保护机能的基础。法益保护机能的发挥以"法益的确定"为前提。"只有确定了具体犯罪的具体的、含有实际内容的法益，才能充分发挥法益的机能。而确定法益内容，应当以刑法规定为基础，既要考虑具体犯罪所属的类罪，也要以刑法对具体犯罪的规定为根据，分析条文之间的关系，注意刑法的协调性。"② 其实，无论是明确目的，还是确定法益都必须以文义解释为起点，而且不能脱离刑法具体规定这一载体。因为此处的"法益"不是抽象的法益，而是刑法所保护的具体法益，是依据刑法具体规定所确定的法益。其二，刑法文义解释还有利于框定法益保护的范围。因为法益保护原则本身是谦抑的，是有限度的。无论基于何种立场，我们都必须将刑法的目的或所保护的法益内容限定在刑法用语可能具有的含义范围之内，否则由其引致的刑罚扩张容易冲击大多数公民的预测可能性，而难以对犯罪进行客观的认定和公平的处理，导致刑罚过剩和不必要的处罚。诚如有观点所言："法的任务，即对正义问题提供有公认力的解决办法。为此，法律解释必须努力在语言和逻辑的可能框架之内找到对问题的合乎正义的解决办法。"③ 由此可见，无论是目的解释还是实质解释抑或刑法谦抑都必须以刑法用语可能具有的含义为框架和限度。

第三节 刑法文义解释的地位分析

刑法文义解释的地位分析，旨在面向司法场域，厘清刑法文义解释

---

① 参见张明楷《刑法学（上）》（第5版），法律出版社2016年版，第62—67页。
② 参见张明楷《刑法学（上）》（第5版），法律出版社2016年版，第66页。
③ ［德］齐佩利乌斯：《法学方法论》，金振豹译，法律出版社2009年版，前言第1页。

与相关概念之间的关系。在第一章第一节"刑法文义解释的解构分析",笔者业已明确刑法文义解释与民法文义解释等其他法律文义解释的关系。在此,笔者重点论述刑法文义解释和刑法适用的关系以及在刑法解释方法内部,刑法文义解释与刑法论理解释的关系。之所以如此安排,是因为笔者认为刑法文义解释与刑法适用的关系分析其实是在分析刑法解释和刑法适用的关系,旨在明确刑法文义解释、刑法解释方法、刑法解释、刑法适用等范畴之间的关系。然后在此基础上,笔者再在刑法解释方法内部,厘清刑法文理解释和刑法论理解释的关系,进而最终对刑法文义解释进行合理定位。

一 刑法文义解释与刑法适用的关系

法谚有云:"法无解释,不得适用。"因而,刑法解释是刑法适用的前提或必要条件。同时,我们也常说,"法律的生命在于适用,适用的关键在于解释。"所以,刑法解释同时又是刑法适用,进而使刑法永葆活力的关键。刑法文义解释更是有利于精准适用刑法。

(一) 刑法适用及其理论内容

刑法适用是一种特殊的法律适用。法律适用就是将法律规定适用于具体案件的活动。其实,刑法适用的过程就是依据法律规定对犯罪事实进行评价和定性处理的过程。进而言之,刑法适用是将法律规定类型与犯罪事实类型进行比较的过程,抑或说是将特定刑法术语之概念外延类型与犯罪事实类型进行比较的过程。

同时,法律逻辑学理论通常将法律适用过程简化为法律演绎推理的"三段论"过程,并认为大前提是法律规定,小前提是案件事实,结论是裁判结论。其实,大前提并非法律规定本身,而是通过法律解释所形成的以法律规定类型为核心的法律命题。同样,小前提也并非案件事实本身,而是对通过案件证据进行分析、描述所形成的案件事实类型。而且,法律演绎推理的"三段论"过程也并非简单地"从规范到事实"的推理过程,而是"从事实到规范"的"目光往返于事实与规范之间"

的不断循环过程。如此而言，刑法适用的过程就是刑法规定类型和犯罪事实类型进行比较的过程。在具体案例处理过程中，刑法适用过程其实是特定刑法术语的概念外延意义类型与犯罪事实要素类型进行比较的过程。在疑难案例的处理过程中，这一类型比较过程进一步细化为系争语词之概念外延意义的中间类型与特定案件事实类型的比较过程。因而，刑法解释的目的就是发现可以全面评价犯罪事实的法律命题，进而确定刑法推理"三段论"的大前提。抑或说，刑法解释的目的是发现与犯罪事实类型相吻合的刑法规定类型。由此可见，刑法解释是刑法适用的前提或必要条件，是通过类型（刑法规定类型和犯罪事实类型）沟通法律与事实的重要媒介。正如陈金钊教授所言："现在主流的法学理论都在强调，法律解释就是法律的运用，要运用法律就必须解释法律，解释是运用法律的前奏。"[①] 因此，刑法解释是刑法适用的前提，将刑法规定类型与犯罪事实类型进行比较是刑法适用的核心。

（二）刑法文义解释有利于精准适用刑法

刑法适用必须精准。可以说，刑法适用只有精准才能正确，而精准的前提在于精确。"最精确的刑法，只能来自最精确的刑法学。刑法的本身的性质，要求刑法学应当是最精确的法律科学。"[②] 作为刑法学分支，刑法文义解释更是有利于精准适用刑法。如前所述，刑法文义解释，亦即刑法的语言学解释，是指将刑法条文视为一种语言现象，从语言学的角度，运用语义学、语法学、语用学等语言学理论，以立法描述所选择的语言意义来理解并说明有争议的刑法条文术语之含义的思维过程。质言之，刑法文义解释是不断将刑法适用精细化的过程。首先，刑法文义解释可以实现解释对象的精细化。刑法文义解释可以将解释的对象不断由法律精细化到刑法再到有争议的刑法条文术语。其次，刑法文

[①] 陈金钊：《法律解释学——权利（权力）的张扬与方法的制约》，中国人民大学出版社 2011 年版，第 8 页。

[②] [德] 克劳斯·罗克辛：《德国刑法学总论》第 1 卷，王世洲译，法律出版社 2005 年版，译者序。

义解释可以实现解释方法的精细化。刑法文义解释的方法包括语法分析、语义分析和语用（语境）分析。语法分析又分为词法分析和句法分析，词法分析又分为词语学科类别分析、词语语法性质分析和词语组合结构分析，句法分析又分析系争语词所在语句的类型、层次分析以及所充当的成分分析。语义分析是核心，通过法定含义、字典含义、学理含义、专业含义的方式下定义明确系争语词的概念内涵意义，通过类型划分的方式明确系争语词的概念外延意义类型。语用分析又分为言内语境分析、言伴语境分析和言外分析。当然，解释方法的精细化也是解释过程的精细化。最后，刑法文义解释可以实现解释结果的精细化。语义分析的核心要义在于首先通过下定义的方式明确系争语词的本质特征，然后再以此为基础划定系争语词之概念外延意义的肯定类型（尤其是典型类型）、中间类型和否定类型，进而将刑法文义解释的最终结果归结为系争语词的概念外延意义的中间类型的确定和处理。总之，刑法解释是精细的刑法适用方法，刑法文义解释又是精细的刑法解释方法。

二　刑法文义解释与刑法论理解释的关系

刑法文义解释与刑法论理解释的关系分析需要首先分析"刑法论理解释"的基本含义，通过下定义的方式明确"刑法论理解释"一词的概念内涵意义，在此基础上，再通过类型列举的方式，明确"刑法论理解释"一词的概念外延意义类型，进而明确刑法论理解释的内容。其次，我们需要明确刑法文义解释与刑法论理解释的关系分析中的文义解释，是狭义的文义解释即词汇意义层面上的语义分析。刑法文义解释具有优先性是对传统理论刑法解释方法二分论基础上的刑法解释方法内部各具体方法之间关系的妥当安排。最后，广义的刑法文义解释兼顾刑法论理解释。刑法论理解释可以为广义的刑法文义解释中的语境解释所兼顾，体系解释为言内语境分析所兼顾，目的解释、历史解释、社会学解释等其他解释方法为言外语境分析所兼顾。

（一）刑法论理解释及其内容

与刑法文义解释一样，理解"刑法论理解释"一词之含义的关键在于"论理"一词的解释。一般认为，"文理"与"论理"是一对相对应的范畴。如果从逻辑学的角度进行分析的话，与"文理"或"文义"相对应的范畴应当是"非文理"或"非文义"。如前所述，传统理论一般认为"文义"或"文理"的含义是指法律条文术语的通常含义或使用方式，也有部分观点认为，"文义"的含义是字面含义，因而将文义解释狭义地理解为字面解释。而笔者倾向于认为，"文义"是系争语词的语言学含义，文义解释是语言学解释。而如果按照传统理论之文理解释与论理解释的二分法进行界分的话，论理解释应当是非语言学解释。其实，在现代汉语中，"论理"一词有"论说道理，讲道理，议论道理，争论是非""逻辑""按理说，按照道理，按一般常理和道理来说""理论""伦理道德"等含义。根据《现代汉语词典》，"'论理'一词有两个义项，一是作动词使用，意思是'讲道理'；二是作副词使用，意思是'按理说'；同时，论理学还是逻辑学的旧称。"[①] 因此，笔者认为，"论理"一词的含义是道理或逻辑，包括法理、事理或情理。刑法论理解释则是从逻辑或道理的角度解释刑法规定。详言之，论理解释是在（狭义的）文理之外寻求解释依据的解释方法的统称，是指"按照刑法立法精神，联系具体案例或实际情况，从逻辑上所做的解释"。[②] 概言之，刑法文义解释是刑法的语言学解释，以阐明系争语词的具体含义；刑法论理解释是刑法的逻辑学解释，以阐明争议背后的道理或逻辑依据，二者分别从语言和逻辑的维度对刑法进行解释。正如付子堂教授所言："法之理在法外"，此处的"理"与论理的"理"应当做同一理解。

[①] 中国社会科学院语言研究所词典编辑室：《现代汉语词典》（第7版），商务印书馆2016年版，第859页。
[②] 参见高铭暄、马克昌《刑法学》（第8版），北京大学出版社、高等教育出版社2017年，第24页。

至于刑法论理解释的内容，传统刑法理论一般认为刑法论理解释包括但不限于体系解释、历史解释、目的解释。首先，目的解释（或曰目的论解释）是狭义的或典型的道理解释，具体是指"根据刑法规范的目的，阐明刑法条文真实含义的解释方法"。① 在此，需要说明的是，刑法规范的目的既有刑法整体的人权保障和法益保护的相互平衡的整体目的之意义，也有体现刑法条文或具体罪名的具体目的"法益"之意义；既有客观的规范目的亦有主观的立法者意图之意义，同时还有法政治学或政治法学的刑事政策以及社会主义核心价值观主导的价值等意义。概言之，目的解释之"目的"是一个意蕴非常丰富的词语，也使得目的解释非常有解释力，也更合乎实质正义。但是，我们也需要，目的对法治的冲击性，将其置于文义的限制之下。其次，体系解释（或曰系统论解释）是狭义的或典型的逻辑解释，具体是指"根据刑法条文在整个刑法中的地位，联系相关法条的含义，阐明其规范意旨的解释方法"。② 因此，体系解释是一种整体解释，其核心在于关联法条、相协调（即"使体系相协调是最好的解释方法"）、同类解释规则与用语的相对性等内容。然而，存在合理完备而没有矛盾的体系是体系解释的前提条件。在内容上，这一体系应当依次包括法律体系、法理体系和法治体系。具体到刑法体系解释，其应当是刑法（内）体系、刑法（外）与其他部门法形成的法律体系、法律（外）与其他规范形成的社会规范体系以及与其相对应的（刑）法学理论体系等。而且，在此，学界所谓的"体系"是具体法律条文的体系而非特定系争语词的体系。最后，历史解释，是指"根据制定刑法时的历史背景以及刑法发展的源流，阐明刑法条文真实含义的解释方法"。③ 对此，学界将历史解释的意义重点置于"制定刑法时的历史背景"进而将其等同于主观解释。其实，相比较而言，笔者倒是更愿意关注其发展过程，尤其是其发展过

---

① 张明楷：《刑法学（上）》（第5版），法律出版社2016年版，第38页。
② 张明楷：《刑法学（上）》（第5版），法律出版社2016年版，第36页。
③ 张明楷：《刑法学（上）》（第5版），法律出版社2016年版，第37页。

程中的重要转变过程。因为历史解释不仅要关注产生，而且要关注发展，尤其是重要转变。与此同时，我们在进行历史解释时，不仅要依赖包括司法解释在内的立法文献关注刑法立法的制度发展史，还要依赖学术文献关注刑法理论的学术发展史。当然，如果就道理的类型而言，刑法论理解释则应当包括法理解释、事理解释和情理解释，对应于我们常说的法理情。如果就道理和语言的对应关系而言，刑法论理解释对应于刑法文义解释的语境分析，法理解释、事理解释和情理解释分别对应于语言学解释之语境分析的言内语境分析、言伴语境分析和言外语境分析。

（二）刑法文义解释具有优先性

刑法文义解释是否具有优先性？学界对这一问题争论不休，甚至有学者否认解释方法之间存在顺位。[①] 究其根本原因，在于学界在关于刑法文义解释的优先性的讨论中没有区分"位序"与"位阶"。甚至可以说，学界在对刑法文义解释的优先性的讨论中混淆了"位序说"与"位阶说"。位阶一般侧重于效力上的高低顺序，在此，主要是就相互冲突的解释结论取舍而言的，大体对应于程红教授的"效力位阶"。而位序则一般侧重于适用上的先后顺序，在此，主要是就解释方法运用的解释过程而言的，大体对应于程红教授的"适用位阶"。[②] 不过，在理论上，文义解释是解释活动的起点，似乎不存在争议。因而，我们可以说，文义解释具有优先性。正如有观点所言："文义解释优先有两个方面的含义：一是解释方法选择的文义优先；二是文义解释内部的优先顺序——法义优先、专业含义优先以及常义优先。"[③] 而且，就解释的操作

[①] 例如周光权教授明确质疑文义解释的优先性，甚至质疑刑法解释方法的位阶性。其指出，"文义解释有诸多局限性，需要其他方法来印证和检验，并具有优先性。同时，对于刑法解释方法存在位阶顺序的主张既不准确，也没有实际意义。"参见周光权《刑法解释方法位阶性的质疑》，魏东《刑法解释》总第2卷，法律出版社2016年版，第18、39页。

[②] 参见程红《论刑法解释方法的位阶》，《法学》2011年第1期。

[③] 陈金钊：《体系思维及体系解释的四重境界》，《国家检察官学院学报》2020年第4期。

过程而言，笔者倾向于各个解释方法之间应当有"位序"和"位阶"。一方面，刑法思维的科学性应当通过阶段性和有序性来进行体现，尽管有时可以凭借"经验"速算和预判，但是不能否认基本步骤的操作过程和法律解释的应有"章法"。另一方面，刑法思维的价值性意味着各个解释方法之法律效力应当有基本的排序，这是法律解释秩序之内在要求，我们不能因为"难以排序"而否认"应当有排序"，更何况排序也并非没有可能和不必要。"如果法律方法论不能至少在原则上概括其解释因素的位阶（等级），那么它就缺少教义学上的说服力。反过来，如果的确可以任意'选择'不同种类的论证，或只是由单个的评价人十分个性化的'前理解'决定，那么法律方法论就一无可取之处。赋予历史解释因素何等位阶，对方法论中的这个核心问题进行表态，将至少使位阶的轮廓清楚起来，甚至可以说在理解的过程中，按照任务的性质推导出的思维步骤的轮廓就清楚了。"① 概言之，刑法文义解释在"位序"上具有毫无争议的优先性，而在"位阶"上虽有争议，但不得否认其"限度"效力。因此，刑法文义解释是刑法论理解释的前提与限度，刑法论理解释是刑法文义解释的限定与校验。我们大体上可以将解释方法在"位序"上做如下排序：文义解释—体系解释—历史解释—目的解释—社会学解释—合宪性解释。相对而言，"位序"上越是靠后的解释方面其位阶也应当越高，但是文义具有贯彻始终的"约束"，不得突破，否则就会因违反"罪刑法定"而无效。之所以如此安排，一方面这是学界承认解释方法有顺位之学说的通说观点；另一方面，这一观点暗合于语言分析之"语法分析—语义分析—语用分析"以及语用分析之"言内语境—言伴语境—言外语境"的语言学进路，是语言转

---

① ［奥］恩斯特·A. 克莱默：《法律方法论》，周万里译，法律出版社2019年版，第146、147页。在语言学中，词源分析（语源分析）也是一种历史解释，我们在考察制定法律时系争词的含义和立法沿革过程，其实正是语言学中语义意义的历时性解释，实际上，词源分析在时间轴上比历史解释更具有回溯性，因为词源分析从"最早出现于及其意义"这一词语源头开始，包括系争词的古汉语意义分析、意义转变及其原因的分析。因此，在文义解释层面，我们大体上可以以语言学意义上的词源分析替换一般解释方法中的历史解释。

向和语言回归的内在要求。其实，争议最大的是文义解释和目的解释的优先性问题。在形式与实质侧面，文义更侧重于形式，目的更侧重于实质。在法治层面，有形式法治与实质法治之分，文义更侧重于形式侧面，目的更侧重于实质法治侧面。其实，就法治实现而言，我们还是更应当强调形式优先，即在形式的基础上强调实质，一味地强调法治，强调法律之外的评价就会重新落入"人治"的窠臼。因此，我们应当在文义合理的前提下才能再强调目的妥当。概言之，狭义的文义解释（即词义解释）通过列举系争语词之概念外延的中间类型和否定类型，划定系争语词之可能含义的范围；广义的文义解释（即论理解释）通过言内语境寻找系争语词在法律规范体系中的共性，通过具体个案言伴语境分析确定具体的解释结论，通过（规范）目的解释、（社会）文化解释、（刑事）政策分析等言外语境分析对解释结论进行对照审查。一言以蔽之，文义解释划定范围，言内语境分析通过体系解释进行协调，言伴语境分析案例解释通过确定结论，言外语境通过历史解释进行辅证，通过目的解释进行校正。

（三）广义的刑法文义解释兼顾刑法论理解释

如前所述，狭义的刑法文义解释往往是"语义分析"，往往局限于系争语词的词汇意义，故而因机械、片面而被非议。而"语言转向"和"语用转向"背景下的"语用"和"语境"具有极大的包容性，"语用解释"或"语境分析"大体上可以包括刑法论理解释，进而可以将解释方法统一于"语言—逻辑"的范畴之下。具体而言，体系解释在语言学理论上也被称为"根据上下文"或"从语篇上"解释，其实是"言内语境分析"；目的解释在语言学理论上也被称为"从意图上"解释，可以为"言外语境分析"所涵括；历史解释其实是从立法过程的角度来查明立法目的和意旨，是一种特殊的"目的解释"，故而也能为"言外语境分析"所兼顾。由是观之，语境分析和语用解释具有极大的包容性和解释力，也是最需要通过"系争语词之可能含义"进行限定的语言分析方法。同时，如前所述，"当我们在语用意义上阐释文义解释时，历史、目的、体系等其他解释因素均是为建立文义解释的语境服务的，实际上，其他解释方法作为文义解释的辅助方法，均体现了我们在法律解释过程中合理性和妥当性的追求。"① 由此可见，在语言学层面，历史、目的、体系都是语境的构成要素，其都融化在语言的使用过程之中进而形成语言文字的语境意义。②

第四节 刑法文义解释的功能分析

一 刑法文义解释的功能

对于文义解释的功能，有观点指出："文义解释有指示范围、限制权力、维护法治的功能。"③ 对此，笔者认为，论者对文义解释之功能所作的界定只是停留在文义解释的"解释"功能层面，而且在本质上是一个功能。故而，我们应当从"解释—文义—刑法"三个层面界定刑法文义解释的功能。详言之，刑法文义解释不仅是指示范围，还在于从"解释"的层面明确刑法解释的限度，限制司法自由裁量权，并最终铸牢刑事法治的底线；从"文义"的层面明确刑法立法的表述瑕疵，克服法律语言的局限，从语言层面解决法律问题；从"刑法"层面发现刑法原理的薄弱环节，促进刑法原理的发展。

（一）刑法文义解释具有限度功能和底线思维

刑法文义解释蕴含着限度功能与底线思维。文义解释是罪刑法定原则，即刑事法治的形式标准。文义解释特别是其中的语义分析可以明确

---

① 王彬：《法律解释的本体与方法》，人民出版社2011年版，第270页。
② 笔者的这一界定可能会容易使人形成文理解释和论理解释之间界限模糊的印象，甚至会引致混淆刑法文义解释与刑法解释、文义解释与论理解释的批评。对此，笔者需要指出，一方面，如果承认刑法文义解释是刑法语言学解释，就必须承认刑法文义解释包括语境分析，而言外语境分析就必须兼顾体系、目的、历史、社会、文化等方法；另一方面，笔者的本意是改造文义解释的机械性进而实现明达的文义解释。同时，如前所述，起点是区分解释类型的首要标准，作为起点意义的文义主要是强调从语言分析着手进行解释。
③ 参见刘倩《司法裁判中的文义解释规则研究》，硕士学位论文，青岛科技大学，2018年。

系争语词的核心含义和可能含义。其中核心含义是系争语词的"中心点",可能含义是系争语词意义的最大范围。理论上一般认为,废除类推制度是我国刑法确立罪刑法定原则进而进入刑事法治时代的标志。然而,理论上仍然有混淆类推解释和扩大解释的观点存在,甚至有观点直接指出二者不存在界限。究其根本,论者忽视了文义解释,特别是语词之可能含义的限度功能和底线思维。而刑法用语的可能含义正是区分扩大解释和类推解释的形式标准。因而,在此需要特别强调的是,基于罪刑法定原则的刚性要求,凡是文义解释不能得出的结论,不能依据其他解释方法得出。易言之,其他解释方法只能在文义解释方法的范围内限定或选择意义,而不能超出"可能文义"和"核心文义"的限度进行过于扩张(外延)或限缩(内涵)的解释。正如有观点所言:"法律解释方法之于法律解释学具有以下几点意义:一是限制解释过程的任意性,恪守罪刑法定的人权保障价值。二是确保解释结果具有预测可能性,限定刑法漏洞的司法填补范围。三是独立的方法论意义,恰当平衡秩序与自由的紧张关系。"[1] 具体到刑法文义解释,其更能体现上述意义,刑法文义解释所坚持的严格解释态度和平义解释技巧以及所体现的形式理性和客观性更能体现限制功能,无论是限制解释过程的任意性还是限制解释结果的主观性。另外,刑法文义解释所强调的"从语法到语义再到语用"的独特方法论进路更能恰当平衡自由和秩序的紧张关系。

(二)刑法文义解释具有克服法律语言问题的功能

诚如有观点所言:"文义解释的功能在于克服法律文本中的法律条文和法律语词和语义方面的五大缺陷:一是歧义问题,二是模糊问题,三是评价性问题,四是翻译问题,五是意义变迁问题。"[2] 前已论及,法律解释的价值在于法律解释的必要性,而法律解释的必要性一方面在

---

[1] 魏东、田馨睿:《刑法解释方法:争议与检讨》,赵秉志主编《刑法论丛》2018 年第 3 卷,法律出版社 2018 年版,第 138 页。

[2] 魏治勋:《法律解释的原理与方法体系》,北京大学出版社 2017 年版,第 137 页。

于法律本身的缺陷，另一方面则在于用于表述法律的语言局限。简言之，法律解释的必要性在于法律本身存有问题以及法律语言存有问题这两个问题。而法律语言问题的解决应当首先依靠语言学本身即文义解释来解决。因而，刑法文义解释有克服刑法语言问题的功能。至于文义解释如何克服语言局限，笔者将在结语部分重点论述，在此就不再赘述。①

（三）刑法文义解释能够促进刑法学原理发展

如果说克服法律语言问题的功能是语言学侧面之文义的本体功能的话，促进刑法学原理发展则是侧重于刑法学侧面之文义的教义学功能。易言之，刑法文义解释可以从"语言学"角度化解表述不当引起的学术分歧，解决刑法学问题，为刑法学原理发展提供新的理论视域。对此，陈金钊教授指出："正是在没有对表征法思维和法现象的语言和概念进行语义、语用、语境以及逻辑分析之前就做出断定，所以才导致了大量的学术分歧。"② 因此，我们可以说，没有对法律语言和法律概念进行语义、语用、语境等语言学分析所形成的结论容易导致学术分析，对刑法学专有名词的词义误用和理论影响了刑法学自身的理论发展。而刑法文义解释所强调的语言学分析或"语言学问题前置"，先考虑解决语言问题再考虑解决法律本体的问题。正如徐国栋教授所言："欲治法学，必先治语言学。欲当罗马法学者，必先当语言学家。"③ 德国学者伯恩·魏德士教授也认为："法由语句组成并只能存在于语句之中。……因此，对语言的把握是研究和适用法的必要前提。"④ 简言之，

---

① 同时，刑法文义解释突出从语言学层面解释刑法条文的含义。更为重要的是，刑法解释的最大难题是解释分歧即不同的读者对法条有不同的理解。而刑法文义解释正是通过语用（境）分析在同一语境下通过对话沟通来统一表述进而寻求理解共识的方法论尝试。
② 参见陈金钊《法律解释学——权利（权力）的张扬与方法的制约》，中国人民大学出版社2011年版，第9页。
③ 转引自马晓燕、史灿方《法律语言学》，安徽人民出版社2007年版，第2页。
④ ［德］伯恩·魏德士：《法理学》，丁晓春、吴越译，法律出版社2013年版，第49页。

刑法文义解释通过前置性地解决语言问题统一表述分歧并且提供语言学分析方法来促进刑法学原理发展。

二 刑法文义解释的局限

刑法文义解释的局限分析同样应当从"解释—文义—刑法"三个层面的局限展开。详言之，刑法文义解释既有"解释"层面解释的无限循环解释所引起的解释局限，亦有"文义"层面语言的多义性、模糊性与易变性所引起的语言局限，还有"刑法"层面法律难以对事实精准定型所引起的法律局限。

（一）刑法文义解释的解释局限

刑法文义解释的"解释"局限主要是无限循环解释引起的解释局限。如前所述，争议是一定共识基础上的不同认识或不一致，解决争议的过程就是达成新的共识。而解释的起因是存在争议或疑惑，解释的目的是消除争议或疑惑，解释的终点是没有争议或疑惑而不需要再解释，解释的过程是不断明确标准的具体细化过程。法律解释的目的就是发现可以全面评价案件事实的法律命题。刑法解释就是寻找与犯罪事实类型相吻合的法律规范类型。无论是可以全面评价案件事实的法律命题，还是与犯罪事实类型相吻合的法律规范类型，都是司法评价的标准。如前所述，法律解释的对象最终是法律术语或法律概念。解释法律术语或者分析法律概念主要是通过下定义明确概念内涵意义，通过类型划分明确外延意义。其实，从根本上看，解释是词语或概念替换的过程，无论是下定义还是类型划分。易言之，解释就是以一个大家更为认同的词语或概念替换系争语词或概念。然而，寻找一个"大家更为认同的词语或概念"并非易事，由于受不同"前见"的意向，不同主体对系争语词的认识是多元且有差异的。每当解释者用一个其认为"大家更为认同的词语或概念"替换系争语词或概念时，有人会提出异议（争议或疑惑）是常有的事。于是，解释者就需要再解释，再进行语词或概念替换，直至无人提出异议。而"无人提出异议"只是一种理想状态，司法实践中，这种词语或概念替换将可能是一个无限循环的过程。这就是解释的无限循环所引起的解释局限。另外，需要特别强调的是，笔者所谓的"解释的无限循环"不是解释学中部分与整体之间的"解释学循环"，不可误解。同时，这是所有解释都难以避免的局限，而非法律解释所独有的局限，更非刑法文义解释所独有的局限。

（二）刑法文义解释的语言局限

不可否认的是，语言存在局限性。一般认为，语言存在多义、模糊、易变等局限性。对此，德国学者伯恩·魏德士教授指出："词语和句子的含义常常是多义的、不确定的和变化的，语言的这种特点从艺术的角度看是优点，但是从科学的角度看是缺点。"① 德国学者卡尔·拉伦茨教授也指出："一般语言富有弹性，饱含细微的差别，并且具有适应性，这些特质是优点也是缺点。"② 由此可见，语言的局限性在于语言的不准确性，主要表现为词语的多义性、词义的不确定性以及词语含义的变化。故而，刑法文义解释的语言局限主要是语言的不准确性所引起的语言局限。其实，语言局限是一种限定范围意义上的局限而非存在不足意义上的局限，因为语境分析和语用分析可以在语言学内部化解这种局限。因为在语言哲学层面，语言不仅塑造了我们的世界观，还会限定我们的思考和表达，进而会导致理解困境和交流障碍。其实，我们在语言学中通常所说的语言局限其实是语义局限，在解释论中所说的文义解释局限其实是词汇意义分析局限。例如，周光权教授因为文义解释的局限性而否定文义解释的优先性，其认为："刑法概念的中立选项难以厘定，文义解释的局限性十分明显，其解释结论需要其他解释方法予以印证和反证。文义解释需要体系解释来印证，要受目的解释的检验。"③

---

① 参见［德］伯恩·魏德士《法理学》，丁晓春、吴越译，法律出版社2013年版，第77页。
② ［德］卡尔·拉伦茨：《法学方法论》，陈爱娥译，商务印书馆2003年版，第201页。
③ 参见周光权《刑法解释方法位阶性的质疑》，魏东主编《刑法解释》总第2卷，法律出版社2016年版，第18页。

对此，笔者认为，中立选项难以厘定是法律局限而非仅仅语言局限，是法律解释而非仅仅文义解释的局限。文义解释的解释结论需要体系方法来印证和受目的解释检验的过程其实是语言学解释中的言内语境分析和言外语境分析。而且言内语境分析以体系解释为核心，但是言内语境分析比体系解释的意蕴更为丰富，也更为妥当。质言之，言内语境并非仅仅体系解释。同样，言外语境分析以目的解释核心，但是言外语境分析也比目的解释的意蕴更为丰富，言外语境分析还包括社会文化分析、政策分析、价值分析等法律外因素分析，因而更为周延。

(三) 刑法文义解释的法律局限

刑法文义解释的法律局限其实是法律作为标准评价事实时显现出来的局限性，而这一局限性的本质是法律难以总是对所有事实都进行准确定型。如前所述，刑法文义解释是将系争语词进行类型化的过程。一方面，刑法文义解释是规范与事实之间的类型化。如前所述，法律解释的目的就是发现可以全面评价案件事实的法律命题。刑法解释就是寻找与犯罪事实类型相吻合的法律规范类型。因此，刑法适用的过程包括犯罪事实的类型化和法律规范的类型化以及二者比较等三个方面的内容。因而，刑法文义解释的法律局限是刑法的法律规范类型与犯罪事实类型没有完全重合所显现出来的局限性。言及法律局限，理论上一般将其视为是法律漏洞，同时理论上也根据不同标准对法律漏洞进行了分类。其中，最为重要的分类是根据法律的构成要素所进行的分类。就法律的构成要素而言，理论上将法律漏洞区分为概念漏洞与规范（或规则）漏洞。刑法的法律规范类型与犯罪事实类型没有完全重合所显现出来的局限性就是这里的规范漏洞。亦即，刑法作为法律规范难以对犯罪事实进行准确定型。另一方面，刑法文义解释是词语、概念与对象之间的类型化。规范类型与事实类型是宏观层面的类型比较。在法律适用过程中，我们所进行的更为微观的类型比较是语言维度的词语、思维维度的概念与存在维度的对象之间的比较。简而言之，这一类型比较是词语的概念外延类型与对象类型之间的比较。如前所述，词语的概念外延意义类型可以分为肯定类型、否定类型和中间类型。如果对象类型是肯定类型和否定类型,我们就容易形成对犯罪事实作出适用与不适用刑法的结论,进而对犯罪事实作出法律定型,并对其进行法律定性,即确定犯罪事实是何种法律性质。但如果对象是中间类型,我们就难以对犯罪事实作出适用与不适用刑法的结论,进而对犯罪事实作出法律定型,并对其进行法律定性。一方面,我们难以确定系争语词的概念外延意义的中间类型有哪些具体类型;另一方面,我们难以对系争语词的概念外延意义的中间类型进行正确的处理。如果我们将中间类型定性为肯定类型并适用刑法,那么我们就是在进行法律允许的扩大解释;如果我们将中间类型视为否定类型,那么我们就不能适用刑法,否则就是在进行违反罪刑法定原则的类推解释。概言之,刑法文义解释的法律局限在于刑法术语之概念外延意义的中间类型的确定和处理问题。

其实,刑法文义解释的局限更多的不是刑法文义解释本身的局限,而是我们对刑法文义解释的认识存在局限,特别是解释者的语言学理论知识匮乏所致。例如理论界对"文义"一词的认识仅停留在"顾名思义"的字面含义层面而未能汲取语言学的理论营养,充分考虑其语法意义和语用意义。而恰恰是语用意义可以将文义的解释功能充分发挥,进而可以将体系、案例、目的、历史、政策、道德、社会、文化等法外因素统摄到法律文义之下。甚至可以说,当下理论完全没有顾及语言学内部的"语用转向",在语言的使用中明确语言的意义,仍然以语言本身的局限来阐释文义解释的局限,进而来阐释刑法文义解释存在的局限。同时,忽视解释局限与法律局限引起的局限,进而将所有刑法解释都有的局限都归结于语言局限,进而否定刑法文义解释的价值,难免失之公允。因而,可以说,当下刑法文义解释的局限一方面是理论界对刑法文义解释存在误解因而轻视了刑法文义解释的价值;另一方面是解释者没有充分挖掘运用文义解释方法解释刑法文本,发挥刑法文义解释价值的知识和技能,进而缺乏方法运用的理论自觉。

第三章

刑法文义解释的技术

在解决了"是什么""为什么"两个问题的基础上,解决"怎么办"即"怎么进行刑法文义解释"的问题则成为一种必要。刑法文义解释的技术则主要从操作的层面明确"怎么办"的具体内容及路径。因为操作意味着技术性和科学性。操作原理的实体规则应当包括操作方法、操作规则和适用条件。操作原理的程序规则应当包括操作步骤等程序规程。一般认为,操作技术应当以正确的技术立场与合理的技术限度以及恰当的解释原则为指导,并能拥有科学的解释方法与严格的适用规则。正如有学者所言:"不同理念、观念决定着不同解释方法的选择运用,而不是相反。某种刑法解释方法的选择以及多种方法的组合与排序,无非是不同理念、观念下的师心自用。"[1] 刑法文义解释的技术也概莫能外,应当包括技术指导、技术限度、技术适用三个方面。

第一节 刑法文义解释的技术指导

刑法文义解释的技术指导关乎刑法文义解释的理念。在刑法文义解释过程中,既需要解释者在主观和客观方面进行立场的选择,又需要解

---

[1] 邓子滨:《中国刑法实质解释论的主要问题与批判》,魏东主编《刑法解释》总第3卷,法律出版社2018年版,第3—4页。

释者在形式和实质方面进行限度的选择，还需要解释者明确刑法学特有的阶层思维原则和文义解释特有的语篇分析原则。因此，我们有必要从技术立场、技术限度和技术原则三个方面对刑法文义解释进行技术指导。

一 刑法文义解释的技术立场

根据《现代汉语词典》，"立场是指认识和处理问题时所处的地位和所抱的态度。"① 由是观之，刑法文义解释的技术立场则应当是指解释者在认识和解释待解释文本时所应处的地位和应当持有的态度。理论上，一般认为，立场有主观和客观之分，主体或人的因素是否存在及其影响程度是区分标准。具体而言，作为法律解释者的法官，在认识和解释待解释文本时，是应当处在立法者的地位还是一般社会大众的地位，是应当根据"立法者原意"还是根据"法条含义"进行解释。

（一）主观解释

主观解释，即按照作者意图——立法者意图进行解释。申言之，"所谓主观解释论，又称为主观说、立法者意思说，主张刑法解释的目标在于阐明刑法立法时立法者的意思，或者说刑法的立法原意。"② 这一解释立场强调法的安定性，与古典自然法、严格的罪刑法定、三权分立、权利保障、形式法治等思想一脉相承，与严格解释与形式解释、文义解释等密不可分，③ 形式理性和权利本位是其哲理基础。这一解释立场要求解释者需秉持一种"服从"的态度，在解释的过程中再现"立法者的意图"，而不得进行随意"创造"和突破。孟德斯

---

① 中国社会科学院语言研究所词典编辑室：《现代汉语词典》（第7版），商务印书馆2016年版，第802页。
② 魏东：《中国当下刑法解释论问题研究——以论证刑法解释的保守性为中心》，法律出版社2014年版，第120页。
③ 或许正是有如此关系，梁根林教授才将形式解释与主观解释相等同，但是需要说明的是，主观与客观、形式与实质是本体的不同维度的展开，有密切联系并不意味着等同，故而还是应当有所区分。

鸠、洛克、贝卡利亚等启蒙时代的思想家支持这一立场；在刑法学中，支持主观解释论的代表性学者是王平教授、白建军教授、李国如教授等。① 具体而言，立法者原意又具体体现为语言原意、历史原意和理性原意三种形态。② 语言原意其实强调立法者原意的语言载体的重要性，从立法所运用的语言本身探求立法者原意；历史原意其实是历史解释，强调从法律草案、起草说明等立法史料中探求立法者原意；理性原意则强调法律是立法者合理善意的理性产物，是基于善意推定的理性假设。相比较而言，笔者更倾向于语言原意这一形态。因为，在语言学内部，无论是历时语言学还是语源学抑或语用解释等理论都承认语言的意义是发展和变迁的，其能很好地消解解释的主客观立场之争。而且这三种原意形态在"立法当时系争语词的通常含义"这一点上可以实现共通。

(二) 客观解释

客观解释，即按照作品意义——法条含义进行解释。详言之，"所谓客观解释，又称为客观说、法律客观意思说，主张刑法解释的目标在于阐明解释时刑法条文客观上意思，而非刑法立法时立法者的意思，以适应与时俱进的社会现实之客观需要。"③ 这一解释立场要求法的适应性，与经验、目的、相对的罪刑法定、司法能动主义、实证主义等理论一脉相承，与实质解释、灵活解释、目的解释等关系密切，实质理性和社会本位是其哲理基础，允许解释者进行必要的"创造"性解释，在解释的过程中可以"根据需要或目的"赋予系争语词新的意义。拉德布鲁赫、泷川幸辰、波斯纳、霍姆斯等学者赞同这一解释立场。在我国，客观解释论是通过观点，代表性的学者有冯象、张志铭、苏力，代表性的刑法学者有陈兴良、张明楷、张智辉、刘艳红、王政勋、宗建文

---

① 参见王政勋《刑法解释的语言论研究》，商务印书馆2016年版，第64、74页。
② 参见王政勋《刑法解释的语言论研究》，商务印书馆2016年版，第63—64页。
③ 魏东：《中国当下刑法解释论问题研究——以论证刑法解释的保守性为中心》，法律出版社2014年版，第121页。

等，只不过需要说明的是，张明楷教授曾主张"以客观解释论为基础，以主观解释论为补充的折中说"。①

(三) 综合的解释立场

所谓"综合的解释立场"，是指在主观解释论和客观解释论二分基础上，将其进行折中或综合的观点。需要指出的是，相比较"折中的解释立场"，笔者在此更愿意将其称为"综合的解释立场"，因为无论是以主观解释论为主兼采客观解释论，还是以客观解释论为主兼采主观解释论，都是对在主观解释论和客观解释论的综合——对二者是原则和例外的关系安排，而非取中间之意。当然，即使是综合的解释立场又有所倾向，以主观解释论为主兼采客观解释论无疑倾向于主观解释论，其代表性学者是德国刑法学者耶赛克教授、我国台湾刑法学者林山田教授，我国大陆学者梁根林教授；以客观解释论为主兼采主观解释论无疑倾向于客观解释论，无疑倾向于客观解释论，其代表性学者是德国学者施罗特、拉伦茨。

(四) 小结

其实，主观解释与客观解释首先是建立在主观与客观二元区分的基础之上的，仍然属于传统的哲学本体论范畴。其实，在语言论范畴下，二者是辩证统一的整体。因为主观与客观的区分是相对的，二者的上位概念是存在。而语言不仅是刑法的表现形式，而且是刑法的存在方式。就语言学分析而言，语义分析与语法分析是纯技术的分析，与立场无关。只有在语境分析过程中，才涉及立场之争。主观解释强调立法原意与语言学之作者意图关切如出一辙，都具体体现为解释方法中的目的解释。其实，无论是文义解释还是目的解释，都要先查明，无论是查明文义还是查明目的，然后才是依据所查明的内容进行有针对性的判断和推理。

---

① 参见王政勋《刑法解释的语言论研究》，商务印书馆2016年版，第69—70、75—77页。

不过，无论秉承何种立场，我们必须坚持刑法立场的一贯性与刑法观点的一致性。在刑法学理论中，主观主义往往以行为人为中心，也指称人的内心世界。客观主义以行为为中心，也指称人的外在行为。换句话说，刑法解释中的"主观"与"客观"的所指与刑法学理论中"主观"与"客观"的所指并不完全相同。其实，立场关乎主体、与利益攸关。刑法关系在根本上是行为人、被害人、国家、社会等多个主体之间的多维法律关系，不同的主体自然会基于不同的利益而有不同的立场。主观与客观之争的背后是利益和价值之争。例如"有利于行为人"，这正是基于以行为人为中心的基本立场。这是哲学和政策的问题，属于刑法哲学、刑法政治学或刑事政策范畴。① 其实，现有的"立场之争"不过是法律解释的时间标准之争——对于系争语词，我们是以立法时的含义为标准还是以审判时的含义为标准？其实，在立法时和审判时之间还有行为时，相比较而言，笔者更倾向于以行为时的含义为标准。当然，以行为时的含义为标准是对以立法时的含义为标准的修正，本质上仍然偏向于主观立场——以主观解释论为基础以客观解释论为补充的综合解释立场。当然，客观解释在理论上是通说观点。其实，客观旨在追求中立，减少"先入为主"的"主观判断"和不正当的"利益权衡"。

二 刑法文义解释的技术限度

"对刑法规范的解释、运用是从形式的角度还是从实质的角度进行？这既是刑法的立场问题，也是刑法方法论的路径问题。"② 可见，从形式还是实质的角度解释刑法，也是无法回避的一个问题，但是需要说明的是，形式与实质之争应当是限度之争而非立场之争。

---

① 在笔者看来，我国当下的刑法哲学和刑事政策学在诸多领域存在交叉，甚至已经模糊了二者的边界，但是我们统称其为刑法政治学是妥当的。

② 刘艳红：《实质刑法观》，中国人民大学出版社2009年版，第235页。

(一) 形式解释

形式解释，即以法律文本本身所规定的内容为限度进行解释。具体到刑法解释，"刑法的形式解释论认为，刑法解释以罪刑法定原则为核心，主张在对法条进行解释时，先进行形式解释——刑法条文字面可能具有的含义，然后再进行实质解释——刑法条文规定的具有严重社会危害性的行为；在判断某一行为是否构成犯罪时，先对行为进行形式解释——看该行为是否包含于刑法条文之中，然后再作实质解释——看行为是否具有严重的社会危害性。"[①] 概言之，形式解释强调文本优先，先进行法律解释后进行价值评价。形式解释更强调"根据法律"解释，是从法律的内部因素或者说从法律规定本身出发解释法律疑难问题。持这一观点的代表性刑法学者是陈兴良教授和邓子滨教授等。

(二) 实质解释

实质解释，即以法律文本背后所蕴含的内容为限度进行解释。在刑法解释学理论中，"刑法的实质解释论认为，刑法解释应以处罚的必要性为出发点，主张对法条解释时，首先应直接将不具有实质的处罚必要性的行为排除在法条范围之内，亦即首先实质地判断某种行为是否属于具有处罚必要性的社会危害行为；在对行为进行解释时，应首先从实质解释出发——看行为是否具有处罚必要性，然后再进行形式解释——看刑法条文的可能含义是否涵盖了该行为方式。"[②] 概言之，实质解释强调价值优先，先进行价值判断后进行法律解释。实质解释更多的是一种"关于法律的思考"，从法律的外部因素或者说是从法律与外部因素的关系出发解释法律疑难问题。持这一观点的代表性刑法学者是张明楷教

[①] 魏东：《中国当下刑法解释论问题研究——以论证刑法解释的保守性为中心》，法律出版社2014年版，第123页。

[②] 魏东：《中国当下刑法解释论问题研究——以论证刑法解释的保守性为中心》，法律出版社2014年版，第123页。

授、刘艳红教授和王政勋教授等。①

(三) 折中或综合的解释限度

魏东教授坚持保守的实质刑法解释论,其首先区分了"入罪与出罪"两个司法场域,进而将刑法解释区分为入罪解释和出罪解释。其认为:"我们所主张的'刑法解释的保守性'或者('保守的刑法解释'),其主要内容有以下三点:一是入罪解释的原则立场与出罪解释的常态化立场,即主张坚守刚性化、形式化的入罪底线的原则立场,准许有利于被告人出罪的客观解释、实质解释的常态化立场;二是入罪解释的例外方法,即主张谨慎地准许例外的、个别的且可以限定数量的客观解释与实质解释对被告人入罪;三是刑法漏洞的立法填补原则立场。"② 但是,在陈兴良教授看来,魏东教授坚持的保守的实质刑法解释论与其形式解释论并无二致,笔者同意陈兴良教授的观点。因为,在笔者看来,所谓保守的实质刑法解释论其实是"入罪坚持形式解释,出罪坚持实质解释",以形式解释为原则和基础,以实质解释为递进和例外。因为,刑法评价以入罪为原则和基础,以出罪为递进和例外。如果非要说有区别,魏东教授坚持的保守的实质刑法解释论在入罪场域坚持形式解释的原则上谨慎地准许例外的、个别的且可以限定数量的客观解释与实质解释。

(四) 小结

与技术立场相对应的是技术限度,其实,形式解释与实质解释的本

---

① 在此需要说明的是,刘艳红教授并非彻底地坚持实质刑法观,也坚持形式理性的思维起点和推理前提以及入罪层面上的"形式""合法",其指出:"在刑法理性的构建中,不能抛弃形式的一面一味追求实质的一面或者反之;在刑法的形式理性和实质理性之间,应该坚守以形式理性的侧面和内容为前提,建构以追求处罚的合理性和必要性之实质要求为内容的实质理性。因此,本书主张树立实质的刑法观,亦即建立以形式的、定型的犯罪论体系为前提,以实质的可罚性为内容的实质的犯罪论体系;相应地,对刑法规范应该从是否达到了值得处罚的程度进行实质的解释;同时,这种实质解释的意义与功能在于:形式入罪实质出罪、入罪合法出罪合理。"在此意义上,刘艳红教授的刑法观似乎应归入折中或综合的解释限度理论。参见刘艳红《实质刑法观》(第 2 版),中国人民大学出版社 2019 年版。

② 魏东:《中国当下刑法解释论问题研究》,法律出版社 2014 年版,第 126 页。

质区别在于解释起点是法律文本还是价值判断，亦即，是先解释还是先判断。一般认为，语法分析侧重于纯粹的形式解释，语义分析介乎形式与实质之间而侧重于形式，而语境分析则侧重于实质。其实，形式与实质也仍然属于本体论范畴，在语言论范畴下，二者是辩证统一的。形式解释与实质解释的区别是刑法条文之通常意义与规范意义的区别。因而，我们应当追求形式解释基础上的实质解释——保守的实质解释。

只不过，在形式与实质的二元对立之间，我们必须有所倾向，亦即我们"是更形式还是更实质"。语言不仅是法律的表现形式，还是语言的存在方式。而对"存在"本身的理解一方面不能越过形式而径直进入实质层面，另一方面又不能仅停留在形式层面。相比较而言，形式解释论似乎更契合"思维的阶段性和有序性"，因而更为合理。文义解释更侧重形式解释而非实质解释，当然实质解释既非扩大解释也非限制解释，而应当取决于是对积极的还是对消极的构成要件的解释。其实，解释论之争，无论是主观与客观的立场之争还是形式与实质的限度之争都没有超出文义解释的研究范围。

另外，有学者说："刑法思维更多的是实质评价思维。"① 笔者认为，刑法思维与其说是实质评价思维，倒不如说是否定评价思维。一般认为，刑事违法性评价是形式评价思维，社会危害性或法益侵害性评价与应受刑罚惩罚性评价是实质评价思维，其实，在笔者看来三者都是否定评价思维。如前所述，在刑法评价层面，形式评价一般是根据刑法条文或刑法规定本身等刑法内部因素进行的评价；实质评价一般是根据与刑法相关的道德、政策、社会、文化等社会背景或个案语境等刑法外部因素进行的评价。概言之，形式与实质其实与现象与本质、描述与评

---

① 学界持这一观点代表性的刑法学者是陈兴良教授和卢勤忠教授。陈兴良教授指出："民法是形式思维，强调法律关系。但刑法与之不同，具有实质判断的性质。"参见陈兴良《刑民交叉案件的刑法适用》，《法律科学》2019 年第 2 期。在此需要说明的是，陈兴良教授在刑法解释论上坚持形式解释论。令笔者较为困惑的是，如何在实质判断思维的范畴下坚持形式解释。另外，卢勤忠教授也认为："刑法思维的实质特征是区别于民法思维的重要标志。"参见魏东《刑法解释》总第 3 卷，法律出版社 2018 年版，第 9 页。

价、内部与外部、本身与相关、感觉与思想（感性与理性）等范畴是大体对应的。

三 刑法文义解释的技术原则

理论上有观点认为："合法性原则是刑法解释的形式规则，合理性原则是刑法解释的实质规则，合目的性原则是刑法解释原则冲突之整合规则。"[1] 其实，无论是形式上的合法性原则，还是实质上的合理性原则，抑或处理冲突的合目的性原则都并非刑法解释特有的公理性原则，应当是刑法解释的政策性原则。与此同时，我们在此必须注意区分刑法的基本原则、法律解释的原则、刑法解释的原则以及刑法文义解释的原则。在此，笔者认为，刑法文义解释应当遵循阶层思维原则与语篇循环原则这两个技术原则。

（一）阶层思维原则

阶层思维原则是刑法思维特有的原则。无论是对德日阶层犯罪论体系之提倡，还是对我国传统耦合犯罪论体系之立体改造，都是阶层思维原则的体现。[2] 在笔者看来，阶层思维原则具体是指，刑法思维应当具备阶段性、有序性和限缩递进性。具体而言，精细化的刑法思维应当注重分阶段，和各个阶段的独立推进，而不是简单地整体评价。庭审实质化和以审判为中心背景下的"量刑程序"的逐步独立就是最好的例证。同时，立足于操作的"刑法裁判规则"还应当注重有序地逐渐推进而不能颠倒。例如，刑法理论上常见的从客观到主观，从不法到责任，从事实到规范再到价值，从形式到实质，从犯罪到刑罚，从责任刑到预防刑，从行为到行为人，刑民交叉案件的先民后刑等，不一而足。如此，"罪刑反制""以刑制（释）罪""结果导向"等理论就值得反思和检

---

[1] 参见齐文远、周详《论刑法解释的一般原则》，《中国法学》2004年第2期。
[2] 犯罪论阶层思维其实是刑法评价的阶层思维，例如其中的从违法到责任的评价进路，大体上对应于从事实到价值、从客观到主观、从形式到实质，再如从行为到行为人、从犯罪到刑罚等。

讨。最后,根据刑法谦抑性和刑罚必要性之实质正义的要求,刑法思维还应当是不断出罪的筛选过程。以行为评价为例,其应当是"行为—有害行为—违法行为—刑事违法行为—应受刑罚处罚的刑事违法行为—犯罪—受到刑罚处罚的犯罪"。具体到刑法解释,刑法解释过程不能是结论导向的论证过程,因为那不是法律解释,而是法律论证。① 即使是在广义的解释论语境下,我们也应当坚持从法律解释到法律推理再到法律论证的过程。因为法律解释是明确法律推理的前提;法律推理是从前提到结论的过程;法律论证是从结论到前提的过程。在狭义的解释论语境下,解释方法之间应当有位序,即遵循"文义解释—体系解释—历史解释—目的解释—社会学解释—合宪性解释"的适用顺序。再具体到刑法文义解释,解释过程应当是"语法—语义—语用"的分阶段循序递进限缩,首先应当通过语法分析确定系争语词的词性、词类以及词法和句法;其次再通过语义分析确定系争语词的可能语义范围、通常含义/范畴典型原型/典型类型/本义;最后再通过语用分析确定系争语词的具体含义,在"语用分析"内部还要再进一步依次分为"言内语境分析—言伴语境分析—言外语境分析","言内语境分析"再依次分为"言远语境分析—言近语境分析","言外语境分析"再依次分为"体系解释—历史解释—目的解释—社会学解释—合宪性解释"。在具体的刑法文义解释过程中,这种阶层思维原则应当是"从一般到特殊",即从语言再到法律;在法律内部,从宪法这一根本法律到普通法律;在普通法律内部,由私法到公法;在公法内部,从行政法到刑法。简言之,就应当是从宪法到民法再到行政法最后到刑法。其具体体现为"根据《现代汉语词典》,该词是指……;在某某学科中,该词是指……;在

---

① 其实,法律论证理论是对传统法律教义学和解释理论的超越,即意识到法律三段论的局限,强调"法外"因素在法律正当性论证(证成)中的意义,实际上与论理解释中的目的解释和社会学解释以及实质推理异曲同工,属于演绎论证和归纳论证之外的似真论证,即合情理论证。由是观之,法律解释特别是文义解释更多的是形式推理中的演绎推理即从一般到特殊。

某某法律中,该词是指……,在刑法中,该词是指……;在某某罪中,该词是指……;在本案中,该词是指……。根据刑事政策或某某条的立法目的,该词是应当是指……"其实,这一原则是建立在词类分析的基础之上。根据法律语言学理论,我们可以将刑法语词分为来自普通语词的刑法语词和来自专业术语的刑法语词,专业术语又可以分为来自行业术语的刑法语词和来自法律术语的刑法语词,法律术语又分为刑法特有的术语和来自其他法律术语的刑法语词。

(二) 语篇循环原则

语篇循环原则其实是解释学中解释论循环在文义解释中的具体体现,是解释方面的特有原则,其根本强调循环。循环更符合解释思维的过程本质,人的认识必然存在局限,我们在思维过程的下一分析阶段发现前一阶段的认识局限并进行纠正是人类理性思维的内在规律。在理论上,最早对这一原则进行系统论述的是德国学者阿斯特,这一原则暗合于我国古代训诂学中的"据文证义",也为英美分析哲学和语言哲学所赞同,在卡尔·拉伦茨的法学解释论中也有所体现。[1] 具体而言,语篇原则分为语篇内循环原则和语篇外循环原则两个方面。语篇内循环原则是语义分析应当遵循的原则,其具体是指:"语词的意义必须在句子中把握,句子的意义必须在语篇(文本的整体)中来把握,而语篇的意义则必须通过对组成语篇的个别句子、语词的准确理解而把握,是一种部分与整体的循环。"[2] 而语篇外循环则是语用分析应当遵守的原则,其具体是指:"解释者应当穿梭于案件事实和法律规定、法律规定和社会现实之间,以文本确定事实的价值,以事实确定文本的意义,实现解释者和刑法文本、案件事实和法律规定、判决结果和社会效果的融合。"[3] 其实,前述阶层原则里也强调循环。例如我们在以三段论进行法律推理时,经常被心怀正义"目光往返于规范与事实之间"。只不

---

[1] 参见王政勋《刑法解释的语言论研究》,商务印书馆2016年版,第212—217页。
[2] 参见王政勋《刑法解释的语言论研究》,商务印书馆2016年版,第212页。
[3] 参见王政勋《刑法解释的语言论研究》,商务印书馆2016年版,第212页。

过，语篇原则除了解释过程前后阶段的循环还更加强调部分和整体的循环，"规范与事实之间"的循环其实是言伴语境分析的语篇外语境循环。前述"判决结果和社会效果的融合"则是言外语境分析的语篇外语境循环。最后需要说明的是，在解释过程中一定要处理好阶层思维原则和语篇循环原则的关系，循环一定要建立在阶层基础之上，语篇循环一定要建立在阶层基础之上。

第二节　刑法文义解释的技术方法

一　刑法文义解释的传统路径

就语词解释而言，拆词造句、查字典、观点综述、官方定义的再阐释是常见的四种传统路径。

其一，拆词造句是较为直观、本能的语言解释路径，是解构和重构的组合过程。申言之，解释就是将待解释的语词拆成最小语素——文字，然后再将解构后的文字组成更为通俗易懂、不易发生争议的新词，最后将所组新词进行重新组织成句子。

其二，查字典是较为科学、快捷的语言解释路径，可以获得较为全面的字义及语词通常含义的语言学方法。通过查字典，我们不仅可以明确系争语词的通常含义，而且可以组成系争语词的文字的所有含义，还可以明确与系争语词相关的语词的意义的区别所在。

其三，观点综述是较为专业、常见的学理解释路径，是在总结分析现有观点优点和不足以及共同和差异基础之上形成的综合观点。详言之，观点综述是通过文献综述的方法寻找眼下学界对系争语词解释的代表性观点，并明确其中的通说或主流观点。当然，更主要是明确现有观点的自身的优点和不足以及所列观点的共同点和差异点，特别是与通说观点的共同与差异，并最终求同存异形成解释观点。

其四，官方定义的再阐释是最为专业、权威的法律解释路径，是在阐释官方定义的基础上，或者对官方定义直接援用，或者是对官方定义再解释，抑或对官方定义进行修正或批判，形成最终的解释观点。究其实质，这一路径的根本是对"解释"的再阐释，而且需要区分是立法解释还是司法解释。前者是立法定义，我们必须不加批判地援用；对于后者，我们则可以进行适当修正后再援用。

在上述诸种路径中，官方定义的再阐释应当是首选路径，但是其适用范围较为狭窄——需要建立在"有官方定义且官方定义科学合理"的基础之上。同时，此种路径还需要对官方定义再进行阐释和语言学检视。故而，官方定义的再阐释亦需要其他路径进行强化。观点综述是学界运用较广的一种路径，但是此种"求同存异"的路径缺乏语言的理据性，而且容易令人先入为主，难以跳出已有理论的窠臼，"求同存异"的综合分析未必就是科学合理的解释。查字典可以明确系争语词的语言学含义——通常含义及作为语素的字义以及相关语词的语言含义，但是离"专业领域"较远，需要在区分系争语词是普通语词还是专业术语的基础上进行进一步具体化。拆词造句较为通俗，是"顾名思义"的结果，但是在组词、造句方面缺乏语言的理据性，如果能以语言学的语言聚合理论和语言组合理论进行理论改造，此种路径不失为一种"最佳路径"。质言之，在"有官方定义且官方定义科学合理"的前提下，首先应当查明官方定义，并对其进行再阐释。其次，如果"没有官方定义或者官方定义不合理"的情况下，可以通过查字典和拆词造句的路径进行解释，当然，语言学的语言聚合理论和语言组合理论进行理论分析是必不可少的环节。最后，在对现有观点进行综述的基础上，将解释结论与通说等主流观点进行"求同存异"的分析，以便使语言学解释进一步专业化。概言之，法律解释可以起到"定分止争"，获得系争语词之权威的专业解释的作用。语言解释则可以发现系争语词的"通常含义"及最大限度的"可能含义"，进而明确系争语词意义的中心及边缘，是获得系争语词之权威的语言解释的"最佳路径"。而学理解释则是系争语词意义在理论上进一步达成共识的过程，可以印证并使得语言解释专业化。因而，遵循"官方定义—查字典/拆词造句—观点综述"的解释路径应当是文义解释的应然选择。词典含义与官方定义的协调是"专业领域"与"大众视角"的沟通调适。

二 刑法文义解释的语言学进路

刑法文义解释的语言学进路首先应以语言论哲学为依据,但是更应注重其操作的技术考虑。然而,学界多以建构规则为主,而鲜见操作技术的进路。其实,所谓的语言论哲学主要是指语言转向。而"语言转向的整个过程涉及三个阶段:包括以句法形式为取向的语形学阶段,形成了逻辑语形阶段;以言说对象为取向的语义学阶段,形成了本体论语义分析;以语言使用者为取向的语用学阶段,形成了认识论语用分析。"[①] 其实,"出发点可以追溯到莫里斯将符号学分为句法学、语义学和语用学。在这一划分中,不同符号(比如语词)相互之间的关系属于句法学的领域;符号与其各自意义之间的关系构成了语义学的领域;最后,语用学涉及符合与符号使用者之间关系的领域。"[②] 因而,刑法文义解释的语言学进路应当契合语言转向的发展阶段——"语法(形)—语义—语用"的基本进路。所谓操作技术考虑主要是指刑法文义解释的解释进路应明确刑法文义解释的操作步骤,注重解释过程的阶段性和有序性。因为,在笔者看来,是否定量和分步是科学与经验的最大区别,方法应当以步骤贯穿,没有步骤的方法只能停留于理论建构层面而不能进入实践操作层面。或许,经验指导下的娴熟技术可以省略某一环节,但是不能否认方法构建的基础性。当然,解释方法的理论建构不能忽视解释过程循环的基本要求,但是循环一定是科学分步基础上的整体循环,而不能因为整体循环而消解阶段性和有序性。具体而言,在刑法文义解释过程中,第一步应依据词法、句法、标点等进行语形

[①] 殷杰:《当代西方的社会科学哲学研究现状、趋势和意义》,《中国社会科学》2006年第3期。

[②] 转引自[德]乌尔弗里德·诺伊曼《法律论证学》,张青波译,法律出版社2014年版,第64、66页。

（法）分析明确系争语词的词类和词性等语法意义。第二步应通过词典分析法、义素分析法进行语义分析明确系争语词的核心语义和可能语义等词汇意义。第三步应通过上下文、个案事实、社会文化进行语用分析明确系争语词的言内语境意义、言伴语境意义和言外语境意义等语境（修辞）意义。需要特别说明的是，即使在每一个步骤下的具体操作也应当最大可能地分阶段有序操作，按照所列举的分析方法顺序按部就班地进行。例如，我们在论及"刑法解释"时，首先是解释刑法，其次是对刑法条文含义的解释，更进一步讲，其主要是对刑法分则罪状含义的解释，而刑法分则罪状多为动宾结构的语言表述，而对于动宾短语的解释，应当先解释名词后解释动词再做整体解释。对此，有学者指出："在对刑法条文进行文义解释时，可以遵循两个步骤：一是大致框定法律条文中系争语词的内涵、外延，即确立该语词的一般含义和待解释语句所描述的对象范围；二是确定特定语词、事件等是否可以涵括在其中，这其实是一种个别判断，以作为前种一般性判断的补充。第一个步骤至为关键，通常采取的方法有定义和列举。"[①] 其实，就解释的阶段和顺序而言，我们应当首先确定法律语词的词类，然后再在确定法律语词词类的基础上再确定刑法语词的词性，然后再在此基础上按照解释规则进行解释。对此，法律语言学认为："法律语言的术语包括常用术语、常用的但在法律中有专门含义的术语、专门法律术语和技术性术语四类。"[②] 例如，"情节严重"，在词类中属于法律基本用语，在词性上属于"名词+形容词词组"，此种语词解释只能是在确定本质属性上的兜底性列举。正如同"法律解释不同于解释法律"一样，文义解释也不只单纯是解释文义。从另一角度看，解释其实是推理的过程，语义分析侧重于归纳推理，即归纳出系争语词的核心语义、可能语义等。语用分析则侧重于演绎推理，即不断限缩系争语词的语境，确定系争语词的

[①] 时延安：《论刑法规范的文义解释》，《法学家》2002年第6期。
[②] 余致纯：《法律语言学》，陕西人民教育出版社1990年版，第30—37页。

具体个案语义。在语言学理论中，其实是确定系争语词能指、所指/实际指称以及需指的过程。例如刑法上的不作为犯中的作为义务。在语言学层面，作为义务就是进行作为或履行一定行为的义务。在法律层面，作为义务就是实施命令规范所要求的行为的义务。在刑法层面，则存在法律规范形式意义上的法定义务、职业义务、现行行为以及合同行为引起的义务和实质意义上的行为处于阻止法益侵犯的地位：基于对危险源的支配产生的监督义务，基于与法益的特殊依赖关系产生的保护义务，基于对法益的危险发生领域的支配的阻止义务等。而在具体个案中，则需要在上述义务中确定具体的义务。如此，刑法文义解释则不再是零散的规则而是系统的操作体系。

（一）刑法文义解释之语法分析

张明楷教授指出："刑法为成文法，故其表达理应符合语法。"[①] 如前所述，刑法文义解释的第一步应当是依据词法、句法、标点等进行语法（形）分析明确系争语词的词类和词性等语法意义。具体而言，语法分析是指根据语言的组织规律分析系争语词的解释策略，进而明确系争语词的关系意义，应当依次包括词法分析法、句法分析法和标点符号分析法。

1. 词法分析法

所谓词法分析法，是指通过词语的属性、形成、结构等使用规则进行语法分析，具体又依次包括词类分析法、词性分析法和构词分析法。在此需要说明的是，在语言学中词类一般特指按照语法特性的分类。[②] 不过，在法律语言学中，词类包括词性类别和应用类别和学科类别。在此，笔者将狭义的词性类别简称为词性，而将剩下的应用类别和学科类别，统称为词类。[③]

---

① 张明楷：《刑法学（上）》（第5版），法律出版社2016年版，第28页。
② 王德春：《语言学通论》，北京大学出版社2006年版，第141页。
③ 在此，我们必须重视词类和词性分析，掌握具体词类和词性对文义解释的指导意义，这一点因为基础和简单，常常为学界所忽略。

首先是词类分析法。而所谓词类分析法，是指在明确语词类别的基础上，分析语词的解释策略，进而明确语词的含义。正如有观点所言："弄清刑法规定所使用的语词所属的类别，对于字面解释具有重要的意义，因为不同种类的词汇具有不同的特点，在解释不同种类的词汇时，我们只能根据其自身的特点确定其含义。"① 而对于词类，法律语言学认为："法律语言的术语包括常用术语、常用的但在法律中有专门含义的术语、专门法律术语和技术性术语四类。"② 由是观之，刑法中的常用术语亦即日常用语，是人们普遍而经常使用的术语，其特点是"不管在什么领域，由什么人使用，其语义都没有差别"，③ 当然，其也不会因为出现在刑法上而所有例外。常用的但在刑法中有专门含义的术语则主要是指刑法从常用术语中借用过来的，并赋予其专门含义的术语。刑法中的专门法律术语有刑法所特有的术语、从其他法律引进的术语和与其他法律共有的术语三类。刑法中的技术术语是指刑法从医学、生物学、植物学、生态学、军事学等各个自然科学和技术行业领域引进的术语。其实，所谓的词类分析法更准确地说是系争语词的学科分类，特别是其中的技术术语，可以进一步划分为某一特定学科的术语。例如《大辞海》将语词依次分为一般语词与哲学、宗教、心理学、政治学社会学、法学、军事、经济学、管理学、民族、中国古代史、中国近现代史、世界历史、文物考古、中国地理、世界地理、中国文学、外国文学、美术、音乐舞蹈、戏剧电影、教育、体育、语言学、文化新闻出版、数理化力学、天文学地球科学、生命科学、农业科学、医药科学、机械电气、化工轻工纺织、建筑水利、交通、环境科学、能源科学、材料科学、信息科学等38类。

不同的词类决定了不同的解释策略——只能根据词类自身的特点确

---

① 李希慧：《论刑法的文理解释方法》，《中央检察官管理学院学报》1995年第1期。
② 余致纯：《法律语言学》，陕西人民教育出版社1990年版，第30—37页。转引自李希慧《论刑法的文理解释方法》，《中央检察官管理学院学报》1995年第1期。
③ 李希慧：《论刑法的文理解释方法》，《中央检察官管理学院学报》1995年第1期。

定其含义。"常用术语的含义为社会大众所公认,因此,在解释刑法条文中的常用术语时,就只能取其大众公认的含义。"① 质言之,对于常用术语只能采取大众含义优先的解释策略。常用的但在刑法中有专门含义的术语因为刑法已经对其进行了特别而明确的规定而赋予了特定的含义,在解释词类术语时就必须采取其特定的含义即采取专业含义优先的解释策略。易言之,只要有官方定义,就必须采取官方定义优先的解释策略。而在刑法中的专门法律术语时则要有所区分,刑法特有的术语只能按照刑法理论进行解释;而从其他法律引进的术语则要在充分尊重其他法律理论的基础上再递进性地进行刑法解释,特别是需要主要学科区别而导致的语境差异;而与其他法律共用的术语则要在"用语含义统一"之同质的前提下,对其进行量上的递进性程度界分。简而言之,除对于常用术语的解释采取大众含义优先的解释策略外,其余术语的解释采取专业含义优先的解释策略,只不过,对于专业含义应当在充分尊重法律明确规定的基础上区分技术专业和法律专业,坚持技术标准和学理通说的递进解释策略。

其次是词性分析法。而所谓词性分析法,是指在明确语词之语法性质的基础上,分析语词的解释策略,进而明确语词的含义。其实,所谓的词性分析法更准确地说是系争语词的语法分类定性。对于词性,"《现代汉语词典》把词分为12类:名词、动词、形容词、数词、量词、代词、副词、介词、连词、助词、叹词、拟声词。其中,名词、动词、形容词各有两个附类,名的附类是时间词、方位词,动词的附类是助动词、趋向动词,形容词的附类是属性词、状态词。代词分为3小类:人称代词、指示代词、疑问代词。"② 其实,在语言学中,语词的分类问题属于传统语法学。根据传统语法学,"适用于各种语言的词类划分标准有三种:一是概括语义标准;二是句法功能标准;三是词法形

---

① 李希慧:《论刑法的文理解释方法》,《中央检察官管理学院学报》1995年第1期。
② 中国社会科学院语言研究所词典编辑室:《现代汉语词典》(第7版),商务印书馆2016年版,凡例第5页。

态标准。"① 根据概括语义标准，语词可以分为具有指称客观事实意义的实词和具有关系意义的虚词以及直接表达感情的感叹词和及介乎实词与虚词之间的，表示说话者对言语内容实现程度估价的情态词。"实词可以分为表示事物、现象（或名物化的动作、性质等）的名词；表示动作、状态的动词；表示性质特征的形容词；表示程度、状态范围等的副词；表示数量的数词等；代词则是概括地指称事物、性质、数量的一种特殊实词，可分为代名词、代形容词、代数词。虚词可以分为表示支配关系的介词、表示连接关系的连词和表示语气色彩的语气词。"② 这一标准，既可以划分词类，还可以辨别词性。"划分词类的句法功能标准包括词在句子中的作用和词的结合能力两个方面。"③ 根据句法功能标准，语词可以分为主要充当主语和宾语的名词；主要充当谓语的动词；主要充当定语的形容词；主要充当状语的副词；根据词的结合能力（亦即我们通常所称的语词搭配关系），名词往往用形容词修饰，与数量词搭配，用于介词之后，接受动词支配；副词往往修饰动词和形容词。④ 这一标准，使得语词进入语句层面，在概括语义的过程中融合了语言使用的因素。"词类形态标准，主要是词缀理论的具体化，分为依据构词词缀和依据构形词缀形态变化体系。"例如，"性"是常用的名词词缀，"化"是常用的动词词缀，"的"是常用的形容词词缀，"然"是常用的副词词缀。对于上述三个标准，概括语义标准是对语词的本体分类，句法功能标准是语词的应用分类，词类形态标准则是语词的生成分类。在此，笔者认为，语词的分类应以概括语义标准为基础，主要以句法功能标准对法律语词进行分类。其中，名词、动词作为中心语词是基本范畴，形容词与副词等程度性语词作为修饰语词是重要范畴。在某种意义上说，动词也是一种特殊的名词。正如有观点所言："动词是描

---

① 王德春：《语言学通论》，北京大学出版社 2006 年版，第 141 页。
② 参见王德春《语言学通论》，北京大学出版社 2006 年版，第 142 页。
③ 参见王德春《语言学通论》，北京大学出版社 2006 年版，第 143 页。
④ 参见王德春《语言学通论》，北京大学出版社 2006 年版，第 143 页。

述动作的名词。"① 我们还可以将名词进一步划分为专有名词和普通名词，普通名词还可以进一步划分为个体名词、集合（群体）名词、复合名词、物质名词和抽象名词五类。在复合名词性概念下，还可以再细分为正概念与负概念（肯定概念和否定概念），因为复合名词其实是名词化的形容词性概念和名词性概念连在一起形成的概念。在此基础上，我们还可以进一步理解一般与特殊、部分与整体的关系（理论上也称之为"种属关系"和"组成关系"）。而要理解这两组概念的关系就必须区分集合名词和个体名词。个体名词并不存在一般与特殊的关系，但是存在部分与整体的关系。而一般与特殊的关系则存在于集合名词的分类中。部分与整体的关系是基于某一个体进行的抽象分析。例如，妇女与人是特殊与一般的关系，头和人是部分与整体的关系。又如，政法大学与大学是特殊与一般的关系，法学院与大学是部分与整体的关系。再如，盗窃罪与犯罪是特殊与一般的关系，犯罪主体等犯罪构成要素与犯罪是部分与整体的关系。

　　同样，不同的词性也决定了不同的解释策略——只能根据词性自身的特点确定其含义。因为名词、动词往往指称实体对象，所以可以运用概念分析的解释策略，明确其内涵和外延。抽象名词、集合名词以及形容性动词的解释则需要在明确标准的基础上进行具体化解释。而对于形容词、副词等修辞语词只能采取比较和列举的解释策略。而比较和列举就意味着要明确标准。质言之，比较和列举要在一定标准基础上进行，或者说比较和列举的过程就是进一步明确标准的过程。更为主要的是，在解释形容词等修饰语的过程中必须结合名词等中心词进行解释，否则解释活动举步维艰。例如，"情节恶劣""数额较大"等术语的解释，如果不能明确情节和数额在具体犯罪中的含义，"恶劣""较大"等术语是无法得以阐明的。同时，解释动词等实词必须结合名词进行解释。例如对"盗窃""制造/生产、存储、运输、销售/贩卖、购买、使用、

---

① ［奥］维特根斯坦：《哲学研究》，李步楼译，商务印书馆1996年版，第3页。

持有""危害公共安全"之"危害"等语词的解释，如果离开名词进行解释，无异于"巧妇难为无米之炊"。因而，在解释顺序上，我们应当遵循先实词后虚词，先中心语后修饰语，先名后动再其他的内在逻辑。正如维特根斯坦所言："我相信，如果你以上述方式来描述语言的学习，那么你首先想到的是'桌子'、'椅子'、'面包'以及人名这样的名词，其次才想到某种动作或性质的名称；而把其余各类词当作自己会照管自己的东西。"①

最后是构词分析法。构词分析法大体上对应于传统进路中的拆词造句解释方法，但是二者有着本质的区别——构词分析法有语言理据性。在语言学上，构词分析法又可以称为语素分析法。因为"确定构词方式是语素分析的前提，而能够进行语素分析的是合成词。而合成词的构词方式主要有偏正型、支配型、补充型、陈述型、联合型等五种。"② 同时，根据语言学理论，"同词干结构相应，语言中除基本根词之外，主要构词法有词缀法和复合法两大类。复合词的合成方式分为主谓式、联合式、主从式，主从式又分为限定式、动宾式、动补式。"③ 其中复合法是构词分析法的核心方法。与复合法相关的语素分析法主要依据语言组合关系理论，也就是我们常说的词语搭配关系理论，其主要对象是合成词，分析方法是切分。在此需要说明的是，要区分词汇分析和语法分析，语素分析更侧重于词汇分析，而构词分析更侧重于语法分析。相比较而言，构词分析法比语素分析法更加合理，更能体现语法关系的决定性作用，其核心在于分析合成词的构词方式。在上述两个观点中，联合式（型）中的两个词干是平等并列的关系；动宾式中的动词词干支配宾语词干对应于支配型；动补式中的补语词干补充动词词干对应于补充型；限定式中的前一词干限定或修饰后一词干对应于偏正型；主谓式词语采取主语词干和谓语词干的方式构成新词，同时语法学理论又习惯

---

① ［奥］维特根斯坦：《哲学研究》，李步楼译，商务印书馆1996年版，第3页。
② 王政勋：《刑法解释的语言论研究》，商务印书馆2016年版，第233—234页。
③ 王德春：《语言学通论》，北京大学出版社2006年版，第131、136页。

将主谓关系称为陈述关系,因此对应于陈述型。构成分析法在语义解释中至关重要,特别是对于合成词的语义的解释。确定构成方式可以准确地分析合成词的词干关系,进而可以确定合成词的具体含义。例如对于刑法中"冒充"一词的解释,刑法中存在不同观点。张明楷教授为贯彻罪刑相适应原则,将冒充解释为假冒和充当,认为真的军警人员抢劫也可以解释为"冒充军警人员抢劫"。对此,学界基本持反对意见。王政勋教授则在分析构词方式的基础上,指出张明楷教授对"冒充"一词的解释结论的错误在于没有正确理解"冒充"一词的构词方式,不应将偏正型词语理解为联合型词语。①

2. 句法分析法

句法分析,简称"析句","是指对句法结构进行语法分析,包括对短语(词组)和句子的结构的分析。句法分析的目的是确定句子类型(如单句和复句、主谓句和非主谓句等)和句子成分(如主语、谓语/述语、宾语、定语、状语和补语等),分清词语之间的层次和关系(如主谓关系、偏正关系、动宾关系、述补关系等。)"② 由此可见,句法分析法具体又依次包括句型分析法、句子成分分析法以及层次分析法。

首先是句型分析法。在分析句子成分之前,必须首先分析句型。根据语言学理论,"句型可以分为不包含分句的简单句(单句)和有两个以上分句组成的复合句(复句)。复合句又可以分为句子成分平等的并列复合句和句子成分有依赖关系的主从复合句;简单句又可以分为同时具备主语和谓语的双部句和只有主语或谓语一个成分的单部句;双部句又可以分为动词谓语句和系动词和表语合成的表语合成谓语句;单部句又可以分为只有谓语一个结构的无主句和只有主语一个结构的独词句。"③ 在此,需要说明的是,复合句不等同于复杂句。在刑法中,简

---

① 参见王政勋《论刑法解释中的词义分析法》,《法律科学》2006年第1期。
② 王德春、许宝华:《大辞海·语言学卷》,上海辞书出版社2015年版,第238页。
③ 参见王德春《语言学通论》,北京大学出版社2006年版,第157—158页。

单句较为常见，而且往往是复杂的简单句。例如，刑法分则条文关于罪状的表述其实是复杂的"的字结构"。这一结构往往是复杂的无主句。

其次是句子成分分析法。句子成分分析法，又称为中心词分析法，是指从句子出发，把句子的组成成分划分为主语、谓语（或述语）、宾语、定语、状语、补语等，并将词当作句子成分的基本单位，以说明句子的配置关系和结构格局。① 其中，主语、谓语（或述语）是句子的主要成分，宾语和补语是连带成分，定语和状语是附加成分。也有观点认为，"句子成分一般包括主语和谓语、宾语和补语、定语和状语，同位成分和独立成分。"② 在成分搭配方面，省略主语的是动宾结构、没有省略主语的是主谓（宾）结构；主语和宾语之前是定语，谓语之前是状语，谓语之后是补语。在刑法中，刑法分则条文关于罪状的表述其实是复杂的"的字结构"，多数条文往往省略主语，所以是动宾结构，理论也称为述宾结构。句子成分分析法主要以单句为分析对象，分析首先找到句子的主语和谓语作为中心词，让其他成分分别依附于它们。分析步骤是先分析主要成分，再分析连带成分，最后分析附加成分。正如有观点所言，"句子成分分析法，是传统语法分析句子的重要方法。分析的时候，往往找出主语和谓语作为句子的主干，以其他成分作为枝叶，描述整个句子的结构。"③

最后是层次分析法。层次分析法又称为"直接成分分析法""二分法"，是指根据一般的语言片段在结构上具有组成成分两两相对、层层相叠的特点，来对语言片段采取一分为二、逐层剖析的方式来划分其结构的分析方法。④ 通过这一分析过程，我们每次分析得到的成分是直接成分，最终得到的成分是词或语素，也称为终端成分。具体而言，这一分析过程包括两方面的内容："一是'切分'，即解决一个语法结构的

---

① 王德春、许宝华：《大辞海·语言学卷》，上海辞书出版社2015年版，第238页。
② 参见王德春《语言学通论》，北京大学出版社2006年版，第153—156页。
③ 王德春：《语言学通论》，北京大学出版社2006年版，第156页。
④ 王德春、许宝华：《大辞海·语言学卷》，上海辞书出版社2015年版，第238页。

组成成分到底有哪些,即决定在什么地方切分;二是'定性',即解决切分所得的直接组成成分之间在语法上存在什么样的关系。"①

句法分析有助于发现省略和缺少的句子成分,进而能在获得句子的完整意义的基础上明确系争语词的具体意义。易言之,无论是句子成分分析法还是语法结构层次分析法都旨在切分系争语词所在的句子并对其进行定性分析,并最终确定系争语词的句法功能意义。正如王政勋教授所言:"层次分析法除了可以帮助我们确定刑法条文的语法结构,为确定刑法条文的语义打下良好的基础外,还可以发现刑法条文中的歧义,从而为分化歧义建立前提。"② 另外,句法分析方法的运用往往依赖句法图解,常用的句法图解有符号法、框式图以及树形图等。相比较而言,笔者更愿意适用符号法。例如用‖切分主语和谓语,用____标注主语,用____表示谓语,用﹏﹏标注宾语,用〔〕标注状语,用〉标注补语。另外,如前所述,在刑法中,刑法分则条文关于罪状的表述其实是复杂的"的字结构"。在这一结构中,句子组成成分往往和犯罪构成要素相对应。"主语表示行为主体,如果主语被省略表明是一般主体;谓语表示实行行为,在条文中多表现为连谓语结构和兼语结构;宾语表示行为对象,定语对主语和宾语的性质进行限定修饰;状语多表示实行行为的时间、地点、方式,原因、目的等;补语多表示实行行为的结果。"③ 概言之,句法结构分析可以明确犯罪的构成要件要素,并且可以针对性地对各个要素之间的关系进行分析。

3. 标点分析法

当然,在语义解释特别是句子成分分析的过程中,标点符号分析也不可或缺。正如有观点所言:"标点符号在现代汉语中具有非常重要的意义,在一些情况下标点符号会影响到句子的意义,所以语义解释中包

---

① 王政勋:《刑法解释的语言论研究》,商务印书馆2016年版,第274页。
② 王政勋:《刑法解释的语言论研究》,商务印书馆2016年版,第279页。
③ 参见王政勋《刑法解释的语言论研究》,商务印书馆2016年版,第275页。

括对标点符号的准确理解。"① 根据《大辞海》，"标点符号共有 16 种，其中具有点断作用的点号有 7 种，句内点号有逗号、顿号、分号、冒号 4 种，句末点号有句号、问号、叹号 3 种；具有标明作用的标号有引号、括号、破折号、省略号、着重号、连接号、间隔号、书名号、专名号等。"② 不过，在对刑法条文的语法分析过程中，具有分析价值的是句号和括号以及 4 个句内点号。正如王政勋教授所言："从语言学的角度分析刑法立法用语，可以发现在标点符号的使用上，只有顿号、逗号、分号、句号、冒号、括号六种，没有问号、感叹号两个句末点号，没有破折号、省略号、引号、着重号等标号。"③

在这六种符号当中，最为重要的是逗号、顿号和分号。因为句号、冒号和括号虽然在刑法条文中出现，但是 3 种符号只是立法语言规范的内在要求。句号是唯一的句末点号，在每一刑法条文的结尾部分都有，冒号往往和数字序号出现，冒号在款的结尾部分，带括号的数字序号表示并列的项，当然每一项结束都有分号。而对于逗号、顿号和分号的使用则较为复杂，也容易发生错误。例如根据《立法技术规范试行（一）》关于标点符号使用的规定，"主语和谓语都比较长时，主语和谓语之间加逗号。一个句子内部有多个并列词语的，各个词语之间用顿号，用'和''或者''以及'连接最后两个并列词语。一个句子存在两个层次以上的并列关系时，在有内在联系的两个并列层次之间用顿号，没有内在联系的两个并列层次之间用逗号。在多重复句中，各并列分句内已使用逗号的，并列分句之间用分号。"④

首先是逗号的语法分析。根据《大辞海》，"逗号表示一句话中间较长的短语前面或后面的停顿。复句内部各分句之间除了有时用分号

---

① 王政勋：《刑法解释的语言论研究》，商务印书馆 2016 年版，第 258、284 页。
② 王德春、许宝华主编：《大辞海·语言学卷》，上海辞书出版社 2015 年版，第 261 页。
③ 王政勋：《刑法解释的语言论研究》，商务印书馆 2016 年版，第 95 页。
④ 全国人大常委会法工委制定的《立法技术规范试行（一）》。

外，也用逗号。"① 由是观之，首先，逗号是表述句中停顿。如前所述，逗号是表示点断的句内点号。其次，顿号表示较长的短语前面或后面的停顿。易言之，句号间隔的是比词或词组较长的短语。再次，逗号仅仅表示停顿不表示并列。换句话说，被逗号所分割的短语之间不只是并列关系。最后，在刑法条文中，逗号是最常见的句内标号，应当结合句法分析法进行对其语法分析。

其次是顿号的语法分析。根据《大辞海》，"顿号表示句中并列的词或词组之间的停顿。顿号表示的停顿比逗号要小。"② 由此可见，首先，顿号表示句中停顿。如前所述，顿号是表示点断的句内点号。其次，顿号表示词或词组之间的停顿。质言之，顿号间隔的是两个词或词组。最后，顿号所间隔的两个词或词组是并列关系，并列意味着词语之间地位平等，仅此而已，而并非逻辑意义上的并列关系。但是，在此需要明确的是，并列在此是句法功能的并列关系，而非逻辑意义上的并列关系。在语法学理论中，广义的并列关系的复合句也称为联合复句，包括狭义的并列复句、顺承复句、递进复句、选择复句、总分复句等。③ 因为在刑法学理论中，现有观点将存在顿号间隔的罪名称为选择性罪名。

最后是分号的语法分析。根据《大辞海》，"分号表示复句中并列分句之间的停顿。非并列关系的多重复句第一层次的前后两个部分之间也用分号。"由此可见，首先，分号表示复合句的句中停顿。如前所述，分号是表示复合句点断的句内点号。其次，分号表示分句之间的停顿。换言之，分号间隔是两个分句。最后，分号所间隔的两个分句往往是并列关系，但是非并列关系的多重复句第一层次的前、后两个部分之间也用分号。同样，并列也意味着词语之间句法功能的地位平等，仅此而已，而并非逻辑意义上的并列关系。

综上所述，顿号、逗号、分号、冒号、句号表示法律语言单位之间

---

① 王德春、许宝华：《大辞海·语言学卷》，上海辞书出版社2015年版，第261—262页。
② 王德春、许宝华：《大辞海·语言学卷》，上海辞书出版社2015年版，第262页。
③ 王德春、许宝华：《大辞海·语言学卷》，上海辞书出版社2015年版，第256页。

不断递增的并列（平行结构）。详言之，顿号表示词与词之间的并列；逗号表示短语与短语之间的并列；分号表示段与段之间的并列；冒号表示项与项之间的并列。句号表示款与款之间的并列。

（二）刑法文义解释之语义分析

刑法文义解释的第二步应当通过词典分析法、义素分析法进行语义分析明确系争语词的核心语义和可能语义等词汇意义。在此，需要特别说明的是，此处的语义分析是传统意义上的狭义的语义分析——字面解释。正如有观点所言："字面解释，是指从词义上对刑法规定所使用的词汇予以注释，从而阐明刑法规定的含义。"[①] 其实，以"词义分析"指称之更为妥当。当然，文义解释不能等同于传统的字面含义解释，而要向语用学转变，不能只是依靠文理解释法律，要依靠法理、情理、事理等去解释法律。

1. 词典分析法

词典分析法，即根据词典词条确定术语的基本义项。"根据欧美各国和我国司法实践中对词典应用的现实情况，宜在法律解释中确立以下应用原则，即词典的权威性原则；词典的参考性原则；词典的证据性原则。为了使得词典能够有效发挥其应有的解疑释惑作用，需要制定下列使用策略进行规范和约束，即专业化词典优先；权威性词典优先；语词释义理据性。"[②] 其实，词典分析法旨在为确定系争语词的词汇意义提供一个权威标准。因为所有的理论聚讼或学说争鸣的有效性建立在讨论的基础点必须是"同一问题"，而问题的表述必须依赖于相同的语言，否则就是学者的自说自话。

词典分析法的语言学根据是原型范畴理论。原型范畴理论的核心在于"典型原型"这一认知参照点以及"家族相似性"这一认知工具，其最大的贡献就在于提出了"典型"这一观念。在此，首先需要指出，

[①] 李希慧：《论刑法的文理解释方法》，《中央检察官管理学院学报》1995 年第 1 期。
[②] 史灿方、马晓燕：《法律文义解释中词典的应用原则和技术策略》，《重庆第二师范学院学报》2015 年第 6 期。

汉语是原型范畴而不是特征范畴。① 正如有观点所言："汉语词类是一种原型范畴，是人们根据词与词之间在分布上的家族相似性而聚集成类的。"② 其次需要指出，典型原型是认知参照点，是给词分类和下定义的重要依据。"属于同一词类的词有典型成员和非典型成员之别，典型成员是一类词的原型，是对非典型成员进行归类时的参照标准。其典型成员在分布上往往共有一组分布特征，可以通过典型成员的分布特征来给词分类和给不同的词类下定义。"③ 最后，家族相似性分析是重要的认知工具。"根据原型范畴化理论，运用词之'家族相似性'分布上的优势劣势之别，给词分类，给不同的词类下出宽泛定义，辅以严格定义，是一个比较现实、周全的做法。"④ 概言之，原型范畴理论给我们的启示是，我们在运用词典分析法对系争语词进行文义解释时，不要只局限于确定概念的内涵和外延或特征，而要根据"通常含义"或"专业含义"确定其"典型原型"这一认知参照点，然后再根据家族相似性，确定文义的可能范围。

其实，词典分析法是查字典。故而，确定一本科学权威的字典就成为方法的实现的根本。根据学者在理论研究中对汉语字典的运用情况，笔者发现，在目前所有的汉语词典中，《现代汉语词典》《大辞海》《说文解字》应当是文义解释的首选。当然，词典分析法并不仅仅是查字典，还要对通过字典所获得的词汇意义进行适当的分析。例如，我们查字典并非仅仅查一部字典，通常至少查阅上述三部字典，并对所获得的词汇意义进行适当的比较和分析。而词汇意义并非只有一个义项，而是多层意义组成的意义群。正如有学者所言："语词的意义包括本义、基本义、引申义和比喻义。本义是文献记载的语词最初意义；基本义是指

---

① 在范畴理论中，特征范畴（又称为经典范畴）是与原型范畴（又称为现代范畴）相对应的范畴理论，二者在判定标准、范畴边界、成员地位、能力习得等方面存在分歧，甚至是对立。
② 袁毓林：《词类范畴的家族相似性》，《中国社会科学》1995 年第 1 期。
③ 袁毓林：《词类范畴的家族相似性》，《中国社会科学》1995 年第 1 期。
④ 参见袁毓林《词类范畴的家族相似性》，《中国社会科学》1995 年第 1 期。

语词在现代规范语言中最常见、最常用的词义，基本义和词语的本义可能相同，也可能不同；引申义是由词语的基本义发展引申而来的意义；比喻义是指词语的比喻用法逐渐固定下来后所形成的意义，它是由本义、基本义和引申义发展产生的意义。"[1] 也有学者认为："词语的意义包括本义和转义，最基本、最常用的意义是'本义'，由本义派生的意义是'转义'。转义一般分引申、比喻、借代、功能转移几种。"[2] 由此可见，最常见、最常用的词义是需要我们在文义解释时重点注意的意义，同时还要注意本义与基本义的细微差别，尤其是古代汉语的本义经过意义的旁落所形成的基本义。

因此，词典分析法应当依次分为以下三个步骤。一是通过《现代汉语词典》确定一般确定系争语词的普通语义，进而确定系争语词的核心语义。二是通过《大辞海》确定系争语词的专业含义。如前所述，《大辞海》不仅可以确定词汇意义，更主要是可以确定系争语词的学科归类，进而确定系争语词的专业含义。三是通过《说文解字》确定系争语词的可能意义。《说文解字》既是中国古代第一部系统分析汉字字形和考究汉语字源的文献精品，同时也是千百年来流传最广和使用最多的中华典藏古文工具书。因此，《说文解字》可以从词源上确定系争语词的古义以及意义变迁脉络进而确定系争语词的最大可能含义。故而，我们应当养成查字典的习惯，而不是想当然地"望文生义"，也并非只是凭借感觉或者经验的直觉解释，[3] 或者可以说至少说，在进行文义解释时有查字典的方法自觉。

---

[1] 参见北京大学中文系现代汉语教研室《现代汉语》，商务印书馆1993年版，第216页。转引自王政勋《刑法解释的语言论研究》，商务印书馆2016年版，第239页。
[2] 王德春：《语言学通论》，北京大学出版社2006年版，第299页。
[3] 所谓直觉解释，是指依靠一般国民的是非感来进行解释的解释类型。参见张明楷《刑法学（上）》（第5版），法律出版社2016年版，第35页。在笔者看来，直觉解释其实是经验判断。在哲学解释学中，经验是先见，是主观的、感性的。另外，我们所说的字面解释往往是直觉解释，不同的解释会根据自己所谓的经验、朴素的法感情、是非感或直觉进行"想当然的""随意的"解释，因而在语言学上缺乏理据性。

2. 义素分析法

义素分析法就是通过对不同义位进行对比的，找出它们的义素的方法。① 义素是意义的最小单位，义位或者是义项是意义的中间单位，是语词的其中一项意义。具体而言，义素分析法的具体操作步骤是："（1）确定需要分析的词，这些词在意义上应该有关联；（2）确定需要分析的词语的义位；（3）分析其义位中的具体义素，并比较义素的相同点和不同点；（4）列表；（5）在不同的上下文中对分析结果进行检验。"② 其中，第3步和第4步是核心，质言之，比较义素的相同点和不同点是义素分析法的核心，而相同点则是这些关联词的语义场。因为，根据语义场理论，处于同一个语义场的所有词语都具有一定的共同义素或共同语义特征或上义词（在逻辑上也称为共同概念或同一上位概念）；同时，义素是有层次的，由包括相应义素组成的语义场也有层次，是带层次结构的有序集。一个语义场下面，可以再分出子场。③ 概言之，语义场强调的是系争语词跟全体词在语义上存在着密切的联系，只有通过比较、分析系争语词与其他相关语词之间的语义关系，才能确定系争语词的真正意义。

（三）刑法文义解释之语用分析

刑法文义解释的第三步应当通过上下文、个案事实、社会文化等进行语用分析明确系争语词的言内语境意义、言伴语境意义和言外语境意义等语境（修辞）意义。语用即语言使用，即语言的使用中理解语言的具体含义。其实，刑法的语用分析也可以叫言语分析，因为语言的使用就是言语。当然，与语用相关的是语境和修辞。④ 因而，也有学者将

---

① 王政勋：《刑法解释的语言论研究》，商务印书馆2016年版，第286页。
② 王政勋：《刑法解释的语言论研究》，商务印书馆2016年版，第287页。
③ 参见王德春、许宝华《大辞海·语言学卷》，上海辞书出版社2015年版，第268页；王德春《语言学通论》，北京大学出版社2006年版，第313页。
④ 这一问题其实关系到法律与语言、修辞的关系，特别是修辞与语用的关系的重新思考，狭义的修辞更注重语言使用的技巧和效果，往往是静态的，而语用则是动态的，相比较而言，"语用"一词比"修辞"一词的指称更为客观、周延。

语用解释称为修辞解释。当然，无论是语用还是语境抑或修辞都有着强大的解释力和涵括性。正如有学者所言："如果说，语义学和语形学在逻辑意义上保障了解释的真理性，那么语用学则为文义解释提供了意义的有效性保障，因为，法律解释的结果并不仅仅是主体与客体的符合，而且是奠基于主体间性的认同。"① 而对于语用学方法的具体内容，有观点认为："语用学方法的内容包括语境、语言功能、关联理论和言语行为理论。"②

1. 语境

语境有强大的整合功能和解释能力。刑法文义解释正是在语境这一范畴内与其他刑法解释方法相互制约并得以融合。不过，在论述语境理论之前，首先需要明确一个问题。我们通常所说的从刑法上讲或刑法意义上，其实是指刑法语境中。相比较说"刑法上的"，笔者更愿意说"刑法中的"。因为，我们一般所说的"刑法上的"其实是"刑法意义上的"，而如前所述，"刑法意义上的"其实是"刑法语境中的。"前已论及，刑法是区分义素，其限定对象，也框定学科，更限定语境。甚至可以说，刑法本身就是一种语境。

在语言学上，"语境可以分为言内语境、言伴语境、言外语境。言内语境指由文章的段落、语篇等构成的语境，又分为言语近境和言语远境；言伴语境分为现场语境和伴随语境，前者指和交际现场直接关联的语境因素等所构成的语境，后者指和交际者个人特点相联系的因素等所构成的语境。言外语境包括社会文化语境和认知语境。"③ 另外，有观点同时指出："根据语言学理论，言语环境有多种因素构成，其中有时间、地点、场合、对象等客观因素以及语言使用者的思想、身份、性

---

① 王彬：《法律解释的本体与方法》，人民出版社2011年版，第270页。
② 杨世屏：《法律解释有效性概念的语用学解释》，中国政法大学出版社2015年版，第27页。
③ 转引自王政勋《刑法解释的语言论研究》，商务印书馆2016年版，第301页。

格、修养、处境、职业、心情等主观因素。"① 可见，在此意义上，语境可以分为客观语境和主观语境，与言伴语境的现场语境和伴随语境相对应。

首先是言内语境分析，明确系争语词的上下文意义。言内语境是狭义的语境，相当于上下文语境（verbal context）或上下文（co-text），它是指在同一语篇中，出现在特定言语单位前后的其他言语单位。因而，在理论上有学者认为，言内语境分析其实就是传统意义上所说的体系解释。但是，相比较而言，笔者更愿意以"言内语境分析"这一术语。正如有观点所言："目前关于刑法体系解释的理解和运用多将其放在'中观'的层次，忽视或无视'微观''宏观''全局'三个层次。不得不说，当下通行的'中观'视野既存在理论逻辑上的硬伤，又成为司法实践中争议案件的重要诱因。"② 论者在此基础上，进一步提出了刑法体系解释四层次论，"第一层次的体系是微观的刑法条文，第二层次的体系是中观的刑法典体系，第三层次的体系是宏观的整个法律体系或法秩序，第四层次是全局的法律条文的规范逻辑和社会情理价值的有机统一体系。"③ 在此，笔者需要强调的是，体系解释之体系应当是规范体系，是形式逻辑意义上的体系——相关性要素形成的统一整体、协调一致、不矛盾。其实，规范（形式逻辑）体系既包括法律体系，还包括法理体系，或者说更重要的是法理体系。因此，刑法体系解释不应仅限于刑法体系而又应当仅仅限制在法律体系之内而不应当跨越社会情理价值。而与社会情理价值体系相统一应当在言外语境分析阶段完成。概言之，刑法体系解释之体系不仅仅是刑法内部体系还包括刑法外的法律整体体系。同时，体系还有内在体系与外在体系之分，"通过归纳方法所建构的、显示了利益

---

① 王德春：《语言学通论》，北京大学出版社2006年版，第330页。
② 王东海：《刑法体系解释存在的问题及补全》，《人民检察》2018年第15期。
③ 王东海：《刑法体系解释存在的问题及补全》，《人民检察》2018年第15期。

裁断之间内在关联的体系，黑克将之称为'内部体系'；为了更好地说明内部体系，立法者需要通过塑造编纂概念并将之构建成外部体系。内在体系涉及认知和规范的问题，而外部体系则是描述的问题。"①

　　言内语境分析必须同时考虑法条关系、位置以及次序等要素。其实，按照从小到大的顺序，刑法文义解释过程中的言内语境依次应当是系争语词所在的条文、系争语词所在的条文所在的章（节）、系争语词所在的相关刑法条文、系争语词所在的相关法律条文。概言之，刑法文义解释的言内语境其实是法律文本，当然首先是刑法文本。而正如有观点所言："刑法的言内语境既包括刑法文本，也包括其他部门法文本，刑法文本是刑法条文的言语近境，其他部门法文本是刑法条文的言语远境。"② 所谓的言内语境分析，其实是对系争语词所在条文的内部制约关系和相关条文之间的内部制约关系进行的比较和分析。不过需要说明的是，言内语境分析必须注意处理好刑法与相关部门法的关系，遵循刑法谦抑性理念和"二次违法"理论等言内语境分析应当是由言语远境到言语近境。详言之，对系争语词言内语境意义的分析，首先，应当明确其作为语词的通常含义。其次，明确其专业术语的特殊含义，再次明确其作为法律术语的规范含义，复次，明确其作为刑法用语的具体含义，最后，明确其在具体某一条文或罪名中的具体含义。概言之，系争语词的言内语境意义分析应当遵循通常所说的从日常意义上到专业意义上再到规范意义上再到刑法意义上最后到刑法某一条文或罪名意义上的逻辑递进关系，使解释结论能符合刑法法理。不过，前已论及，"意义上"其实是"语境下"，而所谓的语境就是此处的言内语境。因而，言内语境分析也就是理论上所说的依据法理进行解释，同时，在言内语境层面区分文理与法理，要以

---

① 梁迎修：《方法论视野中的法律体系与体系思维》，《政法论坛》2008年第1期。
② 王政勋：《刑法解释的语言论研究》，商务印书馆2016年版，第314页。

文理为基础,以法理为具体化手段,从文理到法理进行解释,坚持刑法学知识原理的本体地位。正如有观点所言:"刑法解释论并非全知全能地解决刑法适用中的一切问题,刑法解释论不能替代,更不能影响或忽视整体刑法论原理的一体化研究,唯有如此,方能有效杜绝刑法解释论的'任性'!否则,刑法解释论不但在刑法理论研究中形成阻滞,更无法合理解决刑法适用问题。"①

其次是言伴语境分析,明确系争语词的个案语境意义。在语境中,最为重要的语境是言伴语境,而言伴语境其实是个案语境、情境语境。正如有观点所言:"解释推导是一种情境思维或具体化思维,它具有在具体案件情境中塑造或创制法律的意味。它把法律放在具体案件情境中加以考察,由此出发对法律规定加以具体阐释,在具体案件情境中明确案件的裁判标准或规则,即在案件具体情境中把既有法律的确切含义或具体内容借着解释不断发掘出来。"② 也有观点认为,"刑法规范的解释,应当是为了在文义的多种含义中依据一定的标准进行选择、判定,发现最适合个案解决的规范含义,作为个案裁判的依据,使得抽象的类型化立法在个案中实现定型化,同时保证这种实现是从抽象的正义走向具体的正义。"③由此可见,言伴语境意义的确定过程是以案释法或以案说法的过程。甚至有学者认为言伴语境就是案件事实,其指出:"'纠缠于事实和法律之间'中的事实,其实指的是法律解释的'言伴语境'。"④ 在司法实践过程中,"在本案中"往往是言伴语境意义分析的标志词。在此,我们也可以说事实是法律解释的言伴语境而非对象。同时,在刑法解释学理论研究过程中,指导性案例、公报案例、典型案

---

① 魏东:《刑法理性与解释论》,社会科学出版社2018年版,前言第4页。
② 王洪:《法律逻辑学》,中国政法大学出版社2016年版,第122页。
③ 王海桥、曾磊:《刑法文义解释探究》,赵秉志主编《刑法论丛》2014年第2卷,法律出版社2014年版,第71页。
④ 王政勋:《刑法解释的语言论研究》,商务印书馆2016年版,第331、351、354页。

例、首例等司法案例资源需要值得重视。① 或许正因为如此，最高检通过建构指导性案例与典型案例"一体两翼"的工作格局来用足、用活"案例"。② 亦或许正是因为如此，很多学者在研究某一理论问题或者解释某一语词过程中，都往往关注司法实务有无相关案例。其实，个案不仅是系争语词的言伴语境，还蕴含着案件事实发生的具体情况和社会背景。尽管说我们很难实现绝对的"同案同判"，但是我们可以做到"类案类判"、大致相当，使解释结论能符合刑法事理。

最后是通过刑法基本原则等法律原则、刑事政策、社会情势等言外语境分析，校验系争语词的言外语境意义——社会文化意义。其实，言外语境是法律文本以外的社会背景因素及案件本身之影响力之考虑，也是社会"公众认同"、裁判"社会效果"或可接受性之考虑，本质上是社会学法学或者说法社会学理论以及政治法学或者说是法政治学理论综合运用的结果。对此，有学者认为："言外语境也可以称为语言外的知识，后者又包括情景知识和背景知识。背景知识具体包括特定文化的社会规范等、会话规则、关于客观世界的一般知识、参与者的相互了解等

---

① 北大法宝按照参照级别依次将司法案例划分为指导性案例、公报案例、典型案例、参阅案例（参考性案例）、经典案例、应用案例、法宝推荐案例、普通案例。特别是其中的关键词（核心术语）和裁判要点（争议焦点+案例要旨）具有重要的解释论意义。在此，需要说明的是，在刑事法方面，指导性案例主要是指最高法和最高检发布的指导性案例，《刑事审判参考》收集的案例不是指导性案例而是具有指导作用的案例，应归入参考性案例。而参考性案例主要是指各地高院发布的具有典型或指导意义的案例。同时，在理论层面，陈兴良教授的《判例刑法学》、魏东教授的《案例刑法学》、于志刚教授的《案例刑法学》、刘志伟教授、田旭博士的《案例刑法》等便是例证。甚至有学者惊呼："法治将由规则之治走向案例之治。"当然，我们在援引案例进行解释时，要注意各类案例的法律效力顺序和解释论意义。同时，我们还要重视司法观点的解释论价值。而所谓的司法观点，是指"两高"及其工作人员发表的学术观点。据笔者观察，但凡有重要的司法解释或司法政策出台，就会伴随有负责人"答记者问"，"两高"的工作人员也会发表相关的解读性文章。另外，"两高"还会就疑难案例形成"裁判要旨"意外的司法观点，我们在解释系争语词时也必须注意相关司法观点的解释论价值。

② 参见张杰《建构指导性案例与典型案例"一体两翼"的工作格局》，《检察日报》2019年8月8日第3版。

内容。"① 也有学者认为："言外语境包括社会文化语境和认知背景语境。其中，社会文化语境包括社会心理、时代环境、思维方式、民族习俗、文化传统等；认知背景语境包括整个现实世界的百科知识、非现实的虚拟世界的认识等因素。"② 其实，在刑法文义解释过程中，言外语境意义分析主要包括文化分析和政策分析两个方面。语言的背后是文化。所谓的"文化分析"，是指基于"文化语境"来确定系争语词之言外意义的方法，其实质是考虑社会环境、规范文化、风俗习惯、社会心理、伦理道德、政治经济形势等整个文化背景的分析方法。而"政策分析"又是指以现行有效的刑事政策为指导来确定系争语词之言外意义的方法，其实质是法官价值权衡、博弈利益、政策选择的结果。例如刑法上存在宽严相济的整体刑事政策，针对贪污贿赂等腐败犯罪有"零容忍""打虎拍蝇"等具体刑事政策，还有目前正在进行的"扫黑除恶"等都会影响系争语词之言外语境意义的确定。其中，最主要的是情理、道德等社会文化因素的综合考虑以及刑事政策等社会政策的综合考虑。因为，法律是也是一种社会现象，以避免纠纷或解决问题为使命，因而解释结论也必须进行"社会接受"的考虑，进而使其符合刑法情理。其实，言外语境分析大体上对应于传统解释方法的目的解释、实质解释等非文义解释方法。不过，此处的目的客观的规范目的而非通常所说的立法目的。在刑法理论上一般认为刑法的目的是法益保护和人权保障，不过具体条文的规范目的则是所要保护的具体法益。质言之，言外语境分析其实是用法律文本以外的其他社会因素校验解释结论，使其能从实质上符合实质正义和刑法情理。另外，言外语境分析不能脱离成文的法律文本。正如有观点所言："只有存在成文的刑法文本，才谈得上在理解和解释文本时言外语境对文本意义的作用问题。"③ 或者我们可以说，言外语境分析一定是建立在言内语境分析和言伴语境分析基

---

① 转引自王政勋《刑法解释的语言论研究》，商务印书馆2016年版，第365页。
② 转引自王政勋《刑法解释的语言论研究》，商务印书馆2016年版，第365页。
③ 王政勋：《刑法解释的语言论研究》，商务印书馆2016年版，第370页。

础之上的进一步例外性分析或校验。例如，我们可以基于言外语境分析充分吸收出罪解释的解释素材，在入罪场域坚持构成要件形式解释的基础上，突出出罪场域的实质解释，充分考虑补充性法律渊源在出罪方面的解释论意义。

综上所述，刑法解释的语言学路径其实是在解释过程中融合文理、论理、事理、法理（学理）、情理进而说明道理或裁判理由的过程。详言之，刑法解释的语言学路径中的语境分析首先是通过论理（逻辑，体系）明确与法理（学说，原理）明确言内语境；其次是通过案例（其中包括待评价的具体个案以及与之相关的指导性案例、典型热点案例）明确言伴语境；最后是通过政策（价值，目的）明确言外语境。概言之，语境分析是明确法理语境、事理（个案）语境、政策（背景）语境的过程。这一过程其实也是获取语义、限定语义、选择语义的过程。因此，我们也可以说，语境解释其实是在明确所有语境的基础上限制语境进而选择确定语义的解释。不过，语境解释有着极强的解释力和包容性也是最需要限制的解释方法。正如有观点所言："解释者不能简单地以'追求社会效果'为由，撇开法律文本，而以其自己理解的意思来代替法律的意旨。"① 因此，我们必须防止反文义的实质倾向，因为这一倾向会引致"法律虚无主义"。同时，也要防止概念主义的形式倾向，因为这一倾向引致"法律万能主义"。概言之，说理从解释开始，解释从文义开始。说理即说明道理或理由，在法律层面，道理可以分为文理、法理、事理、情理，通过文义解释说理就是在文理的基础上将法理、事理、情理融合统一的过程。

2. 沟通理性

沟通理性是基于解释者视角但不是解释者中心的解释合理性的强调，重点关注解释者理解的解释文本的含义。

首先，沟通理性是解释与文本沟通的理性。解释的过程是认识解释

---

① 王利明：《法律解释学》（第2版），中国人民大学出版社2016年版，第45页。

对象的过程，也是解释者理解自我或自我理解的过程，是解释者前见经验与解释文本"视域融合"的过程，是解释主体与解释对象"视域融合"的过程。我们要重视前见在正确认识中的重要性，无论前见正确与否。因为一个人一旦有了从谬见到正确认识的过程，那么他的认知就是坚实的。正如有观点所言："解释者的前解释对于解释结论的形成具有至关重要的影响。而传统方法论的解释学的致命弱点是将一切先见、前解释看作正确理解的障碍，要求判断者心地无私，这既是误解，又是苛求。"① 另外，前见与经验都是一种知识体系，是法理、情理、事理等原理或道理在解释者思维中体系化的结果。不过，我们需要注意前见思维与知识体系的区别。知识体系是更加有理性的前见与经验，前见与经验是较为感性的知识体系。同时，知识体系的逻辑性更强。前见或经验不应是抽象的而应该是有具体内容的，例如类案、原理、知识体系等。我们既不能否认前见在解释中的重要性，也要防止"先入为主"。质言之，我们既要承认前见存在，也要防止前见成为偏见。

其次，沟通理性是不同解释者之间沟通的理性。不同的解释者有不同的解释视角。因而，解释的过程是不同解释者的解释视角"视域融合"的过程，是解释主体之间的"主体间视域融合"的过程。不过，在解释者中要强调"法官中心"。法官说理其实就是法官对裁判理由的说明。其中，"理由"一词就是"道理"的由来或来源。其实，法官说理就是法官对为何如此裁判之自由心证过程的书面展示和文字固定。因而，我们要在区分思维与表达两个侧面的基础上对法官说理过程进行细致分析，而不至于混淆本体论解释学和方法论解释学。质言之，在解释的思维层面，我们或许是"视域融合"的过程，但是解释的表达层面，则仍然是"三段论推理过程"的客观再现。正如有观点所言："判决理由其实是给外人看的，其目的只是证明判决的正当性和合法性，而不是

---

① 戚渊等：《法律论证与法学方法》，山东人民出版社2005年版，第94页。

展示其分析处理案件的思路和论证过程。"①

最后,沟通理性是基于政策与目的进行沟通的理性。沟通是以民主的方式达成合意。法官固然是解释者的中心,基于司法与裁判的权威考虑,独断体解释不可或缺。但是,裁判科学合理和司法中立的司法原理要求法官说理也要重视探究式解释,重视与其他解释者的视域融合。但是,司法是利益博弈的过程,不同的解释者视角背后蕴含着不同的解释目的。因而沟通理性还必须重视解释行为背后的目的理性主导。而在目的理性层面,我们既要重视解释者个体的目的理性,更要重视国家的政策理性。易言之,我们在刑法解释的过程中,必须在,也最好只在沟通理性的层面重视政策导向。例如,正当防卫、死刑适用等构成要件的理解,如果偏离国家刑事政策,则会犯机械适用法律的"常识性谬误"。

其实,沟通理性在语言学理论中被称为会话含义理论。会话含义理论的核心在于"会话合作原则"或"会话准则"。这一原则是指"为实现交谈目的,交谈双方在会话中应该遵守的'合作'原则或准则,具体包括内容真实原则、信息适量原则、主题相关原则、方式清楚原则等四个原则,其中主题相关原则最为重要。"② 如果说话人故意违反上述原则,则意在向听话人传递会话含义——语言符号之外所隐含的、在特定情境下产生的语用意义。当然,会话含义的形成离不开听话人基于共有的语境知识进行必要的语用推理。具体到刑法文义解释,法官在解释刑法条文时,一方面需要坚守司法过程之文本理解是作为听话人的法官通过文本和作为说话人的立法者进行会话沟通的过程,要遵守合作原则。另一方面需要重视刑法文本的会话含义,即坚守充分相信立法的法教义学态度,最大限度地尊重"法律的沉默"和"刑法的片面",在此基础上根据言外语境进行合理的语用推理。

---

① 参见王政勋《刑法解释的语言论研究》,商务印书馆2016年版,第336页。
② 王德春、许宝华:《大辞海·语言学卷》,上海辞书出版社2015年版,第282页。

3. 共识

共识即通常理解，理论也习惯上说"约定俗成"。理论上有学者也将此称为"公理"，陈忠林教授将此称为"常识、常理、常情"。其实，常识、常理和常情的根本要求在于考虑社会大众的朴素的法情感，是大众思维和社会公众认同以及裁判可接受性的内在要求。不过，学界曾有人质疑何为常识，说"常识、常理、常情"没有司法价值。对此，笔者认为，这恰恰是论者缺乏常识的表现。所谓常识，就是我们每个人作为社会公民所应掌握的知识，否则无法适应社会生活。在特定行业和专业领域，还有业务常识。概言之，常识分为生活常识和业务常识。前者如饭前要洗手；后者如护士输液之前核对患者姓名，输入青霉素之前做皮试。当然，不可否认的是，常识有正确和错误之分，我们应当注意甄别错误常识，并对其进行修正引导，例如杀人并非一定要偿命。而常理则是通常的道理，例如欠债还钱，其背后蕴含着社会主流价值观，正是为了修正引导错误常识而存在，常理背后的实质和逻辑可以随时校对常识。如果说，常理是客观的逻辑校对的话，常情则是主观的情感校对，而不至于使某一通行做法违反人性伦理。因为常情是正常人应该具有的基本情感。在此，共识是共同体的认识，在此是解释共同体的认识。因而需要特别强调，共识一方面是法律职业共同体的共识，另一方面是指社会公众的普遍认知，进而形成社会共同体甚至是人类共同体的共识。因而，在文义认知的基础上，重视专业认知与公众认知的冲突，并对这一冲突加以协调进而达成共识就成为文义解释的重要使命。其实专业认知与公共认识的冲突本质是法律语言与日常语言或者说是大众语言与技术语言的本质差异。正如王东海博士所言："刑法解释的动态过程并不仅是对当下经济社会环境以及价值观念的适应，而是一个充分体现主体自我认知、相关利益主体博弈、适应当下社会现实的动态递进过程。其可以分为个人场域、司法场域、社会场域三个层次。"[①] 另外，理论上

[①] 参见王东海《坚守刑法解释的动态递进品格》，《检察日报》2018年4月4日第3版。

可能有观点认为:"司法审判应离老百姓更近一点。"这一观点一方面显示了法律解释的基本立场与导向——社会接受与公众认同。但是,另一方面,离老百姓近一点并不意味着一味迁就民意,否则会导致刑法民粹主义抬头。因为,我们也可以通过法律宣传教育影响民众的法律意识。其实,共识是争议的起点和归宿。存在可以讨论的争议,是因为争议者有最起码的共识,争议是为了进一步达成新的共识。争议是为了厘清差异,建构标准以求同存异,因为并非所有的不一致都是"错误"。因此,"解释实际上是一种说服,因而解释者不能以祖师爷自居,认为自己掌握了所有的真理,只要与自己观点不一致的都是错误的。"[1]

第三节　刑法文义解释的技术适用

解释是不断具体化的确定过程,也是不断明确标准的过程。刑法文义解释的技术适用包括实体规则和程序规则两个方面。其中,实体规则关乎操作标准和操作内容的问题,即该做哪些作业就可以完成操作以及操作是否正确是什么标准;而程序规则关乎操作步骤,即完成一项操作作业,该先做什么后做什么的问题。另外,刑法文义解释的技术适用应当遵守从解释到法律解释再到刑法解释最后到刑法文义解释的逻辑递进关系,明确规则建构的层次性和合理结构。例如不能混淆刑法解释和刑法文义解释的规则。具体而言,刑法文义解释的技术适用分为普通词语解释和特殊语词分析两个方面,普通语词分析的解释适用主要又分为适用条件和适用规则两个方面。前者主要解决什么时候(必须)进行文义解释的问题;后者主要解决在进行文义解释时应该遵守的标准是什么的问题。

---

[1] 参见陈金钊《法律解释学——权利(权力)的张扬与方法的制约》,中国人民大学出版社2011年版,第3页。

一 刑法文义解释的适用条件

刑法文义解释的适用条件分析，旨在明确"在什么样的情况下必须进行刑法语义解释"，或者说是"进行刑法语言学解释需要注意哪些要求"。[①] 具体可以分为单义适用、优先适用、穷尽适用以及综合适用等四个内容。

（一）单义适用

所谓单义适用，是指在系争语词只有一个义项且不清晰的情况下，应当通过文义解释进行明确。一方面，"清晰无须解释"，只有在系争语词的文义不清晰时，才需要进行文义解释。如前所述，所谓"清晰"是不需要再解释也不存在争议和模糊，具体分为只有单一解释可能和核心含义确定。而与之相对，文义不清晰而需要解释的系争语词主要体现为一词多义、内涵外延不确定、过于抽象、表述不完整、时间滞后、地域差异、表述不一致等基本情形。[②] 另一方面，在系争语词只有一个义项的情况下，必须通过文义解释来进行明确。一个义项意味着单一解释，不存在选择的空间，此时只需要通过文义解释将单一解释结论进行具体展开，明确其个案意义。

（二）优先适用

所谓优先适用，是指在适用顺序上，必须优先根据文义对系争语词进行解释。文理解释作为刑法解释的基本方法，意味着"没有特别的理由"，就应当进行文义解释。但是在使用文义解释的方法行不通时，就需要进行"论理解释"。即使是"有特别的理由"，也不能脱离条文的可能文义。如果脱离条文的可能文义，则属于类推解释，成为不当的解释。正如有观点所言："文义解释优先有两个方面的含义：一是解释方法选择的文义优先；二是文义解释内部的优先顺序——法义优先、专

[①] 此处的"刑法语义解释"特指语言学分析中的词汇意义分析。

[②] 参见王利明《法律解释学》（第2版），中国人民大学出版社2016年版，第146—148页。

业含义优先以及常义优先。"① 由此可见，文义解释方法的优先适用，既有文义解释与其他解释方法之间的优先适用，也有文义解释内部，诸种含义间的优先选择。

（三）穷尽适用

所谓穷尽适用，是指只有语义解释不能解释的情况下才可以考虑语用解释方法来进行解释。一方面，能以语义解释方法解释清楚的就不得使用语用解释方法进行解释，但可以以语用方法进行验证和完善文义解释之解释结论。无论是何种解释方法都不能超出语义解释确定的范围，语用解释方法可以明确系争语词的个案文义但不能超出可能的文义范围。另一方面，不要动辄就以其语用解释方法来解释系争语词，而要最大限度地用足语义解释方法。于是，在此就需要明确，我们一般所言的文义解释其实是狭义的文义解释即确定系争语词的词汇意义，而最广泛的文义解释应当是包括确定系争语词的语用意义的语言学解释。简言之，穷尽适用首先在于穷尽语义解释方法的本体，其次在于穷尽语义解释方法的适用。其实，这一适用条件其实是陈金钊教授所说的"尽法达义"。具体而言，法律解释需要尊重穷尽法律规范做到尽法达义，背后是"规则与原则相邻关系使用、法律与其他社会规范的选择适用、正式渊源与非正式渊源相邻关系使用、法律规范与政策规范关系处理的穷尽规则。"②

（四）综合适用

所谓综合适用，是指我们在对系争语词进行解释时应该按照顺序，综合运用所有的解释方法，通过对每一个解释方法所得到的解释结论进行差异比较，进而综合考虑以形成合理的解释结论。"语义解释、体系解释、目的解释是学界获得较多认同的、较为成熟的法律解释方法。这

---

① 陈金钊：《体系思维及体系解释的四重境界》，《国家检察官学院学报》2020年第4期。
② 陈金钊：《体系思维及体系解释的四重境界》，《国家检察官学院学报》2020年第4期。

些解释方法可以单独适用,也可以相互合作。要得到'正确'的解释结果,往往还要运用不同的解释方法,在不同的解释结果之间'比较衡量',才能最终澄清不同观点的重要性。"① 因此,在笔者看来,一方面我们不能"只坚持某一方法的绝对性",另一方面我们又必须确保思维本身及解释方法运用的综合性。其实,将文义解释定义为语言学解释就可以实现上述两个目的,即语言学解释可以统一其他解释方法的综合运用而不致引起方法的对立。因为在语言学,特别是语用学解释理论视域下,传统的文义解释方法与其他非文义解释的阶层综合适用是为了更加稳妥而周全地完善狭义的文义解释(词义分析)结论,进而使其最大限度地符合事物的正义。

二 刑法文义解释的解释规则

解释规则的建构是为解释的操作过程"立法",明确解释的操作内容和标准。当然,解释规则也是解释方法的具体运用要求。如前所述,王利明教授所概括的文义解释规则较为全面,值得借鉴,可以以此为基础整合其他学者的观点,来建构文义解释的科学规则。②

(一) 刑法文义解释的解释实体规则

刑法文义解释的解释实体规则是刑法文义解释方法的具体运用要求,因而可以分为语法分析法的解释规则、语义分析法的解释规则以及语用分析法的解释规则等三类十个解释规则。

1. 语法分析法的解释实体规则

语法分析法的解释规则只有一个,即"正确划分日常用语和专业术语"。语法分析法包括词性分析法、词类分析法和构词分析法。这三种方法中,需要建构规则并对后面分析产生重要影响是词类分析法。因而,我们需要正确划分词类,特别是正确地划分日常用语和专业术语。

---

① 葛洪义:《法律方法论》,中国人民大学出版社2013年版,第88页。
② 王利明:《法律解释学》(第2版),中国人民大学出版社2016年版,第154—159页。

如前所述，不同的词类决定了不同的解释策略——只能根据词类自身的特点确定其含义。如此一来，传统理论之"通常含义优先还是专业含义优先"的争议自然也就是一个伪命题。

2. 语义分析法的解释实体规则

第一，重文义而不拘泥于文字规则。重文义强调必须以文义为解释的起点和限度，遵从解释活动的阶段性和有序性。同时，重文义还意在强调尊重文本，尊重立法原意。但是，重文义并不意味着必须拘泥于文字。前已论及，文义并非字面含义。字面含义只是其中的词汇意义，甚至是"顾名思义"的"拆词组词"。因而，在语义分析时，必须由词汇意义向其他意义拓展，准确地释放法律的真意。

第二，日常用语依通常含义进行解释规则。日常用语来自大众生活，是最常见的语词。解释者应当按照通常含义来解释这一类语词。而所谓的"通常含义"，是指一般人通常理解的含义。在语言学上，通常含义应当是通用汉语词典所载明的义项。在类型学上，通常含义应当是典型类型；在逻辑学上，通常含义应当是概念集合内的肯定类型。与之相对，解释者不得随意扩大或限制解释。质言之，解释者不得作违反客观文义的解释，不得将否定类型纳入语词的意义范围，也不得将肯定类型排除出去。

第三，专业术语依专业含义进行解释规则。专业术语是职业共同体的"行话"，是各个专业"专业槽"的体现。在专业内部有其约定俗成的"专门含义"，是精确性、科学性、专业性的内在要求。简言之，专业术语的含义是特定的，甚至是唯一的。解释者在解释专业术语时，就只能援引其行业内部的专门定义，而不能根据自己的理解进行随意创造。如前所述，专业术语可以依次分为行业专业术语、非刑法法律专业术语、刑法专业术语。在解释前两类专业术语时必须考虑刑法的立法真意，即立法将其纳入刑法时的特殊考虑。

第四，误载及时补正规则。所谓的"误载及时补正规则"，其实是我们通常所说的补正解释。理论上也称之为"改正明显错误"。正所谓

"误载不害真意",立法难免会有表述上的错误,如措辞错误。此时,解释者就不应当再依照此错误表述进行解释,而应当考虑立法真意,补正错误,妥善解释,寻求正确的解释结论。

3. 语用分析法的解释实体规则

第一,同一解释规则。所谓的"同一解释",是指同一用语在原则上应当保持同一含义。质言之,一个语词原则上应当只能有一个含义,只能对应一个概念。如果要表达不同的含义或不同概念,最好寻找更加恰当的不同语词。否则,就会出现随意表达和逻辑混乱进而产生模糊、歧义的立法缺陷。故而,同一解释规则其实也是一词一义、单一含义规则。当然,理论上普遍认为:"应当承认用语的相对性,在不同的语境中应该有不同的表达",但是笔者认为,应当最大限度地减少这种相对性,即便有相对性也应当是同一含义下的相对性。

第二,系统解释规则。所谓"系统解释",是指对于系争语词,解释者要在文本意义整体中进行解释,而不能孤立地进行理解。这一规则是哲学中系统论思想的运用,也就是通常所说的体系解释的内在要求。简单地说,就是部分与整体关系哲学思想的运用。如前所述,字只有在语词中才有意义,语词只有在语句中才有意义,语句只有在语段中才有意义,语段只有在语篇中才有意义。因此,这一解释规则也是语篇原则的具体要求——根据上下文进行解释。就刑法体系或语境而言,由小到大逐步可以划分为系争语词所在的法条、章(节)、刑法、整个法秩序。另外,这一规则与之相对,解释者不得断章取义,割裂意义关联。

第三,根据指示合理选择规则。所谓"根据指示合理选择规则",是指在法律条文的含义不清晰、不明确的时候,只允许解释者在法律可能文义的范围之内或其有所"指示"的解释结果中进行合理选择。[①] 如前所述,通过语言学理论分析所得到的系争语词的文义集合是一个原型类型集合,有指示功能,其具体又可以分为典型类型、中间类型和否定

---

① 王利明:《法律解释学》(第2版),中国人民大学出版社2016年版,第157页。

类型。其中,解释者选择典型类型一般不会发生争议,也无须再进一步解释;而对于否定解释,除非有利于行为人是不能选择的,否则就是刑法禁止的类推解释;而对于中间类型的选择,就要根据文理、论理、法理、事理、情理等进行综合考虑。

第四,最佳含义优先规则。所谓的"最佳含义优先",是指我们在解释语词时应当尽可能优先选择清晰并且更适合于案件裁判的义项。其中,最佳和优先意味着选择。诚如有观点所言:"法律解释不仅仅意味着寻找字句背后的意义,而且还意味着从字句所涵盖的各种不同的意义中,选出正确的和决定性的意义。"[1] 因而,这一解释规则主要适用于系争语词有多个义项的情形。一方面,清晰的含义是最能体现法律真意的含义,因而也是缺陷最少的含义。当然,所谓的清晰是不需要再解释也不存在争议和模糊。另一方面,更适合于案件裁判是法律解释目标的内在要求。如前所述,法律解释为了明确事实认定标准,将法律适用于具体个案进行推理,进而形成妥当的司法裁定判决。需要说明的是,最佳含义优先规则应当是言外语境分析方法应当遵循的规则。质言之,选择并不意味着随意而是要在合法的范围之内力求实现最大化的合理。

第五,避免荒谬解释结果的规则。所谓"避免荒谬解释结果的规则",是指我们在解释系争语词的过程中,要尽可能地减少违反立法真意的解释结论。在英美法系中,这一规则又被称为"黄金规则",通过调适法律解释结果使其与实际相符合,而如何知道解释结果是荒谬的规则又被称为"除弊规则"——解释制定法就是为了抑制制定法所要克服的缺陷并改善救济。[2] 我国有学者将之称为语境规则和语用原则,[3] 也有将其和"改正明显错误"规则相并列,[4] 还有学者将其等同于"按

---

[1] 转引自[德]齐佩利乌斯《法学方法论》,金振豹译,法律出版社2009年版,第70页。
[2] 参见孔祥俊《法律解释与适用方法》,中国法制出版社2017年版,第287页。
[3] 王洪:《法律逻辑学》,中国政法大学出版社2016年版,第85—87页。
[4] 王利明:《法律解释学》(第2版),中国人民大学出版社2016年版,第154页。

照通常理解进行解释的规则"。① 其实，这一规则是对解释结果进行检验校正的独立解释规则，旨在使解释结果符合解释的目标和需求。这一规则主要发端于文义解释的解释规则却应当是适用于所有法律解释的解释规则，是实质正义的内在要求，也是以目的解释为核心的其他解释方法的综合运用。

（二）刑法文义解释的解释程序规则

刑法文义解释的解释程序规则是刑法文义解释方法的具体操作过程要求。这意味着刑法文义解释的作业过程可以在前述语言学方法进路的基础上简化为判断、确定、限定、选择、校验等五个步骤。

一是判断系争语词的文义是否清晰。这一解释程序规则是决定文义解释是否适用的前提规则。如前所述，"清晰无须解释"，只有在系争语词的文义不清晰时，才需要进行文义解释。如前所述，所谓"清晰"是不需要再解释也不存在争议和模糊，具体分为只有单义解释可能和核心含义确定。而与之相对，文义不清晰而需要解释的系争语词主要体现为一词多义、内涵外延不确定、过于抽象、表述不完整、时间滞后、地域差异、表述不一致等基本情形。② 这些情形可以分为意义、差异和表述三类，前四种情形则是意义层面的"缺陷"——多种解释可能或解释空间，多义最容易产生歧义和争议，不确定概念和抽象概念自身最容易产生意义模糊和扩张，表述不完整最容易产生意义的不完整；第五种和第六种情形则是差异层面的"缺陷"——变迁差异和地域差异，社会发展所产生的语义变迁会产生意义的"历时性"差异，空间限制所产生的地域差异亦会产生意义的"地域性"差异；最后一种情形则是表述层面的"瑕疵"——措辞错误或一义多词，这一瑕疵是立法语言技术层面的瑕疵，主要是立法者随意使用不同术语表达同一意义而产生的不一致，甚至是矛盾。

---

① 孔祥俊：《法律解释与适用方法》，中国法制出版社2017年版，第287页。
② 参见王利明《法律解释学》（第2版），中国人民大学出版社2016年版，第146—148页。

二是确定系争语词的典型文义类型。这一解释程序规则是文义解释之"语言作业"的本体规则,也被称为"平义解释规则"。一般认为,越是典型的文义类型越没有争议,也就越能成为最大多数人或一般人的通常理解。确定系争语词的典型文义类型就是在确定法律概念的核心含义,也就是在确定意义集合的中心范围。至于如何确定系争语词的典型文义类型?词典分析应当是第一步,通过"查字典",可以词典所载明的义项查明系争语词的"通常含义";官方定义分析应当是第二步,通过法律检索,可以查明官方已经明确的定义查明系争语词的"法定含义";学理定义分析应当是第三步,通过文献综述,可以查明学理通说的定义查明系争语词的"学理定义";综合分析是最后一步,按照"通常含义—法定含义—学理定义"的逻辑进路进行"求同存异"的综合分析,形成能较为合理地突出概念本质和典型文义类型的妥当定义。

三是限定系争语词的可能文义范围。如前所述,文义的意义类型集合中可以分为肯定类型、中间类型和否定类型。学理上一般认为,肯定类型构成概念核心是核心文义;否定类型则不属于概念的可能文义范围。而介于肯定类型与否定类型之间的中间类型则构成了概念的外围和边缘,能否进入系争语词的可能文义范围则具有不确定性,需要由解释者根据具体案件事实类型与肯定类型或否定类型的关系来确定。简言之,中间类型是限定系争语词的可能文义范围,而肯定类型和否定类型则是具体的限定标准。

四是选择系争语词的具体语用含义。这一规则多用于有复数解释的情形。如果是第二个和第三个程序规则是在语义学范畴内,这一规则已经进入语用学范畴——在语言使用中确定意义。在语用学中,语境是确定系争语词的具体语用含义的一个重要参考因素。首先,应当根据体系、法理等言内语境确定系争语词的规范语用含义;其次,再根据个案事实等言伴语境确定系争语词的个案语用含义。前已论及,言内语境分析其实是通说所说的体系解释或语言学中的根据上下文解释。在此需要说明的是,我们不能因为根据不同语境对系争语词进行解释得到不同的语用含义而以"用语的相对性"去消解"法律的统一性"。申言之，语用含义只是典型文义与可能文义的具体化，而不是不同和异化。并非其系争语词本身有了不同含义而是由于不同罪名语境的修饰之不同而产生了不同含义。另外，在立法语言技术层面和解释层面，也尽可能维护法律语言的统一性，确保同一法律文本中同一法律语词同一规范含义，减少一词多义和多词一义，以减少歧义和争议。例如，刑法中的"暴力"一词，并非有着不同含义的多义词而是由于不同的语境修饰而产生了不同的语用含义。抢劫罪中的"暴力"不同于抢夺罪中的"暴力"，不是由于"暴力"一词的本身含义发生了变化，而是由于抢劫罪和抢夺罪的犯罪本质不同。或者更准确地说，抢劫罪中的"暴力"和抢夺罪中的"暴力"已经是两个语词或者说是两个概念，并非一词多义，而是多词多义。

五是校验系争语词的具体语用含义。如果是前面四个程序规则是"根据法律"的"形式"分析的话，这一程序规则是"关于法律"的"实质"分析，是前述语用分析的进一步延伸——言外语境分析。与其说是一种分析，倒不如说是一种校验——以避免荒谬和不正义而增强解释结论的可接受性。其中，通说中的目的解释方法是主要的校验方法。不可否认的是，这一方法已经在一定程度上脱离了文本。尽管如此，"规范目的"的阐释必须以法律语词为依据。一方面，刑法第一条、第二条、第三条分别明文规定了刑法的立法目的、立法任务和基本原则，这些都是确定"规范目的"的形式依据。另一方面，刑事政策、社会文化背景等法外因素也是确定"规范目的"的实质依据。同时，目的校验一定要注意"规范目的"本身的层次性，既有微观层面的具体法律条文的目的，也有中观层面刑法的目的，还有宏观层面的法律规范整体的目的。概言之，目的解释是一种价值判断，关涉利益权衡，是一对解释结论从实质上进行的校验。

三 刑法文义解释对特殊语词的分析

刑法文义解释对特殊语词的分析有着不同于普通语词的方法路径，

当然这些特殊的方法路径是建立在普通语词基础之上的。在此，所谓的特殊语词是指其在语义或语法上有着特殊性的语词，主要包括多义词、同义词、代词、否定副词以及连词等五类语词。

（一）多义词辨析

多义词，即一词多义，也即我们通常所说的一个语词对应多个概念类型。例如刑法中的"组织"一词，在不同的犯罪中有不同的含义。"在辨析这些多义词的意义时，应遵循以下步骤：（1）全面分析其通常意义的义项。（2）通过上下文考察刑法是在哪一个通常意义上的义项上具体使用该特定语词的。（3）大致确定其规范意义，并且使相应的规范意义的义项归属于相应的通常意义之下。（4）根据使用该词的刑法语境，考察具体使用时该词的规范意义、语用意义。（5）将所确定的规范意义（语用意义）的义项和通常意义（语义意义）的义项进行对照，看所确定的规范意义是否脱逸出通常意义的限度，考察其与范畴典型原型的相似度。（6）把所确定的义项放在具体使用的条文中，检验其是否合理，是否会导致该刑法条文出现不合理之处——如导致刑法条文的互相矛盾、出现漏洞或重复、违背人们的一般心理预期等。（7）根据语篇原则把所确定的义项和其他条文中使用该词时的义项进行比较判断，看所确定的义项是否会导致刑法体系上的不协调。"① 由是观之，多义词之辨析的核心在于选择，即在众多义项中确定系争多义词的规范意义（语用意义）的义项和通常意义（语义意义）的义项。当然，规范意义（语用意义）的义项是辨析的最终归宿。究其实质，上述步骤是"语义分析—语用分析"之解释路径的具体化展开，第一步和第二步确定通常意义（语义意义）的义项，第三步和第四步确定规范意义（语用意义）的义项；第五步将两个义项比较权衡，进而确定规范意义（语用意义）的义项；第六步和第七步对规范意义（语用意义）的义项进行体系上的检验。其实，笔者更愿意按照"语法—语

---

① 王政勋：《刑法解释的语言论研究》，商务印书馆2016年版，第241—242页。

义—语用"的进路对上述步骤进行重新安排：（1）通过语法分析，获取词性、词类、构词等语法意义。（2）通过查字典确定其所有的可能含义、典型含义，进而确定其语义意义；（3）通过言内语境分析（上下文或体系）、言伴语境分析（个案事实、指导性案例、典型案例等案件资源），按照"法律意义—宪法意义—非刑法的部门法意义—刑法意义"的阶层思维确定其语用意义；（4）通过言外语境分析（目的、政策、法理等），检验语用意义的合理性与妥当性。需要说明的是，之所以如此安排的目的在于区分解释与论证、推理与检验，同时突出语法分析的必要性。因为在笔者看来，语法分析对于多义词辨析须臾不可或缺。而解释的核心在第三步——确定系争多义词的个案文义即在"在本案中的"意义。解释的中心和边界在第一步——确定系争多义词的典型含义和可能含义。

（二）同义词辨析

如果说多义词辨析是为了"存异"，同义词辨析则是为了"求同"。而所谓同义词，即多词一义，是指我们通常所说的多个语词对应一个概念，意义相同或相近的词。例如刑法中描述交易行为的用语，包括买卖、经营、倒卖、销售、出售、出卖、贩卖、收买、收购等。[①] 对此，我们可以从语义逻辑上将其区分为四种——单纯地买、单纯地卖、买且卖以及买或卖。换句话说，有这四个语词就足以完成表达任务，而且还会减少解释的麻烦。其中，倒卖、销售、出售、出卖、贩卖应当对应单纯地卖，收买、收购、购买等对应单纯地买。正如有观点所言："一般说，辨析同义词应当从三个方面进行着手：（1）辨析同义词的意义是否相同。（2）从语法成分或语词搭配等语法功能上进行辨析。（3）从感情色彩上进行修辞辨析。"[②] 由此可见，同义词辨析是在对词汇意义进行求同基础上的"语法—修辞"差异分析。详言之，同义词辨析主

[①] 陈兴良：《相似与区别：刑法用语的解释学分析》，《法学》2000年第5期。
[②] 王政勋：《刑法解释的语言论研究》，商务印书馆2016年版，第252—253页。

要是辨析系争语词的语法意义和修辞意义。根据语言学理论，同义词在表现重点、范围大小、语意轻重等意义方面，感情色彩与语体色彩等色彩方面以及语言功能方面存在差异。换言之，同义词辨析首先在于归纳刑法文本中的"同义"语词，统一用语使用，力求在刑法文本中尽量以一个语词指称不同相近的意义。其次，同义词辨析在于归纳分析相关语词的意义差别，以权衡多元表述的必要性和精准性。最后，同义词辨析旨在对相关语词进行体系解释，以期能在解释中将同义词统一为一个常用语词。概言之，同义词辨析旨在统一刑法用语，减少体系性解释的操作和分歧。例如，《立法技术规范试行（一）（二）》中的法律常用词语规范就是对或者主要是对实践中使用比较混乱，意思相近的且容易引起歧义的一些法律常用语词的使用作了规范。而这些规范其实是对容易发生混淆和误用的近义词所作的解释规定。

（三）代词分析

代词，又称为"指代词"，是代替名词、动词、形容词或其他实词的词，包括人称代词、指示代词和疑问代词三类。[1] 代词的语法功能在于替换，其语言学意义取决于其所替代的词。因此代词分析，旨在通过指代关系规则明确其所替代的词语。在刑法条文中，自己、本人、本单位、他人、个人、之、等、其他、其是常见的代词。[2] 因而，我们在此重点研究人称代词和指示代词，特别是其中的己身代词和旁指代词。

人称代词，又称为三身代词，是表示人称的代词，以谈话双方为中心，划分为指称说话者自身的第一人称代词（又称为第一身代词、己身代词、反身代词），指称听话者一方的第二人称代词以及谈话双方以外的第三人称代词。[3] 因此，刑法中的"自己""本人""本单位"是第一人称代词或反身代词。一方面，根据汉语理论中的"主语的倾向性"观点，反身代词倾向于跟主语同指，越是根据的主语，越是前面

---

[1] 王德春、许宝华：《大辞海·语言学卷》，上海辞书出版社2015年版，第228页。
[2] 参见王政勋《刑法解释的语言论研究》，商务印书馆2016年版，第258页。
[3] 参见王德春、许宝华《大辞海·语言学卷》，上海辞书出版社2015年版，第228页。

的大主语越容易同指。① 具体而言，根据《现代汉语词典》，"'自己'一词有两个义项：一是复指前头的名词或代词（多强调不由于外力）；二是指说话者本人这方面"。② "'本人'一词也有两个义项：一是说话人自己，二是指当事人自己或前边所提到的人自己。"③ 另一方面，由于刑法的"行为中心"或"行为人中心"，在刑法语句中，行为人往往是主语，只不过由于立法经济性的考虑，行为人往往被省略。④ 因此，刑法中的"自己""本人"往往是指行为人；"本单位"应当解释为"本人所在的单位"，具体是指行为人所在的单位。根据《现代汉语词典》，"'他人'一词只有一个义项：别人。"⑤ 在刑法中，"他人"则往往是指行为人以外的第三人，在普通犯罪中主要指代被害人，有时也会指代与犯罪有关的其他人；在共同犯罪中指代其他共同犯罪人，对其需要根据条文语句结构进行语言学分析。⑥ 根据《现代汉语词典》，"'个人'一词有两个义项，一是一个人（跟'集体'相对），二是自称，我（在正式场合发表意见时用）。"⑦ 在刑法中，"'个人'一词也应当有两个义项，一个是名词，意指作为与国家、集体、单位相对应的个体；另一个是指示代词，指代某个特定的个人，其中行为人个人是典型类型。"而"之"是来自古汉语中的文言代词，往往用作主语，例如重婚

---

① 参见王政勋《刑法解释的语言论研究》，商务印书馆2016年版，第258页。
② 中国社会科学院语言研究所词典编辑室：《现代汉语词典》（第7版），商务印书馆2016年版，第1737页。
③ 中国社会科学院语言研究所词典编辑室：《现代汉语词典》（第7版），商务印书馆2016年版，第62页。
④ 由此可见，刑事法律关系是国家和行为人之间的法律关系，尽管被害人学一再强调被害人的刑事主体地位，但是不可否认的是，在立法论上，行为人是典型的刑事法律关系主体，甚至是第一人称的主体。或者说刑法的公法性质使然，刑法立法不是谈话关系而是评价关系，刑法语句的主体是行为人。
⑤ 中国社会科学院语言研究所词典编辑室：《现代汉语词典》（第7版），商务印书馆2016年版，第1259页。
⑥ 参见王政勋《刑法解释的语言论研究》，商务印书馆2016年版，第263—265页。
⑦ 中国社会科学院语言研究所词典编辑室：《现代汉语词典》（第7版），商务印书馆2016年版，第442页。

罪中的"与之结婚"的"之"是指有配偶的他人,也是指行为人自己以外的第三人,只不过这个第三人有配偶。在此,由于"结婚"是一个特殊动词,必须是双主语即两个异性自然人而没有宾语。

指示代词,是指用来指示或代称人或事物以及动作、性状的代词,分为近指代词、远指代词、近指代词、虚指代词、旁指代词等。[①] 在上述代词中,"其他"是旁指代词。根据,《现代汉语词典》,"其他"一词只有一个义项:"别的。"[②] 在刑法中,"其他"应当有两个义项,一是"其他的",仅仅是他指而无兜底之意;二是"等其他""或者其他""以及其他",主要用于兜底条款规定之中。在兜底条款中,立法者一般在列举同类对象、行为等情形之前或之后,以"其他"进行"堵截",以实现刑事法网的严密性。有观点认为:"这种情形共分为三种类型:一是前面详细规定有关事项,后面比较笼统,如以暴力、胁迫或者其他方法;二是前面表述比较笼统,后面详细规定有关事项,如信用证或其他保函、票据、存单、资信证明;三是前面是示例性规定,后面是总括性规定,如第二十条第三款,'正在进行行凶、杀人、抢劫、强奸、绑架以及其他严重危害人身安全的暴力犯罪',而且这一类型最多。"[③] 对此,我们必须坚持"同类解释"规则,进行上下文的言内语境分析——以进行列举的详细规定为典型原型,对"其他"一词的概念内涵意义和概念外延意义进行在"法益侵害"评价方面同质的具体化分析。另外,我们不能将"其他"拆成"其"和"他"后再分别、单独解释,不能将"其"和"其他"中的"其"混同。因为"其他""其"和"他人"是相互独立的不同词语,是最小的意义单位,否则会混淆旁指代词和第三人称代词。

"其"是来自古汉语中的文言代词,是现代汉语之日常用语中的书

---

① 参见王德春、许宝华《大辞海·语言学卷》,上海辞书出版社2015年版,第229页。
② 中国社会科学院语言研究所词典编辑室:《现代汉语词典》(第7版),商务印书馆2016年版,第1024页。
③ 参见土政勋《刑法解释的语言论研究》,商务印书馆2016年版,第266—270页。

面语。根据《现代汉语词典》,"其共有三个词性,一是代词或名词有五个义项,①人称代词,他(她、它)的,他(她、它)们的;②人称代词,他(她、它),他(她、它)们;③指示代词,那个,那样;④指示代词,虚指;⑤名词,姓。二是副词共有两个义项,①表示揣测、反诘;②表示请求或命令。三是后缀,极其/尤其、如其。"① 在刑法中,"其"只作代词使用,主要是人称代词,有时也是指示代词,而且没有虚指。在句子成分方面,"其"既作主语指代行为人或单位、组织也作宾语指代被害人或犯罪相关的人或物。在指称单位和组织时,"及其"是一种常见的表述,其意思就是"和它的"。概言之,我们应当在词类分析和词性分析的基础上,进一步进行语法分析,如词语搭配分析、替换分析,然后再进行语义分析和语用分析,进而明确"其"一词的具体意义。②

综上所述,代词分析主要是语法分析,特别是替换分析或代入分析,当然语义分析和语用分析,也必不可少。其中语义分析主要是查词典,因为对于代词,法定含义和学理含义较少;语用分析中的上下文分析或语篇分析则至关重要。

(四) 否定副词分析

根据《大辞海》,"副词,是指表示动作行为、发展变化、性质状态的程度、范围、时间或情态等的词。副词往往修饰动词、形容词,不修饰名词,不充当谓语,常作状语、补语和关联词,分为程度副词、时间副词、情态副词、肯定否定副词、语气副词等。而否定副词,就是表示否定的副词。"③ 由此可见,副词是修饰动词和形容词的词语,在刑法中主要修饰动词。"刑法中的否定副词主要有'不''没有''无'

---

① 中国社会科学院语言研究所词典编辑室:《现代汉语词典》(第7版),商务印书馆2016年版,第1023页。
② 参见王政勋《刑法解释的语言论研究》,商务印书馆2016年版,第261—263页。
③ 王德春、许宝华:《大辞海·语言学卷》,上海辞书出版社2015年版,第231页。

'未'。"① 在此，词语搭配的构词分析就至关重要，因为副词很少单用，往往和其他词语搭配使用。

根据《现代汉语词典》，"'不'共有八个义项：一是用在动词、形容词和其他副词前面表示否定；二是加在名词或名词性词素前面，构成形容词，如不法；三是单用，做否定性的回答（答话的意思跟问题相反）；四是用在句末表示疑问，跟反复问句的作用相等；五是用在动补结构中间，表示不可能达到某种结果；六是'不'字的前后重复使用相同的词，表示不在乎或不相干（常在前面加'什么'）；七是跟'就'搭配使用，表示选择；八表示不用；不要（限用于某些客套话）。"② 在刑法中"不"主要是前两个义项，第一个义项如不允许、不予追究、不认为、不受处罚、不负刑事责任、不属于、不适用于等等，不一而足。第二个义项如不法。

根据《现代汉语词典》，"'没有'共有七个义项，前五个是动词，后两个是副词，一是表示'领有、具有'等的否定；二是表示存在的否定；三是用在'谁、哪个'等前面，表示'全都不'；四是不如，不及；五是不够、不到；六是表示'已然'的否定；七是表示'曾经'的否定。"③ 在刑法中，"没有"一词作为副词多在第一义项和第六义项上使用，表示对"具有""已然"和的否定，诸如没有预见，没有造成损害，没有获得不正当利益，没有故意犯罪等。可见，刑法中的"没有"一词也不只是作为否定副词使用，也有作为动词使用的情形。

根据《现代汉语词典》，"'无'共有三个义项，一是动词，没有（更'有'相对）；二是，不，三是连词，不论。"④ 在刑法中，"无"

---

① 参见王政勋《刑法解释的语言论研究》，商务印书馆2016年版，第270—271页。
② 中国社会科学院语言研究所词典编辑室：《现代汉语词典》（第7版），商务印书馆2016年版，第105页。
③ 中国社会科学院语言研究所词典编辑室：《现代汉语词典》（第7版），商务印书馆2016年版，第886页。
④ 中国社会科学院语言研究所词典编辑室：《现代汉语词典》（第7版），商务印书馆2016年版，第1381页。

是一个来自古汉语的书面否定副词,如"无期徒刑""无罪""无资金""无号""无论","无"主要在第一个义项上作为词缀使用,进行构词。当然,也在第二个义项上使用,如"无论"。概言之,刑法中的"无"一词可以被"没有"和"不"字替换。

根据《现代汉语词典》,"'未'共有三个义项,前两个是副词,第三个是名词,一是没(跟'已'相对),二是不,三是地支的第八位。"① 在刑法中,"未"也是一个来自古汉语的书面否定副词,也主要是在第一个义项上作为词缀使用,进行构词,如"未遂","未成年","尚未""未决""未了""未能""未经"等。当然,也在第二个义项上使用,如"未必"。简言之,刑法中的"未"一词可以被"没有"和"不"字替换。

概言之,"无"和"未"都是古汉语的书面否定副词,对它们进行解释时,主要是将其替换为现代汉语中的"没有"和"不",② 因而,刑法中否定副词的重点是在对"不"和"没有"进行区分的基础上对其进行语言学解释,特别是语义分析基础上的进一步语用分析。对此,王政勋教授的观点值得借鉴,其指出,'没有'可以解释为'不具有'。一是在否定状态方面,'不'否定的是(包括对关系、情态和认知的)静态动词或静态意义的形容词或副词,而'没有'否定的则是变化,是动态意义的,具有活动过程的性状;二是在否定活动方面,'不'否定的是持续性活动,而'没有'否定的则是暂时性活动;三是在否定实现活动方面,'不'否定的是未实现活动,是对将来要发生的行为的

---

① 中国社会科学院语言研究所词典编辑室:《现代汉语词典》(第7版),商务印书馆2016年版,第1381页。

② 由此可见,词源分析或者语源分析也很重要,我们在对词语进行解释时,应当区分古汉语词语和现代汉语词语,甚至可以进行必要的历时分析,明确其意义变迁的过程,最主要是能将古代汉语词语和现代汉语对应词语作同义词分析,进行词语替换分析。不过,在此需要特别说明的是,笔者在文中并没有将词源分析作为一个独立的语言学分析阶段,因为在刑法条文中古代汉语词语的比例较低,可以将其合并到词类分析,在词类分析时,根据具体情况,适当地做必要的分析解释。

否定判断，而'没有'否定的是已经实现活动，是对已经发生的行为的否定判断，与'没有'连用的将来时间只能是时间点；四是在否定意愿方面，'不'有表示否定意愿的意义，而'没有'则没有该意义。概言之，'不'表否定的，在语义上都有'静态''持续''未实现''意愿'的意义；而'没有'表否定的，在语义上都有'动态''暂时''已实现'等意义。① 不过，需要强调的是，在刑法中，没有不能仅仅解释为"不具有"，而且解释为"不具有"是动词而不是否定副词。

(五) 连词分析

连词分析也是刑法文义解释，特别是语法分析中重点分析的一类特殊语词。根据《大辞海》，"连词，亦即连接词，是指用来连接词、短语、分句或句子的词。连词不充当句法成分，不修饰其他成分，只有连接作用。连词可以分为并列连词、顺承连词、递进连词、选择连词、转折连词、假设连词、条件连词、因果连词、让步连词等。"② 在法律条文，特别是刑法条文中，并列连词、选择连以及转折连词是需要我们重点分析的连词。在此，需要特别说明的是，并列连词和选择连词不但有重要的语法意义，还有重要的逻辑意义。因为在逻辑学中"或""且""非"是重要的逻辑关系词。

首先，对于并列连词进行分析。根据《立法技术规范试行（一）》关于法律常用词语规范之规定，"和""以及"是常用的并列连词。二者的区别在于前后句子成分有无主次之分。"'和'连接的并列句子成分，其前后成分无主次之分，互换位置后在语法意义上不会发生意思变化，但是在法律表述中应当根据句子成分的重要性、逻辑关系或者用语习惯排序。而'以及'连接的并列句子成分，其前后成分有主次之分，前者为主，后者为次，前后位置不宜互换。"③ 由此可见，并列并不意

---

① 参见王政勋《刑法解释的语言论研究》，商务印书馆2016年版，第272—273页。
② 王德春、许宝华：《大辞海·语言学卷》，上海辞书出版社2015年版，第232页。
③ 全国人人常委会法工委制定的《立法技术规范试行（一）。

味着同等,而是存在主次之分的情形的。

其次,对于选择连词进行分析。根据《立法技术规范试行(一)》关于法律常用词语规范之规定,"或者"是常用的选择连词。"或者"所指涉的内容需要根据其相并列的内容进行具体判断。"'或者'一词表示一种选择关系,一般只指其所连接的成分中的某一部分。"[1]

最后,对于转折连词进行分析。根据《立法技术规范试行(一)》关于法律常用词语规范之规定,"但是、但"是常用的转折连词。《刑法》总则第十三条的但书规定就是最好的例证。而"'但是'、'但'二者的含义相同,只是运用习惯的不同。法律中的但书,一般用'但是',不用单音节词'但'。'但是'后一般加逗号,在简单句中也可以不加。"[2]

第四节 刑法文义解释的技术要义

刑法文义解释其实是刑法的语言学解释,主要包括语法分析、语义分析和语用分析。其中,语法分析是铺垫和辅助,语义分析是基础和核心,也是起点和限度,语用分析是语义的具体化选择和解释结论的合理性校验。

其一,语法分析旨在通过词法分析、句法分析和标点符号分析,明确系争语词的词法意义和句法意义等语法意义。具言之,一是通过词法分析,明确系争语词的词语学科类别意义、词语语法性质意义和词语组合结构意义等词法意义;二是通过句法分析,明确系争语词所在语句的句型和层次以及系争语词在语句中所充当的句子成分等句法意义;三是通过标点符号分析,强化和校验明确系争语词的句法意义。其二,语义分析是狭义的文义解释,旨在通过下定义和类型化归纳列举的方式,明

---

[1] 全国人大常委会法工委制定的《立法技术规范试行(一)》。
[2] 全国人大常委会法工委制定的《立法技术规范试行(一)》。

确系争语词的概念内涵和概念外延等词汇意义（概念意义而非直觉解释的"字面含义"）。对系争语词的概念内涵意义进行分析，主要是通过下定义的方式，明确其本质特征。而下定义需要考虑法定含义、专业含义、学理含义以及词典含义等四个方面的含义整合。正如有观点所言："词语的科学含义是通过学理定义、法典定义，内涵定义、外延定义，语词性定义、规定性定义，积极定义、消极定义，完整定义、局部定义等方式揭示出来的。"[①] 申言之，一是通过分析其他部门法等刑法前置法定义、刑法（含刑法立法解释）法定定义和刑法司法解释性文件明确系争语词的法定含义；二是在没有法定含义的时候，针对专业性行业词汇还要考虑系争语词的专业含义；三是通过文献综述，梳理系争语词的学说观点，分析评述系争语词的学说差异，特别注意学界通说观点的界定，进而明确系争语词的学理定义（亦有学者称之为教义学定义）；四是查字典，明确系争语词的字典含义。对系争语词的概念外延意义进行分析，主要是通过类型化归纳列举的方式，明确系争语词的肯定类型（特别是典型类型）、中间类型和否定类型。概言之，词义分析旨在明确系争语词的定义、包括什么（核心含义：肯定类型——平义解释和可能含义：中间类型——扩大解释）和不包括什么（否定类型——类推解释）。其三，语用分析是广义的文义解释，是统摄体系解释、历史解释、目的解释等其他法律解释方法的综合解释过程，旨在通过言内语境分析、言伴语境分析和言外语境分析，融合刑事法理（通常所说的法）、事理（通常所说的理）和情理（通常所说的情），进而可以明确系争语词的语境意义。详言之，一是言内语境分析，又称为"上下文分析"。我们可以运用语篇分析方法通过对刑法内部体系、刑法相关的法律体系（相关法律法规和司法解释）和刑法原理等法理体系进行分析，明确系争语词的言内语境意义（体系意义）。二是言伴语

[①] 张继成：《对"作品"一词内涵外延及其适用方法的法逻辑诠释》，《求是学刊》2019年第6期。

境分析，又称为"以案释法"或"案例分析"。我们首先需要针对具体个案进行分析，再结合相关司法案例资源，尤其是对指导性案例、公报案例、典型案例进行分析，明确系争语词的言伴语境意义（个案意义）。三是言外语境分析，又称为"言外语境校正"或"社会文化解释"。我们通过立法资料分析和立法沿革分析、刑事政策分析、价值导向分析、语用推理等方法，明确系争语词的立法历史意义、规范目的意义和刑事政策意义，进而可以最终明确系争语词的言外语境意义（历史意义和目的意义）。

总而言之，对系争语词进行刑法文义解释的结论应当是由可以界定系争语词概念内涵的"定义"（该定义由可以明确其本质特征的概念内涵意义要素组成）与列举系争语词概念外延的"类型"（该类型包括具有系争语词核心含义的典型类型、具有语词边缘含义的中间类型、具有系争语词反对意义的否定类型）所组成的语句。

第四章

刑法文义解释的运用

　　刑法文义解释的运用,主要是解决"刑法文义解释的效果如何"的问题。一方面,通过对刑法总则和刑法分则中具有代表性的常见刑法术语进行分析,检验刑法文义解释在刑法基本术语解释方面的功效。另一方面,通过对刑法总则和刑法分则的典型疑难案例中的术语进行分析,检验刑法文义解释在解决经典疑难案例方面的功效。其实,二者只是出发点和路径不同。因为在笔者看来,刑法疑难案例之法律疑难亦在于刑法基本术语的解释问题——概念外延之中间类型的确定。只是,立法规范术语解释是侧重于规范整体的"规则之治",其起点是特定刑法术语的词频分析和规范分布,是一种规范刑法学的解释路径;疑难案例术语解释则侧重于具体个案的"案例之治",其起点是具体案件争议焦点,是一种案例刑法学的分析路径。

第一节　立法规范术语的刑法文义解释

　　刑法文义解释分析就是对刑法规范术语的语言学理论分析。立法规范术语的刑法文义解释主要是通过对刑法总则和刑法分则中具有代表性的常见刑法术语进行分析,检验刑法文义解释在刑法基本术语解释方面的功效。其中,系争语词的选择就成为非常重要的一个环节。在此,笔者主要通过文献检索的方式，以"刑法中的"为篇名进行检索，以"出现频率较高的词语"为最终的检验样本，旨在检验刑法文义解释之不同于其他解释方法和现有解释范式的独特功效。经过慎重筛选，笔者最终确定以"明知""暴力""妇女""公共场所""国家工作人员"等五个常见刑法术语作为检验样本。

一 "明知"一词的刑法文义解释分析

"明知"一词是"故意"的构成要素，关乎犯罪主观方面的理解和认定。刑法教义学根据心理学理论一般将犯罪的主观方面分为认识因素（或辨认因素），意志因素（或控制因素），而且犯罪主观方面认定的关键在于认识因素的定性分析，而明知一般被认为是认识因素。据统计，刑法立法共有37个条文在42处出现"明知"，其中总则有1个条文（第十四条）在1处出现"明知"。虽然，将"明知"解释为知道或应当知道早已是一种理论通说。然而，刑法学界对于"明知"一词之含义的认识仍然存在争议，尤其是对"应当知道"的理解存在的争议更大。因此，我们有必要对"明知"一词进行语法分析、语义分析和语用分析等语言学分析，进而明确其基本含义。

（一）对"明知"一词进行语法分析

对"明知"一词进行语法分析，主要是对"明知"一词进行词法分析和句法分析。一方面，我们需要通过词法分析明确"明知"一词的词法意义，主要包括词语学科类别、词语语法性质以及词语组合结构三个方面。其一，在词语学科类别方面，"明知"一词是由日常用语转换而来的刑法术语，而且这一词语是由古汉语转化而来，例如我们常说"明知故犯"。其二，在词语语法性质方面，"明知"一词是动词，是表示心理认知行为的词语。其三，在词语组合结构方面，"明知"一词是由"明"和"知"组成的偏正结构复合词，明是对知的程度的修饰；另外，在词语搭配方面，"明知"一词既有搭配完整的宾语从句，如"明知自己的行为会造成严重后果"；也有搭配省略主语的词组，如

"明知是犯罪的人"。

另一方面，我们需要句法分析明确"明知"一词的句法意义，主要包括系争语词所在语句的句型、层次以及系争语词在语句中所充当的句子成分三个方面。以《刑法》第十四条为例，"明知"所在的句子是主谓句。"明知"在这一表述中充当主语从句的谓语，只是这一从句省略了行为人这一主语，而且在这一从句中，明知通过"，并且"与希望或放任形成具有并列关系的复合句，通过"，因而"与构成犯罪形成具有因果关系的复合句。另外，"明知"的宾语是"自己的行为会发生危害社会的结果"。

（二）对"明知"一词进行语义分析

对"明知"一词进行语义分析，主要是对"明知"一词进行下定义和类型划分。一方面，我们需要通过下定义的方法，明确"明知"一词的概念、内涵、意义。如前所述，学界通过法定含义、字典含义、学理含义、专业含义等四种方式对系争语词下定义。其一，根据司法解释，"明知"一词的法定含义是"知道或应当知道"，如前所述，这不是在对"明知"一词下定义，因为没有揭示概念、内涵、意义，而是通过列举类型而界定其外延。其二，根据《现代汉语词典》，"'明知'是动词，意思是明明知道。而'知道'的意思是对事物或道理有认识"[1]。其三，对于"明知"一词的含义，学界主要有确定说、可能说、知道和应当知道说、双重理解说等四种观点。[2] 但是，这四种观点都只是对"明知"一词外延的界定，而没有涉及内涵意义的界定。在这四种观点中，因为知道和应当知道说是司法解释的法定含义，在学界是通说。但是，笔者更倾向于第四种观点，具体理由在下文有详细论述，在此不再赘述。其实，"刑法中的'明知'一词，是指有证据证明行为人对自己的行为会造成危害结果的认识和理解。"其四，"明知"一词不

---

[1] 中国社会科学院语言研究所词典编辑室：《现代汉语词典》（第7版），商务印书馆2016年版，第915、1678页。

[2] 参见张先科、应金鑫《论刑法中的"明知"》，《法律适用》2009年第6期。

是专业词汇，没有专业含义。当然，学界也有观点认为，"明知"一词有心理学甚至是哲学意蕴，即认知是客观的主观反映。

另一方面，我们需要通过类型化归纳列举的方法，明确"明知"一词的肯定类型（特别是典型类型）、中间类型和否定类型，进而明确其概念外延意义。在此，"'明知'是知道的下位概念而不是相反"是我们首先必须明确的一个基本前提。另外，理论上一般以明知的程度和明知的内容为标准对明知的外延类型进行划分，其中以明知的程度为主。① 其一，按照明知的程度，明知的外延可以分为"已经知道""很有可能（应当）已经知道""可能知道""可能不知道""不知道"等五个类型。② 其中，（已经）知道或不知道是知道的两个典型和知道程度的两端。（已经）知道是肯定选项，不知道是否定选项，其余为中间类型——扩大解释，倾向于已经知道的理论假设，只是知道的程度不同。同时需要强调的是，正如推定过错一样，推定过错是过错一样，推定已经知道也是一种特殊的已经知道，是司法解释通过法律拟制而进行的推定。只不过，由于"应当"一词的多义性，使得对"明知"的解释变得困难、复杂。一方面，"应当"一词有被视为义务性规范标志词的义项。根据《立法技术规范试行（一）》，"'应当'一词被用作法律条文用语时，带有必须的意思，而且'应当'与'必须'的含义没有

---

① 也有学者将明知分为总则的明知和分则的明知、对描述的构成要件要素的明知和对规范的构成要件要素的明知、对危险的明知和对实害的明知、认定明知和推定的明知等四组、八个类型。不过，其中的第二组和第三组分类可以纳入根据明知的内容所作的分类。参见周光权《明知与刑事推定》，《现代法学》2009 年第 2 期。还有学者将明知分为故意犯中的明知和过失犯中的明知（第一百三十八条）。参见王新《我国刑法中"明知"的含义和认定——基于刑事立法和司法解释的分析》，《法制与社会发展》2013 年第 1 期。

② 也有学者根据认知程度的强弱，将认知分为确知（确实知道）、实知（事实上知道）、或知（可能知道）、应知（应当知道）、不知（确实不知），其中确知和不知是两级（肯定类型和否定类型），实知、或知、应知是中间类型；可以将"明知"作确知（Ⅰ级明知Ⅳ级明知）、实知（Ⅱ级明知）、或知（Ⅲ级明知）、应知（Ⅲ级明知）4 级区分。其实，这种划分标准与其说是认知程度的强弱，倒不如说是证据证明的标准的强弱，因为这一分类是建立在具有认识（已经知道）的前提之上的。参见周光权《明知与刑事推定》，《现代法学》2009 年第 2 期。

实质区别。但是，法律在表述义务性规范时，一般用'应当'，不用'必须'"①。或许正是如此，理论上有观点认为："应当认识到（应当知道），同时具有行为人在'法律上有义务认识到''主观上有能力认识到''客观上有可能认识到'三个方面的含义，如果缺少其中任何一个方面的内容，相应的犯罪故意就不可能成立。"② 由此可见，义务侧重的"应当知道"是以行为人不知道为理论假设的，因为这一观点有明显的不作为犯构成要素痕迹。另一方面，"应当"一词是重要的模态逻辑连接词——较高可能性的已经知道，是对"已经知道"可能性的判断。认知状态侧面的"应当知道"是以行为已经知道为理论预设的。因此，"应当知道"有"行为人有审查义务"还是"推定行为人已经知道"的争议，也容易引起行为人对特定事实"不知道"和"已经知道"的歧义。③ 只是从词类上分析，作为义务标志词的"应当"一词是法律术语，是侧重于义务侧面对行为人不明知状态妥当性的评价；④ 而作为模态逻辑词的"应当"一词是日常用语，是基于证据或证明层面对行为人认知状态的判断，或者说是对裁判者对"行为人已经知识到特定事实"这一认知状态进行的判断结论是否妥当的评价。不过，从词义上分析，尤其是从"应当"一词的本义分析，"应当"一词更应当被视为法律术语，即被解释为义务的意义侧面。因此，在此，我们不如用"可能"一词替换"应当"，或者将"应当"解释为"很有可能"或"较大可能性"。而且在"知道"前面加上"已经"。质言之，刑法上的

---

① 全国人大常委会法工委制定的《立法技术规范试行（一）》。
② 转引自魏东《案例刑法学》，中国人民大学出版社 2019 年版，第 246 页。
③ 对此，陈兴良教授认为，"不能将应当知道解释为明知的表现形式，应当知道就是不知，不知岂能是明知"；而周光权教授则认为，"对于明知，通常应在行为人具有这种认识的情况下，司法上去认定该明知是否存在，而不是在行为人缺乏认识时，司法上推定其存在明知。而'应当知道'多数属于行为人'实知'的范畴，基本不涉及刑事推定问题"。参见王新《我国刑法中"明知"的含义和认定——基于刑事立法和司法解释的分析》，《法制与社会发展》2013 年第 1 期；周光权《明知与刑事推定》，《现代法学》2009 年第 2 期。
④ 由此可见，"知道""预见""预知"是同义词，至少是近义词，因为无论是犯罪故意之明知还是犯罪过失之应当预见都是针对未来尚未发生的事实，都是一种预判。

"明知"包括有证据证明行为人已经知道和有证据证明行为人很有可能已经知道。另外，我们还要注意可能知道与知道可能的区别，可能知道是对行为人认知状态的判断，知道可能是对行为人认知内容的界定。其二，按照明知的内容，我们可以将"明知"的外延整体地界定为"对犯罪构成要件客观要素或违法事实的明知"，再根据构成要件客观要素的分类进一步具体分为"对行为的明知""对结果的明知""对因果关系的明知""对行为对象的明知"。对行为对象的明知是行为人明知内容的基础和前提，因为行为人只有对行为对象的明知才能认识自己的行为及其后果以及二者的因果关系。正如有观点所言："分则的明知在很多情况下是要求行为人认识行为对象的特殊性，范围相对较窄；总则的明知则要求认识行为对象、行为及其所造成的危害后果、因果关系等，范围较宽。确定分则的明知，为判断总则的明知提供了条件。"[1]

在笔者看来，在刑法总则中，"对因果关系的明知"是"明知"的肯定类型；在刑法分则中，"对行为对象的明知"是"明知"的肯定类型，尤其是对特定对象的明知。在理论上，有学者将特定对象进一步具体划分为：违法物品、违法行为、特定主体、特定状态四个类型，而且同时指出："在语义学上，'明知'是个中性词。如果立法者要在刑法意义上使用该词，就必须在其所接的宾语上加入否定性的评判因素，使得'明知'的客观构成要件要素具有刑法的禁止性。有鉴于此，从动宾词组的语法结构上看，我国刑法要求'明知'的对象内容具有违法性。"[2] 综上所述，刑法中的"明知"一词，是指有证据证明行为人对特定违法事实已经或者很有可能有所认识和理解；在明知程度上包括已经知道和很有可能知道，不包括不知道；在明知内容上包括对因果关系的预知和对特定对象的知道等构成要件客观要素的知道，而不包括对构成要件主观要素等的知道。（详见表4-1）

---

[1] 周光权：《明知与刑事推定》，《现代法学》2009年第2期。
[2] 参见王新《我国刑法中"明知"的含义和认定——基于刑事立法和司法解释的分析》，《法制与社会发展》2013年第1期。

表 4-1　　　　　　　"明知"一词的外延类型

明知	明知内容	构成要件客观要素	行为
			结果
			因果关系
			行为对象（明知的肯定选项）
	明知程度	已经知道（明知的肯定选项）	
		很有可能知道（传统意义上的应当知道）（明知的中间选项）	
		可能知道（明知的中间选项）	
		可能不知道（明知的否定选项）	
		不知道（明知的否定选项）	

（三）对"明知"一词进行语用分析

对"明知"一词进行语用分析，旨在通过言内语境分析、言伴语境分析和言外语境分析，融合刑事法理（通常所说的法）、事理（通常所说的理）和情理（通常所说的情），进而可以明确系争语词的语境意义。

一是言内语境分析，又称为"上下文分析"。我们可以运用语篇分析方法通过对刑法内部体系、刑法相关的法律体系（相关法律法规和司法解释）和刑法原理等法理体系进行分析，明确"明知"一词的言内语境意义（体系意义）。在此，我们主要是在明确分则各个罪名中的明知的基础上，明确分则的明知和总则的明知的关系。如前所述，刑法总则的明知主要是第十四条犯罪的故意的明知，"明知自己的行为会发生危害结果"。根据明知的内容进行分类，主要是对因果关系——"会"的认识，当然，行为和危害结果自然也是认识的内容。至于是何种行为和产生何种危害结果则主要是刑法分则通过行为对象进行明确。刑法分则中的明知的意义主要取决于行为对象——违法物品、违法行为、特定主体、特定状态等四个类型。[1] 在此，需要指出的是，刑法分

---

[1] 参见王新《我国刑法中"明知"的含义和认定——基于刑事立法和司法解释的分析》，《法制与社会发展》2013 年第 1 期。

则中明知的意义虽然主要是对行为对象的明知，但是这一意义包括刑法总则的明知意义。正如有学者所言："对于所有故意犯罪，都必须具备总则的明知；在多数分则条文中，对是否明知并不做明文要求。分则关于'明知'的规定，大多属于可有可无的提示性、注意性规定。"① 质言之，刑法分则的明知是对刑法总则的明知在行为对象上的具体化。而且，从特殊到一般的归纳推理的认知角度来看，分则的明知是总则明知的基础。也有观点认为，刑法总则的明知与刑法分则的明知存在区别，"刑法分则规定的明知是主观违法要素，同时也是主观的构成要件要素，而刑法总则规定的明知则是责任要素。因此，没有刑法分则规定的明知是欠缺违法性，而没有刑法总则规定的明知是在具备违法性的前提下缺乏有责性"②。

二是言伴语境分析，又称为"以案释法"或"案例分析"。我们首先需要针对具体个案进行分析，再结合相关司法案例资源，尤其是指导性案例、公报案例、典型案例进行分析，明确"明知"一词的言伴语境意义（个案意义）。言伴语境分析其实就是明确"明知"一词"在本案中"或"在某某案中"的意义所指。如前所述，案例不但是系争语词的语境，而且还蕴含着案件事实发生的具体境况和社会背景，进而能为系争语词的理解提供具体的社会情境。当然，言伴语境分析或案例分析其实是言内语境分析的进一步具体化，是对"明知"一词刑法条文意义在具体案例中的进一步具体化。例如在"王岳超等生产、销售有毒、有害食品案（刑事审判参考指导案例〔第715号〕）"中，"明知"一词则是指有证据证明王岳超等三名被告人已经知道"福建晋江公司退回的熊猫牌全脂甜炼乳三聚氰胺含量超标"这一事实。③ 在此，主要的争议是总则明知与分则明知的区别是什么？生产、销售有毒、有害食品犯罪案件中，在被告人拒不承认"明知"的情况下，如何认定明知。

---

① 周光权：《明知与刑事推定》，《现代法学》2009年第2期。
② 陈兴良：《刑法分则规定之明知以表现犯为解释进路》，《法学家》2013年第3期。
③ 参见最高人民法院《刑事审判参考》总第81集，法律出版社2012年版。

其实，与其说是"明知"一词含义的理解，倒不如说是"明知"的认定，或者更准确地说是"有证据证明"一词含义的理解——有反向行为事实证明。再如，在"杨某、米某容留卖淫案（刑事审判参考指导案例［刑事审判参考第689号］）"中，"明知"一词是指出租人已经知道承租人在自己所（要）出租的房屋内从事卖淫活动。① 在此，已经知道包括出租房屋时就已经知道和出租房屋时不知道后来知道两种情形。不过，需要强调的是，知道的内容只能是"承租人（要）在自己所出租的出租房屋内卖淫"，而不是简单的"承租人卖淫"。质言之，出租人要对卖淫场所明知，而且卖淫场所只能是其所（要）出租的房屋内。在此，除了被告人的供述外，警方书面告知、收取的租金高出合理价格事实足以证明出租人已经明知违法犯罪事实。

三是言外语境分析，又称为"言外语境校正"或"社会文化解释"。我们通过立法资料分析和立法沿革分析、刑事政策分析、价值导向分析、语用推理等方法，明确"明知"一词的立法历史意义、规范目的意义和刑事政策意义，进而可以最终明确"明知"一词的言外语境意义（历史意义和目的意义）。在此，笔者重点对"应当知道"一词进行价值导向分析。众所周知，司法解释意在通过"应当知道"创设"推定知道"制度，其实质是事实真相发现的司法证明责任分配的法律拟制，背后是人权保障和法益保护的价值权衡和司法政策导向，当然司法解释倾向于后者。② 详言之，推定知道制度旨在通过举证责任倒置的方式降低控诉方的举证责任而加大对犯罪的打击力度，让行为人自己证

---

① 参见最高人民法院《刑事审判参考》总第79集，法律出版社2011年版。
② 根据王新教授的考证，推定知道制度最早可以追溯到1992年12月11日"两高"《关于办理盗窃案件具体应用法律若干问题的解释》之第八条，这一规定开启了将"知道"和"应当知道"并列地列为"明知"的两种形式之先河，随后的司法解释沿用这一惯例。直到2009年9月21日《关于审理洗钱等刑事案件具体应用法律若干问题的解释》之第一条，以"可反驳的客观推定"替换了"应当知道"这一术语，形成了"明知"解释的良好开端。参见王新《我国刑法中"明知"的含义和认定——基于刑事立法和司法解释的分析》，《法制与社会发展》2013年第1期。

明自己确实不知道某一特定违法事实，否则行为人要承担"真伪不明"的不利后果——有罪推定。对此，我们应当从两个方面进行评价分析，一方面，犯罪主观要素很难被直接认定，推定是必要的司法证明方法。对"明知"的认定过程就是用证据进行司法证明的过程。其实，这是一个证据法学问题。另一方面，这一推定是不利于行为人的司法推定，应当有所限制，以立法或司法解释明确规定为限，同时，立法或者司法解释在表述推定知道的时候应尽可能使用描述性词语而减少规范评价和歧义争端。① 质言之，用模态逻辑词"很有可能"替换价值判断词"应当"。概言之，"推定（已经）知道"是必要的，但是必须以明文规定为限度，而且明文规定应当以合适的语词指称这一内容。究其实质，这又是一个（刑法）语言学问题。

二 "暴力"一词的刑法文义解释分析

"暴力"一词是暴力犯罪的行为构成要素，或者是行为本身，或者是行为的手段，因而"暴力"一词的含义理解关乎暴力犯罪客观方面的理解和认定。在刑法教义学中，暴力犯罪往往因为具有严重的法益侵害性和人身危险性而被认为是严重的犯罪行为，因而"暴力"是从重处罚和加重处罚的法定事由。在"扫黑除恶"专项犯罪治理行动中，我们不但要关注传统暴力犯罪，还要关注新型的"软暴力"犯罪。据统计，刑法立法共有 34 个条文在 40 处出现"暴力"，其中总则有 3 个条文（第二十条、第五十条、第八十一条）在 3 处出现"暴力"。然而，刑法学界对于"暴力"一词之含义的认识并非十分清晰。因此，我们有必要对"暴力"一词进行语法分析、语义分析和语用分析等语言学分析，进而明确其基本含义。

---

① 不可否认的是，司法解释运用"应当知道"设立推定知道制度具有功利性的价值考虑——破解司法机关证明被告人"明知"心态的难题，减轻控诉机关对主观事实的司法证明责任，但这一表述也会混淆"知道"的基本类型划分，进而危及犯罪构成等刑法基本理论，故需要对其进行刑法理论和立法技术层面的深入分析。

(一) 对"暴力"一词进行语法分析

对"暴力"一词进行语法分析,主要是对"暴力"一词进行词法分析和句法分析。一方面,我们需要通过词法分析明确"暴力"一词的词法意义,主要包括词语学科类别、词语语法性质以及词语组合结构三个方面。其一,从词语学科类别上看,"暴力"是由日常用语转换而来的刑法术语,而且这一词语是由古汉语转化而来。其二,从词语语法性质上看,暴力是名词,是表示行为性质的词语,或者表示暴力行为本身,或者表示行为手段或行为方式。其三,从词语组合结构上看,"暴力"一词是由暴和力组成的偏正结构语词,"暴"是对力的类型的修饰。在词语搭配方面,"暴力"一词既有存在于刑法总则中的作为暴力行为本义的常见搭配,如"暴力(性)犯罪";也有存在于刑法分则中的作为其他行为手段的专有搭配,如"以暴力、胁迫等方式""以暴力、胁迫或者其他方法""以暴力、威胁方法""以暴力、胁迫或者其他手段""以暴力、威胁手段""使用暴力"等。①

另一方面,我们需要以句法分析明确"暴力"一词的句法意义,主要包括系争词语所在语句的句型、层次以及系争语词在语句中所充当的句子成分三个方面。其一,在刑法条文中,"暴力"一词所在的条文语句是省略主语的主谓句。在刑法总则中,"暴力"一词所在的句子是由"对"字引导的宾语前置的复合句。以《刑法》第二十条第三款为例,"(防卫人)对……采取防卫行为,造成不法侵害人伤亡的,不属于防卫过当,不负刑事责任。""的"字之前是主语从句,"不属于""不负"是两个具有承接关系的谓语。在此,可以还原并简化为"防卫人对不法侵害人采取防卫行为"。剩下两个条文分别是关于限制减刑、假释的也是如

---

① 在笔者看来,这些表述应当统一为:"以暴力、胁迫或者其他方法。"在此,一方面,我们可以看出立法者在语言使用方面的随意,过于侧重于日常生活而忽视了立法语言技术考虑;另一方面,出于立法体系性考虑,我们应当基于言内语境分析,而通过体系解释将其统一。只不过,"使用暴力"往往表示法定刑升格条件,或者是加重处罚事由,或者是犯罪转化事由。

此，只不过是宾语从句。"对……暴力性犯罪，（人民法院）不得假释或者根据犯罪情节等情况可以同时决定对其限制减刑。"在刑法分则中，"暴力"一词所在的句子是由"以"或"使用"字引导的短语、动词和"的"字组成的省略主语的简单句。如强奸罪中"以暴力、胁迫或者其他手段强奸妇女的"，抢劫罪中"以暴力、胁迫或者其他方法抢劫公私财物的""当场使用暴力或者以暴力相威胁的"等。其二，"暴力"一词之含义的理解不涉及复杂的句子层次分析，在此不再赘述。其三，在刑法分则条文中多作宾语使用。其中，主要作为介宾短语的宾语，进而作为动词的状语以表明行为方式——"以暴力、胁迫或者其他方法""以暴力、胁迫等方式"。也作为普通动词的宾语，如"使用暴力"。同时，在刑法总则条文中，"暴力"主要作为定语使用修饰"犯罪"一词——"严重危害人身安全的暴力犯罪""有组织的暴力型犯罪"。

（二）对"暴力"一词进行语义分析

对"暴力"一词进行语义分析，主要是对"暴力"一词进行下定义和类型划分。一方面，我们需要通过下定义的方法，明确"暴力"一词的概念内涵意义。如前所述，学界通过法定含义、字典含义、学理含义、专业含义四种方式对系争语词下定义。其一，"暴力"一词既没有解释性法律规定，也没有司法解释，因而没有法定含义。不过，关于"软暴力"的司法解释值得注意。软暴力是一种心理强制和精神暴力，行为本身不是暴力，但是会形成心理强制，侵害法益。因此"软暴力"是与暴力、威胁手段相并列的违法犯罪手段。其二，根据《现代汉语词典》，"'暴力'是名词，有两个义项：一是强制的力量，武力；二是特指国家的强制力量。"[①] 由此可见，暴力是一种强制的力量。只不过，前者侧重于"违法"侧面，后者侧重于"合法"侧面。在现代汉语中，"暴力"一词泛指通过武力侵害他人人身、财产、精神的行为。另外，

[①] 中国社会科学院语言研究所词典编辑室：《现代汉语词典》（第 7 版），商务印书馆 2016 年版，第 51 页。

在日常生活上，我们还通常根据施暴的手段将暴力分为身体暴力、语言暴力、心理（精神）暴力；根据施暴的场合，将暴力分为校园暴力、家庭暴力、职场暴力、网络暴力等。另外，还有性暴力、冷暴力等类型。不过，在刑法语境下，校园暴力、家庭暴力以及网络暴力三个类型的暴力值得重点关注。另外，我们还要特别注意一种特殊的暴力——前述司法解释中的软暴力。其三，"暴力"一词的学理含义争议不大，根据学界通说，"刑法中的'暴力'一词，是指捆绑、殴打、禁闭、强抢等对人身实施强制或打击的方法"[1]。从下定义的角度来看，暴力的学理含义（概念内涵意义）是"对人身实施强制或打击的方法"。其四，"暴力"一词不是专业词汇，没有专业含义。综上分析，笔者认为，刑法中的"暴力"一词，是指具有刑法的法益侵害可能性的强烈的身体动作。其中，强烈的身体动作是形式意义，具有刑法的法益侵害性是实质意义。因为"暴"字有突然而且猛烈的意思。[2]

另一方面，我们需要通过类型化归纳列举的方法，明确"暴力"一词的肯定类型（特别是典型类型）、中间类型和否定类型，进而明确其概念外延意义。对此，有观点按照暴力的对象和暴力的程度对暴力的外延进行类型划分，其指出："按照暴力的范围和暴力的最低程度，可以将暴力分为四类：（1）最广义的暴力，是指不法行使有形力量的一切情况，包括对人暴力和对物暴力；（2）广义的暴力，是指不法对人行使有形力或物理力，但不要求直接对人的身体行使；（3）狭义的暴力，指不法行为对人的身体行使有形力或物理力；（4）最狭义的暴力，是指对人行使有形力量并达到压制对方反抗的程度。按照暴力的最高程度和严重程度，可以将暴力分为五类：（1）最严重的暴力，最高程度可达直接故意杀人的程度；（2）严重的暴力，最高程度高达间接故意

---

[1] 高铭暄、马克昌主编：《刑法学》（第8版），北京大学出版社、高等教育出版社2017年版，第495页。
[2] 中国社会科学院语言研究所词典编辑室：《现代汉语词典》（第7版），商务印书馆2016年版，第51页。

杀人的程度，但不包括直接故意杀人；（3）较严重的暴力；（4）较轻的暴力，最高程度达到轻伤的程度，主要是妨害公务犯罪中的暴力，这也是学界的通说；（5）最轻微的暴力，最高程度达到精神痛苦而没有造成肉体伤害的程度。"① 根据这一观点，对人暴力是肯定类型，对物暴力是中间类型，没有刑法的法益侵害性的暴力不是刑法上的暴力。在肯定类型中，根据暴力的程度再对暴力的外延进行类型划分。同时，需要注意我们根据暴力的程度在对暴力的外延进行类型划分时应当区分是以暴力的最高程度为标准，还是以暴力的最低程度为标准。学界倾向于以暴力的最低程度为标准，将刑法中"暴力"一词的概念外延意义界定为"造成轻伤"以上可能性的暴力。对此，笔者认为，暴力的范围或对象是暴力外延类型划分的第一标准，在对人暴力下根据暴力的程度进行程度上的类型划分。而对暴力进行程度划分其实是以暴力行为的后果为主要根据，以应当判处的刑罚为辅助标准进行的划分。按照法益类型理论，法益可以分为公法益和私法益，公法益又可以分为社会法益和国家法益，私法益即个人法益可以分为人身法益和财产法益。因此，针对个人的暴力可以分为对人暴力和对物暴力；对人身法益的侵害主要有伤害和死亡两个类型。尽管说在民法上有残疾这一特殊的伤害类型，但是刑法已经将其纳入重伤害的范畴。因此，在伤害这一类型下，我们又可以分为轻微伤害、轻伤害、重伤害。在刑法中，我们一般将重伤害和死亡并列，如致人重伤、死亡。死亡这一类型，我们又可以分为直接致人死亡的暴力和间接致人死亡的暴力。对物暴力又可以分为有致人伤害可能的暴力和无致人伤害可能的暴力，其中无致人伤害的暴力是单纯的对物暴力，有致人伤害可能的暴力又可以分为可以转化为对人暴力的对物暴力和只是有可能致人伤害的对物暴力（详见表4-2）。

同时，我们在理解刑法中"暴力"一词的含义时，应当有所区分，即在入罪环节，应当以最低程度为标准界定暴力的含义；在定罪环节，

---

① 参见王政勋《刑法解释的语言论研究》，商务印书馆2016年版，第245—251页。

尤其是量刑环节,则要以可能达到的最高程度界定暴力的含义。概言之,刑法中"暴力"一词,是指具有刑法的法益侵害可能性的强烈的身体动作,包括对人暴力和对物暴力,其中,对人暴力和有致人伤害可能性的对物暴力是肯定类型,不具有法益侵害性的暴力是否定类型,其余是中间类型。

表 4-2　　　　　　　"暴力"一词的外延类型

暴力	对人暴力	致人死亡的暴力	直接致人死亡的暴力
			间接致人死亡的暴力
		致人伤害的暴力	致人轻微伤害的暴力
			致人轻伤害的暴力
			致人重伤害的暴力
	对物暴力	有致人伤害可能性的暴力	可以转化为对人暴力的对物暴力
			有可能致人伤害及结果的对物暴力
		无致人伤害可能性的暴力	单纯的对物暴力
	没有法益侵害的暴力		

(三) 对"暴力"一词进行语用分析

对"暴力"一词进行语用分析,旨在通过言内语境分析、言伴语境分析和言外语境分析,融合刑事法理(通常所说的法)、事理(通常所说的理)和情理(通常所说的情),进而可以明确系争语词的语境意义。

一是言内语境分析,又称为"上下文分析"。我们可以运用语篇分析方法通过对刑法内部体系、刑法相关的法律体系(相关法律法规和司法解释)和刑法原理等法理体系进行分析,明确"暴力"一词的言内语境意义(体系意义)。就总则和分则的"暴力"而言,二者是一般和特殊的关系,总则的暴力(性)犯罪是对部分分则暴力的概括和抽象。刑法总则中的三个暴力,一个是特殊防卫中的"严重危害人身安全的暴力犯罪",其余两个限制减刑和禁止假释中的"有组织的暴力型犯罪",其实是前述最严重的暴力和严重的暴力,即最高程度可以判处死刑的暴力。而刑法分则中的暴力，则可以按照前述暴力的类型外延进行体系化解释。正如有观点所言："暴力的含义无疑在犯罪中具有共性的一面。但是，由于各种犯罪的性质不同，因此，在暴力的内容及程度上存在很大区别。"概言之，明确"暴力"一词的言内语境意义（体系意义）主要体现为通过暴力的外延类型。

二是言伴语境分析，又称为"以案释法"或"案例分析"。我们首先需要针对具体个案进行分析，再结合相关司法案例资源，尤其是指导性案例、公报案例、典型案例进行分析，明确"暴力"一词的言伴语境意义（个案意义）。言伴语境分析其实就是明确"暴力"一词"在本案中"或"在某某案中"的意义所指。如前所述，案例不但是系争语词的语境，而且还蕴含着案件事实发生的具体境况和社会背景，进而能为系争语词的理解提供具体的社会情境。当然，言伴语境分析或案例分析其实是言内语境分析的进一步具体化，是对"暴力"一词刑法条文意义在具体案例中的进一步具体化。例如在"胡国勇抢劫案"中，"暴力"一词则是指主观上以压制对方反抗为目的而实施的客观上足以压制对方反抗的人身伤害行为。[1] 质言之，"压制对方反抗"是抢劫罪的本质特征，对其需要主客观相统一的理解和认定。作为手段行为的暴力行为自然也必须在犯罪主观方面和客观方面同时具备"压制对方反抗"，否则就不是抢劫罪中的"暴力"。正如论者所言："行为人先前故意伤害行为形成了客观暴力威慑并致被害人不敢反抗，行为人借此而当场劫取被害人财物的，属于以胁迫方法抢劫财物，应当认定为抢劫罪。"[2] 毋庸置疑，在此案中，故意伤害行为是刑法语境中的"暴力"。但是，主观上不以压制对方反抗为目的或者客观上不能足以压制对方反抗的单纯故意伤害行为并非抢劫罪中的暴力，虽然说故意伤害行为也是

---

[1] 参见张金伟、施月玲、荣学磊《暴力威慑下的抢劫罪认定》，《人民司法（案例）》2012年第6期。

[2] 参见张金伟、施月玲、荣学磊《暴力威慑下的抢劫罪认定》，《人民司法（案例）》2012年第6期。

刑法中典型的"对人暴力"。同时，需要强调的是，我们也不能因此说"暴力"一词是多义词，只能说故意伤害罪的语境不同于抢劫罪的语境，暴力可以分为压制对方反抗的暴力和不压制对方反抗的暴力两种类型。在此，我们只是进一步细化"暴力"一词的概念外延类型而非增加"暴力"一词的内涵意义要素。虽然说，语用学坚持不同的用法就是不同的意义，但是笔者还是坚持语义学分析基础上的语用学分析。意义确定应当以语义学为准，语用只是限定细化语义。

三是言外语境分析，又称为"言外语境校正"或"社会文化解释"。我们通过立法资料分析和立法沿革分析、刑事政策分析、价值导向分析、语用推理等方法，明确"暴力"一词的立法历史意义、规范目的意义和刑事政策意义，进而可以最终明确"暴力"一词的言外语境意义（历史意义和目的意义）。在此，我们重点对"暴力"一词进行刑事政策分析和社会文化分析。首先，我们对"暴力"一词进行刑事政策分析。"暴力"一词蕴含着丰富的政策含义，在犯罪类型划分中，暴力犯罪往往是重罪，在刑事政策上往往是从严惩治，例如在我国目前的死刑政策中，保留暴力犯罪的死刑是基本的共识。而且"一般情况下，暴力犯罪暴力的程度和范围与法定刑的关系是一种比例关系，即，暴力的程度越重，则法定刑越重；暴力包括的范围越广，法定刑的幅度越大，刑种的种类越多"。因此，我们在对"暴力"一词进行政策分析时，必须注意根据暴力的程度和范围对其进行类型化解释，根据暴力的最低程度进行入罪评价，根据暴力的最高程度进行定罪量刑。当然，如前所述，暴力的程度和范围应当根据其所侵害的法益类型及其程度进行衡量。其次，我们对"暴力"一词，进行社会文化分析。在社会文化中，"暴力"一词往往与原始、野蛮相关联而与和平、文明、智能等相对应。正是因为如此，我们一般说社会文明程度越高，对暴力行为惩罚的欲求越强烈，而且对暴力的程度和范围越敏感，对暴力的容忍度也越来越低。在法律上，对家庭暴力、校园暴力、网络暴力的高度关切便是最好的例证。以前，我们或许能承受的，习以为常的"责打"行为在现在看来十分难以接受，被普遍认为是暴力行为。甚至连"网络暴力""冷暴力"我们都难以接受。当然，我们对法律将暴力予以惩罚的需求也就越发普遍和强烈。概言之，"暴力"一词的社会文化文义已经越来越敏感和"文明化"。通过刑事政策分析和社会文化分析可知，"暴力"一词的语用意义蕴含着对暴力越来越敏感、难以容忍，以及越来越强烈的法律惩罚需求。因而，在此我们必须强调，我们在对"暴力"一词进行解释和认定时，一定要以"其所侵害的法益类型及程度"标准，以概念外延的类型化解释为基础，恪守文义限度，进而可以保持必要的刑法理性和司法保守性。

三 "妇女"一词的刑法文义解释分析

在刑法中，"妇女"一词表述一类特殊的犯罪对象和刑罚适用对象，关乎犯罪客观方面的理解和认定和刑罚的正确适用。在刑法教义学上，怀孕的妇女不适用死刑，符合缓刑条件必须适用缓刑；刑法分则以妇女为特殊的犯罪对象进行专门保护，同时也限制刑法的适用范围。例如，刑法分则特别强调妇女以性同意权为核心的性自主权。据刑法理论统计，刑法立法共有9个条文在32处出现"妇女"，其中总则有2个条文（第四十九条、第七十二条）在2处出现"妇女"。虽然司法解释和理论上早已将"妇女"一词的含义界定为已满14周岁的女性，但是在日常生活之中和刑法学界对于"妇女"一词之含义的认识仍然存有争议，对"妇女""幼女"的理解认定仍然存有偏差。因此，我们有必要对"妇女"一词进行语法分析、语义分析和语用分析等语言学分析，进而明确其基本含义。

（一）对"妇女"一词进行语法分析

对"妇女"一词进行语法分析，主要是对"妇女"一词进行词法分析和句法分析。一方面，我们需要通过词法分析明确"妇女"一词的词法意义，主要包括词语学科类别、词语语法性质以及词语组合结构三个方面。其一，从词语学科类别上看，"妇女"是专业术语。"妇女"一词首先是医学（生理学、生物学）专业术语，其次还是社会学专业术语，而且在界定刑法上"妇女"一词的含义时，还要考虑其他法律中"妇女"一词的含义。质言之，"妇女"一词既表示自然性别，还表示社会性别，作为法律术语在不同法律语境下含义也不同。其二，从词语语法性质上看，"妇女"是名词。其三，从词语组合结构上看，通说观点多将其界定为偏正型语词，"妇"修饰女，但是这一界定限制了"妇女"一词的外延。相比较而言，将"妇女"一词界定为并列型词语更为妥当，"妇"与"女"并无主次修饰之分，而是都可以用来表述女性自然人的汉字。在词语搭配方面，在逻辑上妇女与男性形成以性别为区分标准的搭配；在刑法中妇女常常与儿童相并列，在强奸罪中与幼女相并列，这一区分在性别区分标准的基础上加入了年龄因素，甚至可以说主要是以年龄因素来进行区分，否则就会发生外延的交叉竞合。

另一方面，我们需要句法分析明确"妇女"一词的句法意义，主要包括所在语句的句型、层次以及系争语词在语句中所充当的句子成分三个方面。其一，是系争语词所在语句的句型和层次分析。"妇女"一词所在的刑法条文语句层次简单，主要是主谓句，也有倒装句的情形。例如，《刑法》第四十九条规定，"……和审判的时候怀孕的妇女，不适用死刑"。这一规定语句就是主谓句。另外，《刑法》第七十二条规定："对……怀孕的妇女……，应当宣告缓刑。"这一规定语句就是宾语前置的倒装句。在刑法分则条文中，"妇女"一词主要存在于第二百三十六条、第二百三十七条、第二百四十条、第二百四十一条、第二百四十二条、第三百条、第四百一十六条的规定之中。概言之，这些规定其实主要是以强奸（奸淫）、强制猥亵、侮辱、拐卖、收买等行为类型为中心的。这些规定都是由省略主语的"的"字句和"处"字句组成的宾语前置的倒装句。其二，是系争语词在语句中所充当的句子成分分析。在刑法条文中，"妇女"一词除在第四十九条之规定语句中作为主语使用外，其余都是作为宾语使用。

（二）对"妇女"一词进行语义分析

对"妇女"一词进行语义分析，主要是对"妇女"一词进行下定义和类型划分。一方面，我们需要通过下定义的方法，明确"妇女"一词的概念内涵意义。如前所述，学界通过法定含义、字典含义、学理含义、专业含义四种方式对系争语词下定义。其一，根据司法解释，"妇女"一词的法定含义是"年满14周岁的女性"，[①] 如前所述，这不是在对"妇女"一词下定义，因为没有揭示概念内涵意义，而是通过列举类型而界定其外延。其二，根据《现代汉语词典》，"'妇女'是名词，其意思是成年女子的通称"[②]。由此，我们可以发现，"妇女"一词的法定含义与字典含义在对"妇女"一词的概念外延的界定并不一致。对此，需要在法定含义和字典含义之间进行比较选择。"妇女"一词虽然是专业术语，但不是法律专业术语，因此不能简单地根据"日常用语日常含义优先""专业术语专业含义优先"的规则进行取舍，而需要运用语义学理论进行科学的词义分析。根据《现代汉语词典》，"'妇'字有三个义项：一是妇女；二是已婚的女子；三是妻"[③]。其中，第二个义项是古汉语中"妇"字的含义，也是现代汉语中"妇女"一词的最狭义的含义。根据《说文》记载，"处子曰女，适人曰妇。"在此，"女"字，是指未婚女子。"妇"字，是指已婚女子。因此，"妇女"一词应当泛指女子或女性。在现代汉语中，已婚的女子被称为妇人或人妇。[④] 同时，已婚的女子在家庭中则会成为与丈夫相对的妻，即"妇"字的第三个义项。由此可见，"妇"字的第二义项和第三义项有相通之处，具有一定的社会身份特指意义。另外，根据聚合关系理论，汉语中表示男子的词语当中没有与"妇女"结构相似的词语。同时有观点认为，"使用'妇女'一

---

① 需要说明的是，笔者未能确定是哪一个司法解释有此界定，只是根据学界表述而作此援引，同时，也不得不怀疑该司法解释是否确实存在。正如有观点所言："事实上，中国并没有法律或者司法解释规定妇女是指14周岁以上的女性。人们之所以流传这样一种说法，是因为我国《刑法》第二百三十六条的规定。"

② 参见中国社会科学院语言研究所词典编辑室《现代汉语词典》（第7版），商务印书馆2016年版，第408页。

③ 参见中国社会科学院语言研究所词典编辑室《现代汉语词典》（第7版），商务印书馆2016年版，第408页。

④ 参见中国社会科学院语言研究所词典编辑室《现代汉语词典》（第7版），商务印书馆2016年版，第408页。

词称呼女性是对女性的极大不尊重，而且'妇'字的繁体形式也极其突出旧社会女性所处的不平等地位。"因此，有观点建议，"在任何语境下都只使用'女子'或'女性'来表示性别为女的人和人群"。其三，在学理上，对于"妇女"一词的含义，学界通说采取法定含义，即认为，"妇女是年满十四周岁的女性"。但是也有观点认为："妇女应当指所有女性，包括年满十四周岁的妇女和不满十四周岁的幼女。"[1] 其四，如前所述，"妇女"是专业术语。"妇女"一词首先是医学（生理学、生物学）专业术语，其次"妇女"一词还是社会学专业术语。正如有观点所言："所谓自然性别是指基于某些生理的、表型的和基因属性的性别，社会性别是基于社会和文化建构的性别。"[2] 在笔者看来，此处的自然性别就是作为医学专业术语的"妇女"的含义；社会性别就是作为社会学术语的"妇女"的含义。也可以说，"妇女"一词应属复合概念。"妇"字代表身份属性，"女"字代表性别属性。不过，无论是医学专业术语还是社会学专业术语都未能完成对"妇女"含义进行准确界定的任务。我们需要通过"分类"的方法对其进行进一步分析。不过，就概念的内涵意义而言，笔者暂且将其界定为："妇女，是指女性自然人。"

另一方面，我们需要通过类型化归纳列举的方法，明确"妇女"一词的肯定类型（特别是典型类型）、中间类型和否定类型，进而明确其概念外延意义。不过，作为分类的前提需要明确分类的标准，因为正是分类标准的混乱和交织，使得我们对"妇女"一词的含义理解显得困难而复杂。毋庸置疑，妇女的上位概念是自然人。只是我们在对"妇女"一词进行理解的过程中，出现了以性别、年龄和婚否为标准的分类和交叉。一般而言，以性别为标准，我们可以将自然人分为男人和女人（或者男性和女性、男子和女子）。不过，我们还要同时注意两类特殊性别的人，一是介于男性和女性之间的变性人；二是兼具男性和女

---

[1] 参见胡东飞《论刑法分则中"妇女"概念的外延》，《当代法学》2018年第4期。
[2] 参见［美］布赖恩·H. 比克斯《牛津法律理论词典》，邱昭继等译，法律出版社2007年版，第82页。

性本质特征的两性人。以周岁年龄为标准，我们可以将自然人分为成年人和未成年人，成年人可以进一步分为青年人（18周岁以上，但是不满45周岁）、中年人（45周岁以上，但是不满60周岁）、年轻老年人（60周岁以上，但是不满75周岁）、老年人（75周岁以上，但是不满90周岁）、长寿老年人（90周岁以上）；未成年人可以进一步分为青少年（14周岁以上，但是不满18周岁）和儿童（不满14周岁）。儿童又可以进一步分为新生儿（未满月的儿童）、乳儿（已满月但不满1周岁）、婴儿（1周岁以上，但是不满3周岁）、幼儿（3周岁以上，但是不满6周岁）、学龄期儿童（6周岁以上不满14周岁）。① 以婚姻状况为标准，可以将自然人分为未婚人士、已婚（初婚有配偶、再婚有配偶、复婚有配偶）人士、丧偶人士、离婚人士等（详见表4-3）。概言之，我们要想确定"妇女"一词之概念外延，必须以性别为首要标准，而后再辅之以年龄和婚否标准对自然人的概念外延类型进行划分。"妇女"一词之概念外延确定亦应如此。

具体到"妇女"一词，其狭义和典型的类型是已婚的女性，也是能为人们普遍接受的妇女类型，② 这一类型糅合了婚否、年龄、性别三个分类标准，因为在我国年满20周岁是女性的法定婚龄；在此基础上，有孩子的已婚女性是"妇女"一词最狭义和最典型类型，也是最能为

---

① 在此需要特别说明的是，目前学界存在的年龄标准参差不齐，甚至存有矛盾。从学科上看，有医学标准和社会学标准，医学标准还有（发展）生理学标准和心理学标准；从地域上看，有国际标准（世界卫生组织）和中国标准；从时间上看，有古代标准和现代标准；中国标准还有法定标准和学理标准等不一而足。而且，即便是特定的年龄标准，也会随着时间变化，而且对特定年龄类型的自然人划定也较为模糊。例如，我国共青团界定的青年年龄是14周岁以上，但不满28周岁。又如，国际《儿童权利公约》界定的儿童年龄是不满18周岁的任何人，而在我国又只能是不满14周岁的人（小学阶段）才能过儿童节。因此，笔者只能是在诸多标准中，求同存异，大致地划分自然人的年龄类型。

② 之所以如此，是因为"妇女"一词所具有的贬义色彩，因为这一语词往往是被歧视、不平等待遇的身份象征，更有甚者，在现实生活中，人们用"三八""妇女"等词语来辱骂女性。于是，在日常生活中，大多女性在回避甚至抗拒被称为"妇女"，而用"女神"、"女王"、"女生"甚至是"小仙女"等词语进行替换，更不愿意在未婚之前甚至是有孩子之前就被称为"妇女"。

表 4-3　　　　　　　　　"自然人"一词的外延类型

自然人	性别	男性		同女性的分类	
		女性	有无孩子	有孩子的女性	
				没有孩子的女性	
			婚否	已婚女性	
				未婚女性	
			年龄	成年女性（18周岁以上）	
				少女（14周岁以上，但是不满18周岁）	
				幼女（3周岁以上，但是不满6周岁）	
	年龄	成年人	长寿老年人	90周岁以上	
			老年人	75周岁以上，但是不满90周岁	
			年轻老年人	60周岁以上，但是不满75周岁	
			中年人	45周岁以上，但是不满60周岁	
			青年人	18周岁以上，但是不满45周岁	
		未成年人	青少年	14周岁以上，但是不满18周岁	
			儿童	学龄期儿童	6周岁以上，但是不满14周岁
				幼儿	3周岁以上，但是不满6周岁
				婴儿	1周岁以上，但是不满3周岁
				乳儿	已满月但不满1周岁
				新生儿	未满月的儿童
	婚姻状况	未婚人士			
		已婚人士		初婚有配偶	
				再婚有配偶	
				复婚有配偶	
	丧偶人士				
	离婚人士				

人们接受的妇女类型；而作为广义和中间类型的"成年女性通称"也糅合了年龄和性别两个分类标准；只有最广义和中间类型的"所有女性自然人"才是以性别为单一分类标准。但是无论如何，男性都不能纳入"妇女"一词的概念外延类型，是"妇女"一词之概念外延的否

定类型。概言之，刑法中"妇女"一词的含义是指女性自然人，包括所有女性，有孩子的已婚女性是最典型类型，已婚妇女是典型类型，成年女性是肯定类型，其余女性是中间类型，具有女性本质特征的两性人和变性人也是女性中间类型，而男性则是否定类型。

（三）对"妇女"一词进行语用分析

对"妇女"一词进行语用分析，旨在通过言内语境分析、言伴语境分析和言外语境分析，融合刑事法理（通常所说的法）、事理（通常所说的理）和情理（通常所说的情），进而可以明确系争语词的语境意义。一是言内语境分析，又称为"上下文分析"。我们可以运用语篇分析方法通过对刑法内部体系、刑法相关的法律体系（相关法律法规和司法解释）和刑法原理等法理体系进行分析，明确"妇女"一词的言内语境意义（体系意义）。其一，在刑法条文体系内，"妇女"一词应当指称所有女性自然人。一方面，在刑法总则（第四十九条和第七十二条）语境中，"妇女"一词主要是以"怀孕的妇女"和不满18周岁的人、已满75周岁的人并列，不过这种并列只是体现刑罚人道主义和对特殊刑罚对象进行有限容忍的刑事政策，而且"怀孕的妇女"是分别可以和不满18周岁的人和已满75周岁的人发生交叉的，在此，妇女是否成年并非本质特征，只有是否怀孕才是本质特征，因此这种并列并无任何逻辑并列解释意义—限定"妇女"一词的外延范围。另一方面，在刑法分则（第二百三十六条、第二百三十七条、第二百四十条、第二百四十一条、第二百四十二条、第三百条、第四百一十六条等规定之中）语境中，妇女一般与儿童并列，但是这种并列只是一种表达上的并列并非逻辑上的并列，不能根据"儿童"一词的含义去界定"妇女"一词的含义。因为，儿童是以年龄为标准对人的类型划分，妇女除了是以年龄为标准对人进行的类型划分外，还有性别侧面。更何况，在刑法语境中，妇女并非全部只是与儿童并列，还在第二百三十六条之规定中与幼女并列，还同时存在第三百条之规定中不并列使用的情形。根据《大辞海》，"儿童，是指从出生到14周岁年龄段的人。从社会学的角度,一般把整个儿童分为五个阶段:出生到满月为新生儿期,满月到1周岁为乳儿期,1—3周岁为婴儿期,3—6岁为幼儿期,6—14岁为学龄期"①。按照这一定义,幼女只能是3—5岁的女性儿童。如果以此界定,刑法中的"幼女"一词存在外延过宽的情况。质言之,刑法中的"幼女"一词其实是在指称所有女性儿童的外延。当然,从另一方面,也可以说明刑法将幼女界定为不满14周岁也仅仅停留在日常用语层面,而忽视了专业含义或者更多的是基于与"刑事责任年龄"设定相契合的综合考虑。概言之,根据刑法体系内部的上下文分析,"妇女"一词可以和"儿童"一词在概念外延类型——"女性儿童"上发生交叉,这是性别标准和年龄标准两个不同分类标准存在交叉使然,在司法实务中可以想象竞合犯罪理论处断。但是,不能说妇女包括儿童,否则就是类推解释。其二,在整个法律体系中,其他法律部门中的"妇女"一词也应当指称所有女性自然人。例如,《宪法》第四十八条明确规定:"妇女在政治、经济、文化、社会和家庭生活等各方面享有同男子平等的权利。国家保护妇女的权利和利益,实行男女同工同酬,培养和选拔妇女干部。"在这一规定之中,"妇女"就是与"男子"相并列的,指称所有女性自然人的语词。再如,作为专门法的《妇女权益保障法》保障了"女婴""女性儿童少年""女性青少年""女性未成年人""老年妇女"等所有年龄阶段的女性自然人的权益。由此可见,我们应当将"妇女"一词解释成女性才更为妥当,同时应当将"幼女"一词严格限定为3周岁以上,但是不满6岁的女性儿童。如果考虑对法益保护的周全性,倒不如直接用"未满14周岁女性"或"女性儿童"替换"幼女"一词。因此,在第二百三十六条强奸罪中,"妇女"一词应当包括一切女性,既包括中国妇女也包括外国妇女,既包括成年妇女也包括未成年女性。质言之,强奸罪之第一款与第二款是一般和特别的关

---

① 大辞海编辑委员会:《大辞海·政治学·社会学卷》,上海辞书出版社2010年版,第556页。

系,而非逻辑对立的并列关系。概言之,将"妇女"解释为"年满14周岁女性"是体系解释的结果。由此,我们可以说,如果我们颠倒语义分析和言内语境分析的顺序,以言内语境为解释活动起点的话,会不当限制语词的概念外延意义。因此,我们需要坚持解释方法的阶段性、有序性和递进性进而能真正坚守解释方法的阶层性。

二是言伴语境分析,又称为"以案释法"或"案例分析"。我们首先需要针对具体个案进行分析,再结合相关司法案例资源,尤其是指导性案例、公报案例、典型案例进行分析,明确"妇女"一词的言伴语境意义(个案意义)。言伴语境分析其实就是明确"妇女"一词"在本案中"或"在某某案中"的意义所指。如前所述,案例不但是系争语词的语境,而且还蕴含着案件事实发生的具体境况和社会背景,进而能为系争语词的理解提供具体的社会情境。当然,言伴语境分析或案例分析其实是言内语境分析的进一步具体化,是对"妇女"一词刑法条文意义在具体案例中的进一步具体化。例如在全国首例拐卖两性人案——"张世林拐卖妇女案(刑事审判参考指导案例[刑事审判参考第77号])"中,"妇女"一词则是指以女性为本质特征的自然人。① 之所以如此强调"妇女"一词的本质特征,是因为两性人兼具男性特征和女性特征,对其进行定性必须考虑是以男性特征为主还是以女性特征为主。在该案中被害人王某虽具有女性特征,但是其以男性特征为主,因而不能将其纳入"妇女"的范畴,应按照男性进行认定。当然,假设王某以女性特征为主,就可以纳入"妇女"的范畴。可能有学者会认为,两性人是独立于男性和女性的性别。对此,笔者不敢苟同,在笔者看来,性别还是应当仅限于包括男性和女性两类,而无须也不可再另设新的性别种类。对于两性人,我们可视其以何种特征为主要特征或本质特征来进行认定更为妥当。另外,需要说明的是,如前所述,文义解释的难点在于解释处于两个矛盾的典型类型之间的语词或同时具有两个矛

---

① 参见最高人民法院《刑事审判参考》总第6集,法律出版社2000年版。

盾的典型类型的本质特征的语词。如前所述，从性别上分类，人可以分为男（性）人和女（性）人，而变性人是处于男人和女人之间的类型，两性人是同时具有男人和女人本质特征的类型。概言之，我们在解释"妇女"一词时，还必须注意对变性人和两性人的类型化分析，既要注意自然性别划分还要注意社会性别划分。当然，对于此案，司法机关按照对象不能犯和抽象认识错误中的对象认识错误理论，将行为人张世林的行为认定为拐卖妇女罪（未遂）是妥当的。

　　三是言外语境分析，又称为"言外语境校正"或"社会文化解释"。我们通过立法资料分析和立法沿革分析、刑事政策分析、价值导向分析、语用推理等方法，明确"妇女"一词的立法历史意义、规范目的意义和刑事政策意义，进而可以最终明确"妇女"一词的言外语境意义（历史意义和目的意义）。在此，我们重点对"妇女"一词进行社会文化分析、刑事政策分析和规范目的分析。首先，我们对"妇女"一词进行社会文化分析。"妇女"一词在我国有特殊的社会文化意义。在古汉语中，妇女特指已婚的女性；在现代汉语中又是所有成年女子的通称。但是，无论是古代还是现代，与男性相比较，妇女一直处于不平等地位，无论是在家庭还是社会生活中，往往容易被歧视，合法权益难以得到保障。根据《说文解字》，"妇"字的繁体字是"婦"，由女持握着扫帚，意为服侍（家事）的人。[①] 另外，如前所述，在日常生活中，"妇女"已经有贬义色彩，因为这一语词往往是被歧视、不平等待遇的身份象征，更有甚者，在现实生活中，人们用"三八""妇女"等词语来辱骂女性。于是，在日常生活中，大多女性在回避甚至抗拒被称为"妇女"，而用"女神"、"女王"、"女生"甚至是"小仙女"等词语进行替换，更不愿意在未婚之前甚至是有孩子之前就被称为"妇女"。因此，我国无论是《宪法》层面还是专门的《妇女权益保障法》，

　　[①] 参见（东汉）许慎撰，（清）段玉裁注《说文解字》，中国书店出版社2011年版，第2035页。

抑或民法、婚姻法、劳动法等法律都一再强调男女平等。其次，我们对"妇女"一词进行刑事政策分析。在我国，妇女往往和儿童、老人一起被认为是弱势群体。故而，在刑事政策上，对于作为犯罪主体的妇女，怀孕的妇女不适用死刑，符合缓刑条件的必须适用缓刑。同时，对于作为犯罪对象的妇女予以特殊保护。最后，我们对"妇女"一词进行规范目的分析。基于特殊的社会文化和刑事政策考虑，我国刑法对妇女予以特殊保护，故而设有专门以针对妇女的罪名。因此，我们在解释"妇女"一词时，一定要恪守罪刑法定原则，坚持保守的实质刑法观，不能将作为否定选项的男性类推解释为"妇女"。虽然刑法立法将强制猥亵罪的犯罪对象从妇女修改为他人而扩大了犯罪化的范围，但是立法上的犯罪化并不意味着刑法解释论和刑事司法可以进行类推解释，否则就会因不必要的刑罚惩罚而悖反刑法谦抑的基本理念。

四 "公共场所"一词的刑法文义解释分析

"公共场所"一词是行为的空间要素，关乎犯罪客观方面和加重构成要件的理解和认定。在刑法教义上，"公共场所"往往关涉公共安全法益和社会管理秩序法益，同时还是侵犯个人法益犯罪的从重处罚和加重处罚的事由。在刑事政策上，在公共场所犯罪或针对公共场所的犯罪，往往被认为是挑战社会底线和法律权威的严重犯罪，故而需要从严处罚。据统计，刑法立法共有7个条文在8处出现"公共场所"，而且主要集中在刑法分则条文之中，其中第一百二十条之五、第一百三十条、第二百九十一条三处是基本构成要素，第二百三十六条第（三）项、第二百三十七条第二款、第二百九十二条第（三）项、第二百九十三条第（四）项（有2处）五处是加重构成要素。然而，刑法学界对于"公共场所"一词之含义的认识仍然存在争议，尤其以"网络是不是公共场所""公共场所是不是限于现实场所"的争议最为激烈。因此，我们有必要对"公共场所"一词进行语法分析、语义分析和语用分析等语言学分析，进而明确其基本含义。

（一）对"公共场所"一词进行语法分析

对"公共场所"一词进行语法分析，主要是对"公共场所"一词进行词法分析和句法分析。一方面，我们需要通过词法分析明确"公共场所"一词的词法意义，主要包括词语学科类别、词语语法性质以及词语组合结构三个方面。其一，从词语学科类别上看，"公共场所"是来自日常用语的法律术语，是由"公共"和"场所"组成的复合词语。其二，从词语语法性质上看，"公共场所"是复合名词，是表示地点和场所的名词。其三，从词语组合结构上看，"公共场所"是偏正结构语词，公共作为属性词修饰作为名词的场所。质言之，公共是场所的属性，也是理解"公共场所"一词的关键所在。

另一方面，我们需要以句法分析明确"公共场所"一词的句法意义，主要包括系争语词所在语句的句型、层次以及系争语词在语句中所充当的句子成分三个方面。其一，系争语词所在语句的句型和层次分析。"公共场所"一词所在语句的常见句型是以主谓句为主的简单句，但是也有承接关系、并列关系和因果关系的复合句。在第一百三十条的规定中，"非法携带"与"进入公共场所"以及"危及公共安全"组成具有承接关系的复句。在第二百九十一条的规定中，聚众扰乱公共场所秩序和聚众堵塞交通或破坏交通秩序形成并列关系，再与抗拒、阻碍国家治安管理工作人员依法执行职务组成具有承接关系的复合句。在第二百九十三条第（四）项的规定中，"在公共场所"作为状语修饰谓语"起哄闹事"，然后"起哄闹事"与"造成公共场所秩序严重混乱的"组成具有因果关系的复合句。其二，系争语词在语句中所充当的句子成分分析。"公共场所"一词在其所在的语句中主要充当表明地点和场所的状语成分，也充当宾语成分。如在第一百二十条之五、第二百三十六条第（三）项、第二百三十七条第二款、第二百九十二条第（三）项、第二百九十三条第（四）项第一处五处规定中，和"在"字搭配一起作状语使用；在第一百三十条的规定中，和"进入"一词搭配作宾语使用；在第二百九十一条的规定中，和"扰乱"一词搭配作宾语使用；第二百九十三条寻衅滋事罪第（四）项第二处规定中，和"造成"一词搭配作宾语使用。

（二）对"公共场所"一词进行语义分析

对"明知"一词进行语义分析，主要是对"公共场所"一词进行下定义和类型划分。一方面，我们需要通过下定义的方法，明确"公共场所"一词的概念内涵意义。如前所述，学界通过法定含义、字典含义、学理含义、专业含义四种方式对系争语词下定义。其一，根据《刑法》第二百九十一条之规定，"公共场所"一词的法定含义是车站、码头、民用航空站、商场、公园、影剧院、展览会、运动场等其他公共场所。不过，《公共场所卫生管理条例》的规定更为详尽，其第二条规定，"公共场所有住宿与交际场所（8种：宾馆、饭馆、旅馆、招待所、车马店、咖啡馆、酒吧、茶座）、洗浴与美容场所（3种：公共浴室、理发馆、美容院）、文化娱乐场所［5种：影剧院、录像厅（室）、游艺厅（室）、舞厅、音乐厅］、体育与游乐场所［3种：体育场（馆）、游泳场（馆）、公园］、文化交流场所（4种：展览馆、博物馆、美术馆、图书馆）、购物场所［2种：商场（店）、书店］、就诊与交通场所［3种：候诊室、候车（机、船）室、公共交通工具（汽车、火车、飞机和轮船）］等7类28种"①。不过，如前所述，这两个规定都不是在对"公共场所"一词下定义，因为没有揭示概念内涵意义，而是通过列举类型而界定其外延，而且这种列举也不周延，是一种不完全列举。不过，《娱乐场所管理条例》对"娱乐场所"一词的定义，值得借鉴。其第二条规定："娱乐场所，是指以营利为目的，并向公众开放、消费者自娱自乐的歌舞、游艺等场所。"② 特别是其中的"向公众开放"这一概念要素，颇具启发意义。其二，根据《现代汉语词典》，"'公共'是属性词，意思是属于社会的；公有公用的。而'场所'的意思是活

---

① 国务院发布的《公共场所卫生管理条例》。
② 国务院发布的《娱乐场所管理条例》。

动的处所"①。因而"公共场所"一词的字典含义是，属于社会的、向公众开放的、公有公用的活动场所。其三，学界对"公共场所"的内涵意义没有统一的专门界定，早已将其视为一个约定俗成、不言而喻因而无须专门界定的概念，存有争议的是其概念外延意义的界定。其中，张明楷教授将公共场所界定为："不特定人或多数人（身体）可以自由出入的场所。"②周光权教授将公共场所界定为："提供给公众从事工作、学习、经济、文化、社交、娱乐、体育、参观、医疗、卫生、休息、旅游活动，或者为满足公众其他生活需要所提供的一切建筑物、场所及其设施的总称。"③其四，"公共场所"一词来自日常词汇的法律术语，不是专业词汇，没有专业含义。综上所述，笔者认为，"公共场所"一词，应当从人群特征、功能特征和场所特征三个方面对其概念内涵意义进行界定，应当是指人群经常聚集的，不特定人或多数人可以自由出入的，供社会公众使用或服务于社会公众从事工作、学习、经济、文化、社交、娱乐、体育、医疗、卫生、休息、旅游、交通、集会等各种社会生活和满足部分生活需求所使用的各种开放性的公用建筑物、场所及其设施的总称。其中，人群聚集和开放性是本质特征。

另一方面，我们需要通过类型化归纳列举的方法，明确"明知"一词的肯定类型（特别是典型类型）、中间类型和否定类型，进而明确其概念外延意义。在此，我们根据《公共场所卫生管理条例》第二条之规定，以其功能特征为标准，可将公共场所的概念外延分为住宿与交际场所、洗浴与美容场所、文化娱乐场所、体育与游乐场所、文化交流场所、购物场所、就诊与交通场所七类。不过，这一规定对"公共场所"一词的概念外延意义的界定并不周延，至少没有包括学校等公共

---

① 中国社会科学院语言研究所词典编辑室：《现代汉语词典》（第7版），商务印书馆2016年版，第451、149页。
② 参见张明楷《刑法学（下）》（第5版），法律出版社2016年版，第1065页。
③ 周光权：《刑法各论》（第3版），中国人民大学出版社2016年版，第176、365—366页。

场所。同时，这一规定所列举的公共场所类型是"公共场所"一词之概念外延意义的肯定类型。对此，也有学者根据《中国公安百科全书》之解释，将公共场所分为公共医疗场所、公共旅游场所、公共消遣场所、公共集会场所、公共游览场所、公共营业场所、公共娱乐场所、可以自行出入的公共场所等8类。① 不过，理论上存在较大争议的是网络空间能不能视为公共场所。对此，通说观点认为，网络空间不属于"公共场所"，《关于办理利用网络实施诽谤等刑事案件适用法律若干问题的解释》将网络空间纳入"公共场所"范畴的做法不妥。例如有学者认为，不应直接将"公共场所"扩大进"网络空间"②。也有学者认为，"公共场所，必须是现实社会中供众人出入的场所"③。还有学者认为，"将网络空间解释为'公共场所'，实际上将公共场所提升为公共空间，是类推解释。"④ 不过，学界也不乏持有不同观点的学者，其主要是基于肯定前述《诽谤案件解释》的做法，将网络空间解释为"公共场所"。例如有观点指出："通过对'公共场所'的核心含义的解释、其立法目的的均衡以及国民的预测可能性分析，网络空间均可以被解释为'公共场所'。"⑤ 也有学者认为，"'公共场所'之所以作为入罪要素或加重情节，从目的上考虑，并不是因为行为本身可能造成现实中的混乱，而是受众具有不特定性"⑥。而笔者认为，对此不能一概而论，"公共场所"一词的外延类型应当有所区分，需要从逻辑上进一步细化。在分类标准方面，应当首先是空间组合形态，然后再是场所（状

---

① 李晓明：《刑法："虚拟世界"与"现实社会"的博弈与抉择》，《法律科学》2015年第2期。
② 李晓明：《刑法："虚拟世界"与"现实社会"的博弈与抉择》，《法律科学》2015年第2期。
③ 周光权：《刑法各论》（第3版），中国人民大学出版社2016年版，第176、365—366页。
④ 参见张明楷《刑法学（下）》（第5版），法律出版社2016年版，第1066页。
⑤ 参见邓婕《网络空间何以为"公共场所"？——关于刑法解释限度的思考》，《法律方法》2015年第1期。
⑥ 参见陈文昊《直播下的罪恶——刑法中"公共场所"的理解》，《长沙大学学报》2017年第1期。

态）特征，最后才是（场所）功能特征。在"互联网+"时代背景下，我们应当首先根据空间组合形态将公共场所划分为现实物理世界（现实社会）中的公共场所和虚拟网络世界（网络空间）的公共场所；其次，根据场所（状态）特征，我们可以将公共场所分为秩序型公共场所和场合型公共场所。场合型公共场所是作为状语的公共场所，强调公共场所的场所特征，即多人聚集的场合和状态。质言之，作为状语的公共场所应当替换为公共场合。公共场合是指多人聚集于特定公共场所时形成的特定状况。因为，根据《现代汉语词典》，"'场合'一词，作名词使用，是指一定的时间、地点、情况"①。秩序型公共场所是作为宾语的公共场所，强调公共场所的功能特征，强调公共场所的场所安全和有序运行秩序。详言之，秩序型公共场所更加强调公共场所能够有效发挥功能，在确保社会大众安全的前提下服务社会大众的公共生活需求。易言之，如果说场合型公共场所更加强调多数人的话，秩序型公共场所更加强调不特定人。再次，根据功能特征将公共场所划分为用于工作的公共办公场所（如办公室、传达室、会议室、楼道、职工食堂、洗手间、电梯间等）；用于学习的公共教育场所（如学校的教室、校园、操场、楼道、学生食堂、洗手间、电梯间等）；用于交易的公共营业场所[如商场（店）、书店、贸易市场、菜市场等]；用于文化交流的公共观览场所（如展览馆、博物馆、美术馆、图书馆等）；用于社会交际的公共交际场所（如咖啡馆、酒吧、茶座等）；用于文化娱乐的公共娱乐场所[如影剧院、录像厅（室）、游艺厅（室）、舞厅、音乐厅等]；用于体育游乐的公共体育场所[如体育场（馆）、游泳场（馆）、公园、园林大道路边、街心专供人消遣休息的地方等]；用于医疗保健的公共医疗场所（如医院、诊所、保健站等）；用于洗浴与美容的公共卫生场所（如公共浴室、理发馆、美容院等）；用于住宿休息的公共住宿场所

---

① 中国社会科学院语言研究所词典编辑室：《现代汉语词典》（第7版），商务印书馆2016年版，第149页。

(如宾馆、饭馆、旅馆、招待所、车马店等）；用于参观的公共旅游场所（如各种名胜古迹等处所）；可以自行出入的公共交通场所（如车站、码头、机场、海港等）以及公共交通工具（汽车、火车、飞机和轮船等）；用于集会的公共集会场所，如用于集会、庆祝、竞赛的场地等。简言之，现实社会的公共场所是"公共场所"一词之概念外延的肯定类型，网络空间是"公共场所"一词之概念外延的否定类型（详见表4-4）。① 场合型公共场所是"公共场所"一词之概念外延的肯定类型；秩序型公共场所是"公共场所"一词之概念外延的中间类型。《刑法》第二百九十一条所列举的车站、码头、民用航空站、商场、公园、影剧院、展览会、运动场等公共场所，是"公共场所"一词之概念外延的肯定类型；其余是"公共场所"一词之概念外延的中间类型。当然，与之相对的"户""住宅""住所"是"公共场所"一词之概念外延的否定类型。

  概言之，刑法中的"公共场所"一词，是指人群经常聚集的，不特定人或多数人自由出入的，供社会公众使用或服务于社会公众从事工作、学习、经济、文化、社交、娱乐、体育、医疗、卫生、休息、旅游、交通、集会等各种社会生活和满足部分生活需求所使用的各种开放性的公用建筑物、场所及其设施的总称，包括车站、码头、民用航空站、商场、公园、影剧院、展览会、运动场等现实社会的公共场所，不包括现实社会的"户"等与外界相对隔离的生活场所，也不包括网络空间。同时，在上述公共场所有多人聚集则更为典型的场合型公共场所。当然，即便是无人或人数较少甚至是暂停运行状态下的公共场所即秩序型的公共场所，也属于"公共场所"一词的范畴，只不过是中间类型。另外，我们还要将公共场所区分为行为发生的场所和结果发生的场所，并最终以实际发生的结果以及结果发生的场所为标准认定"公

---

  ① 与此有关的困惑是，"网络直播间"能不能纳入公共场所的范畴，准确地说，是能否纳入场合型公共场所的范畴。这是互联网时代不容忽视的问题。

表 4-4　　　　　"公共场所"一词的外延类型

公共场所	空间组合状态	现实社会	
		网络空间	
	场所状态特征	秩序型公共场所	作为宾语的公共场所
		场合型公共场所	作为状语的公共场所
	场所功能特征	用于工作的公共办公场所	办公室、传达室、会议室、楼道、职工食堂、洗手间、电梯间等
		用于学习的公共教育场所	学校的教室、校园、操场、楼道、学生食堂、洗手间、电梯间等
		用于交易的公共营业场所	商场（店）、书店、贸易市场、菜市场等
		用于文化交流的公共观览场所	展览馆、博物馆、美术馆、图书馆等
		用于社会交际的公共交际场所	咖啡馆、酒吧、茶座等
		用于文化娱乐的公共娱乐场所	影剧院、录像厅（室）、游艺厅（室）、舞厅、音乐厅等
		用于体育游乐的公共体育场所	体育场（馆）、游泳场（馆）、公园、园林大道路边、街心专供人消遣休息的地方等
		用于医疗保健的公共医疗场所	医院、诊所、保健站等
		用于洗浴美容的公共卫生场所	公共浴室、理发馆、美容院等
		用于住宿休息的公共住宿场所	宾馆、饭馆、旅馆、招待所、车马店等
		用于参观的公共旅游场所	各种名胜古迹等处所
		可以自行出入的公共交通场所以及公共交通工具	车站、码头、机场、海港等，汽车、火车、飞机和轮船等
		用于集会的公共集会场所	用于集会、庆祝、竞赛的场地等

共场所"一词的基本含义。

（三）对"公共场所"一词进行语用分析

对"公共场所"一词进行语用分析，旨在通过言内语境分析、言伴语境分析和言外语境分析，融合刑事法理（通常所说的法）、事理（通常所说的理）和情理（通常所说的情），进而可以明确系争语词的语境意义。一是言内语境分析，又称为"上下文分析"。我们可以运用语篇分析方法通过对刑法内部体系、刑法相关的法律体系（相关法律法规和司法解释）和刑法原理等法理体系进行分析，明确"公共场所"一词的言内语境意义（体系意义）。首先，包含"公共场所"一词的刑法条文之间的体系解释。以法益内容为标准，刑法中的"公共场所"，可以分为公共安全类公共场所、人身安全类公共场所、社会管理类公共场所。公共安全类公共场所，主要是指强制穿戴宣扬恐怖主义、极端主义服饰、标志罪和非法携带枪支、弹药、管制刀具、危险物品危及公共安全罪中的公共场所。公共安全类公共场所是秩序型公共场所，更是场合型公共场所，是不特定人出现的公共场所，更是多数人聚集的公共场所。质言之，公共安全类公共场所强调保护公共场所本身的安全，更强调保护不特定人甚至是多数人的人身和财产安全。甚至可以说，在公共场所实施的针对多数人的犯罪，即便是特定多数人的犯罪也更容易被认定为危害公共安全的犯罪。人身安全类公共场所，主要是指强奸罪和强制猥亵、侮辱罪等性侵犯罪中的公共场所。性侵犯罪本就极其私密的犯罪，即便是如此对被害人的法益也会造成严重的侵害，特别是严重的心理伤害。但如果行为人在公共场所当众实施，则会扩大损害，给被害人造成更为严重的心理创伤，因而是加重处罚事由。社会管理类公共场所主要是聚众扰乱公共场所秩序、交通秩序罪与聚众斗殴罪以及寻衅滋事罪中的公共场所。社会管理类公共场所则相对更侧重于秩序内容，强调对公共场所本身功能的有效发挥和良好秩序。当然，社会管理类公共场所也包含场合内容，或者说场合型的社会管理类公共场所更为典型，如果侵害在场多人的人身安全和财产安全的，可以视为情节严重或情节恶劣,甚至可以成为法定加重处罚事由。其次,通过与"户"的体系性解释,进一步明确"公共场所"一词的概念内涵意义。根据2013年的《盗窃案件解释》与2000年的《抢劫案件解释》以及2005年的《两抢意见》等司法解释,"'户'在这里是指(私人)住所(包括封闭的院落、牧民的帐篷、渔民作为家庭生活场所的渔船、为生活租用的房屋等),其特征表现为供他人(家庭)生活和与外界相对隔离两个方面,前者为功能特征,后者为场所特征。一般情况下,集体宿舍、旅店宾馆、临时搭建工棚等不应认定为'户',但在特定情况下,如果确实具有上述两个特征,也可以认定为'户'"①。在此,需要注意的是,"户"的概念经历了由最早的"他人生活"到"他人家庭生活"的限定解释过程。同时,张明楷教授也认为:"要求'户'与外界相对隔离是必要的,但是没有必要将'户'限定为'供他人家庭生活'的住所。对'户'进行过度的限制解释会违反平等保护被害人法益的原则,因而有损刑法的正义性。因此,换言之,没有家庭成员关系的人员一起共同生活的住所,也应当认定为'户'。"②对此,笔者认为,相比较功能特征而言,"与外界相对隔离"这一场所特征才是"户"的本质特征,即便是要求功能特征,也只要是"供他人生活"就可以,而无须限制解释为"他人家庭生活"。概言之,"户"是指与外界相对隔离的用于他人生活的住所。抑或者简单地说,"户"是指与外界相对隔离的生活住所。而在逻辑上与是相对的"公共场所"就应该是向外界开放的社会场所。开放性这一场所特征也就是"公共场所"的本质特征。也可以说,"户"以外的场所都是"公共场所"。再次,在《刑法》第一百三十条中,"公共场所"一词与"公共交通工具"相并列,在第二百九十一条中,"公共场所秩序"和"交通(场所)秩序"相并列,在此,需要将"公共场所"一词中和"交通"有关的外延类型限定为"可以

---

① 参见李立众《刑法一本通》,法律出版社2015年版,第343、344、350页。
② 参见张明楷《刑法学(下)》(第5版),法律出版社2016年版,第953、990页。

自由出入的场所",其余六处仍然应当包括"公共交通工具"。其实,此类情形在刑法中还有很多。刑法在使用某法律术语时,有时和其他术语相并列,有时没有和其他术语相并列,而且该法律术语和相并列的法律术语在概念外延方面存在交叉或包容关系。对此,笔者认为,言内语境分析或体系解释要建立在基本的语义分析基础上,在没有并列的情形下,采取广义解释;在和相关术语并列的情形下,将和相并列术语交叉部分剔除出去,这是语境相对性的体现。最后,与其他非刑法法律之间的体系性解释。其实,这一体系性解释在法定含义之语义分析部分已经有所涉及。一般而言,法定含义首先是刑法及其法律解释的法定含义,其次是其他法律的法定含义。如前所述,《刑法》第二百九十一条对"公共场所"一词的概念外延意义有列举式的界定。同时,《公共场所卫生管理条例》第二条对"公共场所"一词的概念外延也有更为详尽的列举式界定。因此,我们有必要对其进行体系化整合和体系解释。一方面,我们可以体系性地理解"公共场所"一词的含义;另一方面,我们也可以借此实现刑法与其他法律之间的有效衔接。

二是言伴语境分析,又称为"以案释法"或"案例分析"。我们首先需要针对具体个案进行分析,再结合相关司法案例资源,尤其是对指导性案例、公报案例、典型案例进行分析,明确"公共场所"一词的言伴语境意义(个案意义)。言伴语境分析其实就是明确"公共场所"一词"在本案中"或"在某某案中"的意义所指。如前所述,案例不但是系争语词的语境,还蕴含着案件事实发生的具体境况和社会背景,进而能为系争语词的理解提供具体的社会情境。当然,言伴语境分析或案例分析其实是言内语境分析的进一步具体化,是对"公共场所"一词之刑法条文意义在具体案例中的进一步具体化。例如在"吴茂东猥亵儿童案(刑事审判参考指导案例[刑事审判参考第989号])"中,"公共场所"一词则是指学校的教室。[①] 如前所述,此处的教室,首先

---

① 参见最高人民法院《刑事审判参考》总第98集,法律出版社2014年版。

是现实社会的公共场所，其次是场合型公共场所，再次是用于学习的公共教育场所。同时，根据 2012 年的《性侵害意见》第二十三条之规定，校园是典型的公共场所，而且只要多人在场就可以认定为是"在公共场所当众"，而不论在场人员是否实际看到。因此，与"当众"一词相并列的"公共场所"是一种场合型公共场所，强调一种多人在场的"公共场合"。质言之，"公共场合"是对"公共场所"的进一步的必要限缩，是在"开放性"之本质特征基础上对"多人在场"的涉众性的进一步强调。"当众"一词是对"公共场所"一词之"多人在场"的注意规定要素。

三是言外语境分析，又称为"言外语境校正"或"社会文化解释"。我们通过立法资料分析和立法沿革分析、刑事政策分析、价值导向分析、语用推理等方法，明确"公共场所"一词的立法历史意义、规范目的意义和刑事政策意义，进而可以最终明确"公共场所"一词的言外语境意义（历史意义和目的意义）。在此，我们重点对"公共场所"一词进行刑事政策分析和规范目的分析。首先，我们对"公共场所"一词进行刑事政策分析。一般而言，在公共场所或针对公共场所实施的涉公共场所犯罪，都应当从严处罚。一方面，在罪与非罪的犯罪化问题上，"公共场所"这一规范性构成要件要素是少见的犯罪构成要件"空间"要素和入罪事由。质言之，刑法一般不会因为行为发生地点而将特定行为入罪，"公共场所"和"户"是例外。另一方面，在从严处罚的事由问题上，"公共场所"这一要素又是从重处罚，甚至是加重处罚的事由。对此，学界一般认为这是公然挑战法律权威和底线，是难以容忍的重罪。在笔者看来，之所以如此，是因为涉公共场所犯罪所造成的法益侵害较为严重，造成的社会影响比较恶劣。涉公共场所犯罪不但可能会造成严重的人身伤害和较大的财产损失，同时也会影响公共场所的正常运行。同时，涉公共场所犯罪还会间接破坏社会公众安全感和对法律秩序权威的信仰。其次，我们对"公共场所"一词进行规范目的分析。如果说刑事政策是抽象的罪与非罪、从宽与从严等要不要严厉处罚的话，规范目的则是如何通过具体的规范表达来落实如何处罚的问题。而对于规范目的，虽然理论上存有人权保障和法益保护之争，但是就具体的规范表达而言，更多的是法益内容的确定。概言之，法益内容有类型化的作用。一般而言，法益可以分为个人法益、社会法益和国家法益。不同法益语境下的"公共场所"有不同的规范目的意义。例如针对个人法益犯罪中的"公共场所"更多的是加重处罚事由，因为"公共场所"已经超出了个人法益的立法目的范围。反之，针对社会法益犯罪中的"公共场所"更多的是基本的行为构成要件要素。申言之，结果发生意义上的"公共场所"是不成文的构成要件要素，刑法明文规定的"构成要件要素"则更多是行为发生意义上的"公共场所"。或者说"在公共场所实施"或"针对公共场所实施"更容易被入罪或从严处罚，也理所当然和更为典型。而"公共场所"之所以会进一步成为加重处罚事由，是因为"在公共场所实施"进一步造成了公共场所秩序或社会秩序严重混乱，对社会法益造成了进一步的现实侵害，而不只是造成社会秩序有被破坏危险的普通扰乱。概言之，"公共场所"一词的言外语境分析要以法益内容为基础，从结果发生意义对其进行类型化分析，进而理解其基本构成要件要素和加重处罚事由规定的规范目的和政策要旨。

五 "国家工作人员"一词的刑法文义解释分析

"国家工作人员"一词是行为主体的构成要素，关乎与职务相关犯罪的理解和认定。在刑法教义上，"国家工作人员"既是贪污贿赂犯罪和渎职犯罪的特殊主体，也是普通犯罪从重处罚的法定事由。在《监察法》实施背景下，我们更需要厘清"国家工作人员""国家机关公职人员""公职人员"之间关系。据统计，刑法立法共有14个条文在31处出现"国家工作人员"，其中总则有2个条文（第七条、第九十三条）在3处出现"国家工作人员"。刑法立法分则共有26个条文在30处出现"国家机关工作人员"，无论是作为定罪身份还是从重处罚的量刑身份，都至关重要。然而，刑法学界对于"国家工作人员"一词之含义的认识仍然存在争议。其根本原因在于，《刑法》第九十三条虽有立法界定，但是对"国家工作人员"一词之概念内涵意义和外延意义界定并不一致，甚至混淆了"国家工作人员"和"国家机关工作人员"的基本含义，因而失之偏颇。因此，我们有必要对"国家工作人员"一词进行语法分析、语义分析和语用分析等语言学理论分析，进而明确其基本含义。

（一）对"国家工作人员"一词进行语法分析

对"国家工作人员"一词进行语法分析，主要是对"国家工作人员"一词进行词法分析和句法分析。一方面，我们需要通过词法分析明确"国家工作人员"一词的词法意义，主要包括词语学科类别、词语语法性质以及词语组合结构三个方面。其一，在词语学科类别方面，"国家工作人员"是法律术语，有其特有的含义。不同于其他语词，"国家工作人员"不是由日常用语转化而来的法律术语，而是日常生活用语借用法律术语。其二，在词语语法性质方面，"国家工作人员"是名词，是表示与职务相关的犯罪主体身份或行为对象的名词。其三，在词语组合结构方面，"国家工作人员"一词是由"国家""工作"和"人员"三个词组成的偏正结构复合词，"国家""工作"是对中心语"人员"性质的修饰；不过，对"国家工作人员"一词之意义理解的重点在于"国家""工作"之含义的理解。另一方面，我们需要句法分析明确"国家工作人员"一词的句法意义，主要包括所在语句的句型、层次以及系争语词在语句中所充当的句子成分三个方面。其一，在刑法条文中，"国家工作人员"一词所在的条文语句往往是完整的主谓句。其二，"国家工作人员"一词之句法意义的理解不涉及复杂的句子层次分析，在此不再赘述。其三，"国家工作人员"一词在刑法条文中多作主语使用，也作宾语或定语使用。例如在第二百九十四条第（4）项之规定表述中，"利用国家工作人员的包庇或者纵容"，"国家工作人员"是"包庇"或"纵容"的定语。在第二百八十八条之一、第三百九十一条之一之规定表述中,"国家工作人员"是"近亲属"的定语。在第三百九十五条之规定的表述中,"国家工作人员"是"存款"的定语。再如,在第三百八十九条、第三百九十二条、第三百九十三条、第三百九十五条之规定中,"国家工作人员"分别与"给予""责令"等动词搭配作宾语使用。"国家机关工作人员"在刑法分则条文中也主要是作主语使用,除了在第一百零四条、第一百五十七条、第二百四十二条、第二百七十七条等规定表述中分别与"策动、胁迫、勾引、收买""阻碍"等动词搭配,作为宾语使用。

(二)对"国家工作人员"一词进行语义分析

对"国家工作人员"一词进行语义分析,主要是对"国家工作人员"一词进行下定义和类型划分。一方面,我们需要通过下定义的方法,明确"国家工作人员"一词的概念内涵意义。如前所述,学界通过法定含义、字典含义、学理含义、专业含义四种方式对系争语词下定义。其一,根据《刑法》第九十三条第一款之规定,"国家工作人员"一词的法定含义是"国家机关中从事公务的人员"。然而这一定义有与"国家机关工作人员"混同的嫌疑。质言之,这是对"国家机关工作人员"一词下定义而不是在对国家工作人员下定义。而且,何为"从事公务",也模棱两可。对此,我们还需要对"公务"一词进行再解释。反而,第二款之法律拟制规定,倒更像对"国家工作人员"进行界定。不过,如前所述,这不是在对"国家工作人员"一词下定义,因为没有揭示概念内涵意义,而是通过列举类型而界定其外延。同时,《刑法》第九十三条第二款还列举了"以国家工作人员论"的人员。结合这两款规定,我们可以发现,"国家工作人员"一词的法定含义是从"组织性质"和"从事公务"两个方面来界定工作人员性质。申言之,法定含义一方面通过国家机关、国有公司、企业、事业单位、人民团体等组织的国家性来界定其工作人员的国家性;另一方面通过"从事公务"这一本质特征来界定工作人员的国家性。同时,在法律上还有公务员、公职人员等与国家工作人员词义相近的法律术语。根据《公务员法》第二条规定:"公务员,是指依法履行公职、纳入国家行政编制、由国家财政负担工资福利的工作人员。"同样,何为"公职",也是语焉不详,需要进一步解释。根据《监察法》第一条、第三条以及第十五条之规定,"公职人员,是指所有行使公权力的公职人员或者依法履行公职的人员"。概言之,公职人员的概念内涵意义界定需要明确"从事公务""履行公职""行使公权力""从事管理"等术语。基于国家工作人员是法律术语的词语归类,笔者更愿意将国家工作人员的法定含义界定为"国家工作人员,是指所有行使(公)权力的人员"。其二,《现代汉语词典》并未对"国家工作人员"一词进行解释。因此,我们需要进行分析。"国家工作人员"一词是由"国家""工作""人员"组成的复合名词。因此,我们有必要查明上述三个语词的字典含义,进而界定"国家工作人员"一词的字典含义。根据《现代汉语词典》,"国家"一词作名词使用,有两个义项,"一是指阶级统治的工具,同时兼有社会管理的职能;二是指一个国家的整个区域"[①]。在此,我们采第一义项,而且强调其社会管理职能。"工作"一词既作动词使用,也作名词使用,其作动词使用时是指从事体力或脑力劳动,也泛指机器、工具受人操纵而发挥生产作用;其作名词使用时有两个义项,"一是指职业;二是指业务、任务"[②]。在此,"工作"一词作名词使用,我们应当采第三个义项。"人员"一词有两个义项,"一是指担任某种职务或具有某种身份的人;二是泛指群体中的成员"[③]。同时,我们还要查明"公务""公职""公权力"三个词语的词典含义。根据《现代汉语词典》,"公务,是指关于国家的事务,公家的事务。而公家是口语,又是指国家、机关、企业、团体(区别于'私人')。而公务

[①] 中国社会科学院语言研究所词典编辑室:《现代汉语词典》(第7版),商务印书馆2016年版,第497页。

[②] 中国社会科学院语言研究所词典编辑室:《现代汉语词典》(第7版),商务印书馆2016年版,第450页。

[③] 中国社会科学院语言研究所词典编辑室:《现代汉语词典》(第7版),商务印书馆2016年版,第450页。

员，是指政府机关的工作人员。公职，是指国家机关或公共企业、事业单位中的正式职务。公权力，又称公权，是指国家权力或公共权力的总称，如立法权、行政权、军事权等。而权力，又是指政治上的强制力量，职责范围内的支配力量"①。由此，"公务""公职""公权力"三个词语是近义词，只是各自侧重点不同。"公务"侧重于作为权力内容的事务，在此可以区分为狭义的社会性公共事务和经济性事务——国有财产的经营、管理；"公职"侧重于作为主体身份的"职务"；"公权力"侧重于"职责的强制力量和支配力量"。相比较而言，"公权力"一词更侧重于内部支配力和外部影响力，更能体现国家工作人员和社会公众的关系。因此，我们还必须查明"职务""职责""职权""职位"等词语的含义。根据《现代汉语词典》，"'职责'一词是指职务和责任；'职权'一词是指职务范围以内的权力；'职务'一词是指职位规定应该担任的工作；'职位'一词是指机关或团体中执行一定职务的位置"②。因此，在日常生活中，我们也通常将"职务"和"职位"理解为领导人员，在事业单位、国有企业中往往将"国家工作人员"称为行政人员或管理人员。其实，我们在行政法语境下，按照"行政主体"一词的含义理解"国家工作人员""公职人员""公务员"三个词语的含义可能更为妥当，即代表或代理国家从事公共事务管理的人员。其三，关于"国家工作人员"一词的理解，理论上存在身份说、公务说、身份和公务综合说、区别功能说等观点。身份说是一种形式标准，侧重于编制、正式职务等形式要素；公务说又称为功能说，是一种实质标准，侧重于公务行为、公共事务管理等实质要素；身份和公务综合说则是形式标准和实质标准的综合；区别功能说，是在公务说的基础上，侧

---

① 中国社会科学院语言研究所词典编辑室：《现代汉语词典》（第7版），商务印书馆2016年版，第1100页。

② 中国社会科学院语言研究所词典编辑室：《现代汉语词典》（第7版），商务印书馆2016年版，第1682—1683页。

重考虑刑法分则个罪所保护法益的具体分析。① 对此，学界通说采综合说，是对法定含义的再解释。在此，笔者倾向于公务说。正如司法实务部门有观点所言："实践中，可以通过第一步看职责即是否从事公务，第二步看委派主体是否具有委派资格，第三步看有无法律的明文规定等三个步骤认定行为人是否属于国家工作人员。"② 其四，"国家工作人员"一词不是专业词汇，没有专业含义。概言之，刑法中"国家工作人员"一词，即从事公务的人员，是指所有行使（公）权力，代表或代理国家从事公共事务管理的人员。

另一方面，我们需要通过类型化归纳列举的方法，明确"国家工作人员"一词的肯定类型（特别是典型类型）、中间类型和否定类型，进而明确其概念外延意义。在此，需要首先明确的是，国家工作人员与公职人员和公务人员的外延类型应当一致，国家机关工作人员是特殊的国家工作人员，公务员是特殊的国家机关工作人员。不过，根据《公务员范围规定》之规定，国家机关中除工勤人员以外的工作人员都列入公务员范围。在这一前提下，"国家工作人员"的外延类型划分其实是对《刑法》第九十三条和《监察法》第十五条之规定内容的再解释，其以工作人员所在的组织性质为主要标准，以有无编制和是事业编制还是公务员编制等人员编制性质为辅助标准。

申言之，"国家工作人员"一词的肯定类型是国家机关工作人员即国家机关中从事公务（管理）的人员，典型类型是公务员即有公务员编制的国家机关工作人员，与之相对的是有事业编制的国家机关工作人员和没有编制的合同聘任制人员；最典型的类型是担任领导职务的国家机关工作人员。需要注意的是，上述标准也只是"国家工作人员"的类型区分标准。"国家工作人员"一词的中间类型由内到外依次是参公管理事业单位（国家机关的所属事业单位，也是法律法规授权或者受

---

① 姜涛：《刑法中国家工作人员定义的个别化解释》，《清华法学》2019 年第 1 期。
② 罗开卷：《三步骤认定"国家工作人员"》，《人民法院报》2019 年 5 月 23 日第 6 版。

国家机关依法委托管理公共事务的组织)、群众(人民)团体、事业单位(公办的教育、科研、文化、医疗卫生、体育等单位)、国有企业(包括国有公司)中从事公务(管理)的工作人员,这些人员同样有正式编制和没有编制的合同聘任制人员之区分;国家机关、国有企业(包括国有公司)、事业单位委派到非国有企业(包括公司)、事业单位、社会团体从事公务(管理)的工作人员,基层群众性自治组织中从事管理的工作人员;其他依法从事公务(履行)公职的人员(详见表4-5)。"国家工作人员"一词的否定类型是国家机关和参公管理的事业单位中的工勤人员,事业单位、国有企业、人民团体中的专业技术人员和工勤人员,基层群众组织中的非管理工作人员以及非国有企业(包括公司)、事业单位、社会团体中的非管理工作人员。

(三) 对"国家工作人员"一词进行语用分析

对"国家工作人员"一词进行语用分析,旨在通过言内语境分析、言伴语境分析和言外语境分析,融合刑事法理(通常所说的法)、事理(通常所说的理)和情理(通常所说的情),进而可以明确系争语词的语境意义。

一是言内语境分析,又称为"上下文分析"。我们可以运用语篇分析方法通过对刑法内部体系、刑法相关的法律体系(相关法律法规和司法解释)和刑法原理等法理体系进行分析,明确"国家工作人员"一词的言内语境意义(体系意义)。首先是以刑法为语境的言内语境分析。对"国家工作人员"一词进行以刑法为语境的言内语境分析就是前述学理含义中之区别功能说基础上的体系化分析,是考虑"国家工作人员"一词的个罪含义、罪与罪之间关系的体系化分析。质言之,"国家工作人员"的刑法言内语境分析是在对刑法分则个罪所保护法益进行具体分析的基础上,结合刑法规范逻辑对"国家工作人员"一词进行的体系性分析。如前所述,在刑法中,刑法总则没有"国家机关工作人员"的规定,只有在第七条关于属人管辖权的规定和第九十三条关于"国家工作人员"的解释性规定中涉及"国家工作人员"一词。

第四章 刑法文义解释的运用 217

表 4-5 "国家工作人员"一词的外延类型

组织性质		人员编制性质	
国家工作人员（公职人员）	国家机关工作人员	公务员（行政编制）	领导人员
			普通公务员
	国家机关中从事公务（管理）的工作人员	事业编制工作人员	
		合同聘任制工作人员（无编制）	
	参公机关管理人员	事业编制工作人员	领导人员
	群众团体（人民团体）中从事公务（管理）的工作人员	合同聘任制工作人员（无编制）	普通管理人员
	参公事业单位管理人员	事业编制工作人员（在编人员）	领导人员
	参公事业单位中从事公务（管理）的工作人员	合同聘任制工作人员（无编制，非在编人员）	普通管理人员
	事业单位中从事公务（管理）的工作人员	事业编制工作人员	领导人员
		合同聘任制工作人员（无编制）	普通管理人员
	国有企业（含国有公司）中从事公务（管理）的工作人员	企业编制工作人员（正式员工）	高级管理人员（企业高管）
		劳务派遣协议工作人员（无编制）	普通管理人员
	国家机关、国有企业（包括国有公司）、事业单位委派到非国有企业（包括公司）、事业单位、社会团体从事公务（管理）的工作人员		
	基层自治组织中从事公务（管理）的工作人员		
	其他依法从事公务（履行公职）的工作人员		

在刑法分则中，第一百零九条将"国家工作人员"限定为"掌握国家秘密的国家工作人员"，第三百八十八条之一将"国家工作人员"限定为"离职的国家工作人员"，除此之外，刑法对"国家工作人员"没有做限定；在第二百九十四条第（四）项的规定中，"国家工作人员"是包庇和纵容的定语，而包庇和纵容又是利用的宾语，"利用国家工作人员的包庇或者纵容"又整体作状语使用。当然，在这一规定中，国家工作人员不是犯罪主体。其实，"国家工作人员"一词主要集中在第八章贪污贿赂罪的具体规定之中。在第三百八十九条、第三百九十二条的规定中，"国家工作人员"是犯罪对象；第三百八十八条之一和第三百九十条之一的规定中，"国家工作人员"又是"近亲属"和"人"的定语。不过，"国家工作人员"是和"与关系密切"相结合作为"人"的定语，而且是与"其他"一词相搭配的兜底规定。概言之，在刑法分则中，"国家工作人员"主要是贪污贿赂犯罪的行为主体，是行贿罪和介绍贿赂罪的行为对象。在利用影响力受贿罪和对有影响力的人行贿罪中，或者是行为对象的定语，或者要被限定为"离职的国家工作人员"。此外，"国家工作人员"还是叛逃罪的行为主体，不过要被限定为"掌握国家秘密的国家工作人员"；其同时还是组织、领导、参加黑社会性质组织罪之"保护伞"的构成要素。相比较而言，对"国家机关工作人员"进行以刑法为语境的言内语境分析则更为复杂，因为其分布更为分散，涉及的罪名更多，大致有四种情形。一是刑法将"国家机关工作人员"规定为加重或从重处罚要素。例如第一百零四条将"国家机关工作人员"规定为武装叛乱、暴乱罪之加重处罚行为的行为对象；第二百三十八条将"国家机关工作人员"规定为非法拘禁罪之从重处罚的行为主体；第二百四十三条将"国家机关工作人员"规定为诬告陷害罪之从重处罚的行为主体；第三百四十九条将"国家机关工作人员"规定为包庇毒品犯罪分子罪之从重处罚的行为主体。二是刑法将"国家机关工作人员"规定为行为主体。例如第一百零九条将"国家机关工作人员"规定为叛逃罪的行为主体；第二百五十一条将

"国家机关工作人员"规定为非法剥夺公民宗教信仰自由罪的行为主体；第二百五十四条将"国家机关工作人员"规定为报复陷害罪的行为主体；第二百九十五条将"国家机关工作人员"规定为包庇、纵容黑社会性质组织罪的行为主体。与国家工作人员相对应，"国家机关工作人员"一词主要集中在第九章渎职罪的具体规定之中。第三百九十七条、第三百九十八条、第四百零六条、第四百一十条、第四百一十八条、第四百一十九条都将"国家机关工作人员"规定为犯罪主体。此外，刑法中有些规定根据"国家机关工作人员"所负有的特殊职责将其限制规定为特定的"国家机关工作人员"。例如第三百九十九条、第四百条、第四百零一条都将"国家机关工作人员"限定为司法工作人员；第四百零二条将"国家机关工作人员"限定为行政执法人员。第四百零三条将其限定为"国家有关主管部门的国家机关工作人员"；第四百零四条、第四百零五条将其限定为税务机关工作人员；第四百零七条将其限定为林业主管部门的工作人员；第四百零八条将其限定为负有环境保护监督管理职责的国家机关工作人员；第四百零八条之一将其限定为负有食品安全监督管理职责的国家机关工作人员；第四百零九条将其限定为从事传染病防治的政府卫生行政部门的工作人员；第四百一十一条将其限定为海关工作人员；第四百一十二条将其限定为国家商检部门、商检机构的工作人员；第四百一十三条将其限定为动植物检疫机关的检疫人员；第四百一十四条将其限定为对生产、销售伪劣商品犯罪行为负有追究责任的国家机关工作人员；第四百一十五条将其限定为负责办理护照、签证以及其他出入境证件的国家机关工作人员，边防、海关等国家机关工作人员；第四百一十六条将其限定为对被拐卖、绑架的妇女、儿童负有解救职责的国家机关工作人员；第四百一十七条将其限定为有查禁犯罪活动职责的国家机关工作人员。三是刑法将"国家机关工作人员"规定为行为对象。例如第一百五十七条、第二百四十二条第一款、第二百七十七条分别将"国家机关工作人员"规定为妨害公务罪的行为对象；第二百四十二条第二款将"国家机关工作人员"规定为聚众阻碍解救被收买的妇女、儿童罪的行为对象；第二百七十九条将"国家机关工作人员"规定为招摇撞骗罪的行为对象。其次是以法律规范整体为语境的言内语境分析。如前所述，以法律规范整体为语境的言内语境分析主要是对系争语词法定含义的进一步分析，是综合考虑其他法律规范相关法律术语对系争语词之法定含义的理解。在此，主要是分析"国家工作人员"一词和"公务员"一词，特别是和"公职人员"一词的联系和区别，进而在厘清其关系的基础上将其进行体系化整合。对此，笔者认为反腐败立法背景下的法律术语应做统一解释。如前所述，国家工作人员与公职人员和公务人员的外延类型应当一致，国家机关工作人员是特殊的国家工作人员，公务员是特殊的国家机关工作人员。

二是言伴语境分析，又称为"以案释法"或"案例分析"。我们首先需要针对具体个案进行分析，再结合相关司法案例资源，尤其是对指导性案例、公报案例、典型案例进行分析，明确"国家工作人员"一词的言伴语境意义（个案意义）。言伴语境分析其实就是明确"国家工作人员"一词"在本案中"或"在某某案中"的意义所指。如前所述，案例不但是系争语词的语境，而且蕴含着案件事实发生的具体境况和社会背景，进而能为系争语词的理解提供具体的社会情境。当然，言伴语境分析或案例分析其实是言内语境分析的进一步具体化，是对"国家工作人员"一词刑法条文意义在具体案例中的进一步具体化。例如在"曹军受贿案（刑事审判参考指导案例［刑事审判参考第335号］）"中，"国家工作人员"一词则是指国有企业委派到非国有企业从事公务（管理）的工作人员。[①] 在该案中，《刑事审判参考》归纳的争议问题是"对于依照公司法规定产生的公司负责人能否认定为受国有单位委

---

① 参见最高人民法院《刑事审判参考》总第42集，法律出版社2005年版，第379—382页。

派从事公务的人员"①。其实，存在争议的根本问题是对"委派"的理解和认定。其实，无论是"委派"还是"委托"，在本质上都是一种国家权力的让渡和授予，其法律性质应当是行政行为。这一行为与公司法行为并不冲突和矛盾，当然不能因为公司法的选举程序而否认其受国有单位委派从事公务的性质。其实，后者公司法的选举程序是对委派行为的进一步确认。反观此案，笔者认为，之所以会有这样的争议问题，是因为司法人员在认定"国家工作人员"时，未能坚持从行为到行为人的客观阶层思维，而是采取了相反的思维路径，坚持以组织性质为主的思路，先入为主地认为非国有企业的工作人员就是非国家工作人员。"从行为人到行为"的思维路径背后是"标签理论"和主观主义影响下的主观归罪。如前所述，从事公务，即行使（公）权力或代表国家从事公共事务管理是国家工作人员的本质特征。我们应当通过特定工作人员行使权力的行为而非其所在单位的组织性质或编制性质来确定其是否"国家工作人员"。另外，我们通过委派主体、委派形式、委派程序等委派要素来认定特定人员是否是国家工作人员。推而广之，在方法论意义上，这一思维路径同样适用于"黑社会性质组织"等涉及身份问题的确认。"黑社会性质组织"共有组织特征、经济特征、行为特征、非法控制特征四个特征。司法实务倾向于从"组织特征"着手再到经济特征、行为特征、控制特征依次进行认定。其实，"非法控制特征"才是黑社会性质组织的本质特征，我们应该反过来从"行为特征"着手再到非法控制特征、经济特征和组织特征依次进行认定。易言之，我们在评价一个人时，不能直接对其好坏或依据"身份"进行评价，而是应该首先看其实施了什么样的行为，然后再对其进行评价。概言之，"国家工作人员"的司法认定应当抛弃唯身份论标准而坚持以公务论或职责论为主导的行为标准。

---

① 参见最高人民法院《刑事审判参考》总第42集，法律出版社2005年版，第379—382页。

三是言外语境分析，又称为"言外语境校正"或"社会文化解释"。我们通过立法资料分析或立法沿革分析、价值导向分析、刑事政策分析、语用推理分析等方法进行法理学分析、政策学分析和社会学分析，明确"国家工作人员"一词的立法历史意义、规范目的意义和刑事政策意义等，进而可以最终明确"国家工作人员"一词的言外语境意义（历史意义和目的意义）。在此，我们重点进行刑事政策分析和立法沿革分析。首先，我们对"国家工作人员"一词进行立法沿革分析。据考察，在新中国刑法立法史上，"国家工作人员"一词最早出现在1950年的《中华人民共和国刑法大纲草案》之中。① 根据其第八十三条之规定，国家工作人员包括村级以上国家机关、企业、学校内经常或者临时的工作人员以及依法登记的社会团体工作人员；其次是1952年的《中华人民共和国惩治贪污条例》。该条例是最早的正式立法。② 根据其第二条、第十五条以及第十六条，国家工作人员包括一切国家机关、企业、学校及其附属机构的工作人员，社会团体工作人员和现役革命军人。再次是1979年的《刑法》，其作为新中国第一部刑法对国家工作人员进行了专门界定。根据其第八十三条之规定，国家工作人员是指一切国家机关、企业、事业单位和其他依照法律从事公务的人员。与前述立法相比较，这一规定采取"列举规定＋一般性规定"相结合的模式，将"学校"修改成了"事业单位"，增加了"其他依照法律从事公务的人员"这一兜底规定，同时还明确了"从事公务"这一本质特征。这一规定使得"国家工作人员"一词的概念更加周延。随后，"'国家工作人员'概念伴随着国家经济体制改革经历了一个由扩张到收缩、又由收缩到扩张的演变过程"③。根据论者考察，第一阶段

---

① 参见刘志洪《我国刑法中"国家工作人员"概念演变探析》，赵秉志主编《刑法论丛》2014年第3卷，第157页。

② 参见姜俊《论我国刑法中的国家工作人员》，硕士学位论文，西南政法大学，2007年。

③ 参见刘仁文《刑法中"国家工作人员"概念的立法演变》，《河南大学学报》2010年第6期。

（1979—1982年）是扩张阶段，标志是1982年的《关于严惩严重破坏经济的罪犯的决定》。该规定在对"国家机关"进行列举规定的同时，取消了"从事公务"的限制。同时，将"企业和事业单位"修改为"国有企业和国家事业机构"。在国家组织上虽有所限定，但整体呈现出扩张趋势。第二阶段（1982—1995年）是收缩阶段，标志是1985年"两高"颁布的《关于当前办理经济犯罪案件中具体应用刑法的若干问题的解答（试行）》（以下简称《解答》），1988年的《关于惩治贪污罪贿赂罪的补充规定》（以下简称《补充规定》），1995年的《关于惩治违反公司法的犯罪的规定》（以下简称《公司犯罪规定》）等。其中，《解答》将"集体经济组织工作人员"与"国家工作人员"相并列，将其扩大解释为"贪污罪"的主体。《补充规定》将贪污、受贿、挪用公款三种犯罪的主体规定为"国家工作人员、集体经济组织工作人员或者其他经手、管理公共财物的人员"，而对巨额财产来源不明罪和隐瞒境外存款罪的主体则限定为"国家工作人员"。《公司犯罪规定》把集体经济组织工作人员和其他经手、管理公共财物的人员排除在受贿罪、贪污罪和挪用公款罪的主体范围之外。对此，也有学者认为这一阶段是先扩张后收缩的阶段，其认为："1982年至1988年是扩张阶段，1988年至1995年是再扩张阶段，1995年至1997年刑法颁布前才是收缩阶段。"[①] 笔者认为，后者的考察更为具体，也更为精准。第三阶段（1997年以来）是扩张阶段，标志是1997年新《刑法》和2000年的《关于刑法第九十三条第二款的解释》（以下简称《解释》），2002年的《关于〈中华人民共和国刑法〉第九章渎职罪主体适用问题的解释》（以下简称《渎职罪解释》），2001年5月23日最高院《关于在国有资本控股、参股的股份有限公司中从事管理工作的人员利用职务便利非法占有本公司财物定罪问题的批复》（以下简称《批复》），2003年最高

[①] 参见刘志洪《我国刑法中"国家工作人员"概念演变探析》，赵秉志主编《刑法论丛》2014年第3卷，第157—171页。

法《全国法院审理经济犯罪案件工作座谈会纪要》（以下简称《纪要》），2005年最高法《关于如何认定国有控股、参股股份有限公司中的国有公司、企业人员的解释》（以下简称《国有公司、企业人员解释》）等。其中，新《刑法》第九十三条第一款界定了狭义的国家工作人员的定义，明确了"从事公务"的本质特征。第二款"以国家工作人员论"的方式列举了广义的国家工作人员的外延，并以"其他依照法律从事公务的人员"兜底规定的方式进行了扩张解释。随后2000年的《解释》进一步通过明确了农村基层组织人员协助人民政府从事下列行政管理工作的属于"其他依照法律从事公务的人员"。2002年的《渎职罪解释》和2003年的《纪要》，都更进一步倾向于"公务说"，将"在依照法律法规规定行使国家行政管理职权的组织中从事公务的人员，或者在受国家机关委托代表国家行使职权的组织中从事公务的人员，或者虽未列入国家机关人员编制但在国家机关中从事公务的人员"三类人员都纳入了国家工作人员的范畴。另外，需要特别说明的是，我们要特别关注"国有企业中国家工作人员"的理解和认定问题。[①] 一方面，我们需要明确国家出资比例到何种程度就可以是国有企业。国有独资企业是典型的国有企业，国有控股企业是国有企业的肯定类型；而国有参股企业则是有争议的中间类型。另一方面，我们还需要明确"受委派"型国家工作人员的理解和认定问题。在此，也存在"身份说"和"公务说"之争论的痕迹。"身份说"强调委派主体、委派形式、委派程序等形式标准；"公务说"则强调代表国家管理国有资产等实质标准。"身份说"更侧重于主体要素，"公务说"更侧重于行为要素。概言之，通过立法沿革的历史解释分析，我们可以发现，当下的"国家工作人员"的理解认定整体呈扩张趋势。究其实质，是因为我们当下采取"公务说"这一通说标准。其次，我们对"国家工作人员"一词

[①] 参见陈兴良《国家出资企业国家工作人员的范围及其认定》，《法学评论》2015年第4期；胡冬阳《国家出资企业中"国家工作人员"应作限制解释》，《刑事法判断》2015年第21期；徐岱、李方超《"国家工作人员"认定范围的再解释》，《法学》2019年第5期。

进行刑事政策分析。无论是作为行为主体还是作为行为对象，"国家工作人员"一词都承载着国家法益。如前所述，"国家工作人员"是行使国家权力的人员。因而，在刑事政策语境下，"国家工作人员"意味着从严处理。一方面，在我国社会文化理念中，"知法犯法，罪加一等"是基本的社会共识。另一方面，国家工作人员利用职权实施犯罪造成的法益侵害更为严重，对国家职能法益的侵害也更为严重。例如，在侵犯个人法益犯罪中，刑法规定，国家机关工作人员实施侵犯公民人身权利犯罪的，从重处罚。在侵犯国家法益犯罪中，无论是贪污贿赂罪还是渎职罪，都会影响国家权力的正常运行，其法定刑都比非国家工作人员实施的相关犯罪的法定刑要重。另外，针对"国家工作人员"职务行为的犯罪一般被认为是针对国家法益的犯罪，是侵犯国家法益的行为，是挑战国家法律底线的行为，因而在刑事政策上也是从严打击。因而，在刑法解释论层面，对于越是应当从严处罚的犯罪，我们越是应当谨慎解释，越是应当恪守刑罚必要性原则和刑法阶层思维。首先，刑罚必要性原则意味着刑罚的正当性在于刑罚的合目的性、最小侵害性以及合比例性。一方面，从严处罚意味着行为之法益侵害的严重性，同时，从严处罚也意味着对行为人之合法权益的剥夺性，因而我们要慎之又慎，遵从刑罚处罚从无到有、从轻到重的阶层思维模式。另一方面，我们应当以行为为中心，坚持二元的行为无价值论，即以行使国家公权力，代表或代理国家从事公共事务管理的"公务说"为标准，理解和认定国家工作人员。在此基础上，我们应当逐步限制甚至舍弃"身份说""身份犯"等理论表述。同时，我们还应当以是否给国家资产、国家职能等国家法益造成侵害或有危险为标准进行限制，决定国家工作人员刑事违法行为的入罪和量刑问题。其次，刑法阶层思维意味着我们在刑法评价时应当恪守分阶段、有序性和递进性的思维。一方面，我们应当坚持刑罚是刑法的本质，强调刑法与刑罚的适当分离，强调刑事违法行为即违法与犯罪的适当分离。详言之，我们应当通过"刑法评价范围—刑事违法行为—犯罪"的刑法阶层思维来构造"严而不厉"的国家工作人员刑法评价体系。因此,我们必须适当剥离刑法的调整范围和刑罚的适用范围,坚持刑罚必要性和刑法扩张性相统一的刑法谦抑性。另一方面,在刑法适用扩张的背景下,我们应当坚持严而不厉的刑事政策。刑法扩张只是意味着刑法评价范围的扩张和刑事法网的严密以及刑事法律体系的完善,以实现刑法打击犯罪的必然性和周延性。当然这种扩张只能是基于行为标准的客观主义扩张,是二元的行为无价值理论支配和造成法益侵害或危险限制下的扩张。但是,刑法扩张和刑罚严厉是两个层面的问题。我们对特定人的行为进行刑法评价并不能直接等同于某人的行为就构成犯罪,就一定要对其科以刑罚,甚至就必须从重处罚。

第二节　疑难案例术语的刑法文义解释

"在某种意义上,一个案件的难易程度取决于这样几个变量:所有(经过训练的有能力)的人同意一个结果的程度、同一个评价者得出结论的速度、持有该结论的信心或确证。而所谓的疑难案例是业务熟练的律师或者法官之间会有不同的结论,甚至没有清楚而正确的结论而需要法官自由裁量的案例。"[1] 一般而言,法律与事实是案例的两个维度,"法律是内在于法律语言使用之中的事实性和规范性的互动。"[2] 法律问题和事实问题是个案审理的核心问题。因此,疑难案例分为法律疑难案例和事实疑难案例,在此我们重点讨论法律疑难问题,即假设事实不存在疑难,只是法律不清晰的法律疑难案例。而在笔者看来,法律疑难案例之疑难所在正是法律术语的含义的理解问题。而且笔者一直认为,所谓法律疑难案例之疑难在于法律适用者难以确定法律术语的外延类型与案件事实的事实类型的一致性,既非明确属于,也非明确不属于,而是处于"两可"的中间状态,这恰恰是系争语词之概念外延的中间类型。

---

[1] 参见 [美] 布莱恩·H. 比克斯《牛津法律理论词典》,邱昭继等译,法律出版社2007年版,第86页。

[2] 张斌峰:《法学方法论教程》,武汉大学出版社2013年版,第1页。

另外，如果说立法规范术语的刑法文义解释分析是特定术语的（多）案例分析的话，疑难案例术语的刑法文义解释分析则是特定案例中的（多）术语分析，而且疑难案例术语并非一定是法律术语，还有可能是法学术语。这也是笔者将刑法文义解释的运用区分为立法规范术语解释和疑难案例术语解释的原因所在。当然，这背后也存在刑事立法中心论向司法中心论转向背景下的规则之治向案例之治转移的综合考虑。而疑难案例术语解释之刑法文义解释分析的关键在于准确归纳疑难案件之疑难问题争议焦点背后的系争语词。囿于篇幅所限，笔者在此重点以"于欢故意伤害案""赵春华非法持有枪支案""快播案"等三个经典司法案例作为样本检验刑法文义解释论的疑难案例处理功效。

一 "于欢故意伤害案"的刑法文义解释分析

自"于欢故意伤害案（指导性案例93号）"以来，正当防卫制度就成为刑法前沿热点问题。[①] 随后，"于海明正当防卫案（检例第47号）""赵宇正当防卫案""涞源反杀案""云南唐雪案"等都曾引发广泛的社会关注。而这一系列案件之所以引发关注，是因为司法实务在处理正当防卫案例的过程中，不能正确地把握正当防卫和防卫过当的界限，甚至违反"常识常理常情"。而这一问题的背后关涉对"明显超过必要限度"这一术语的正确理解。或者更准确地说是对"必要限度"一词的正确理解。另外，需要特别说明的是，关于正当防卫制度，或许还有其他争议，但是对"必要限度"一词的理解是最大的争议。亦或者说，正确理解"必要限度"一词也可以解决其他争议。然而，刑法学界对于"必要限度"一词之含义的理解和认识仍然不是十分明确。虽然，最高法在第十八批指导性案例中将"于欢故意伤害案"纳入指导性案例，最高检也针对性地发布了第十二批指导性案例，以明确正当防卫和防卫过当的界限。但是，理论上仍然有观点认为指导性案例仍然

---

① 于欢故意伤害案，最高人民法院指导案例第93号（2018年）。

存在一定的局限性。因此，我们有必要对"必要限度"一词进行语法分析、语义分析和语用分析等语言学理论分析，进而明确其在刑法中的基本含义。

（一）对"必要限度"一词进行语法分析

对"必要限度"一词进行语法分析，主要是对"必要限度"一词进行词法分析和句法分析。一方面，我们需要通过词法分析明确"必要限度"一词的词法意义，主要包括词语学科类别、词语语法性质以及词语组合结构三个方面。其一，从词语学科类别上看，"必要限度"一词是来自日常用语的法律术语，是由"必要"和"限度"组成的复合词语。其二，从词语语法性质上看，"必要限度"是复合名词，是表示程度的复合名词。其三，从词语组合结构上看，"必要限度"是联合型结构语词。在构词方面，"必要"和"限度"可以有不同的组合关系，其既可以是表述修饰的偏正型结构关系"必要的限度"；也可以是表述同位并列的联合型结构关系"必要这一限度"。在此，笔者倾向于主张"必要限度"是联合型结构关系。因为，从表述完整性角度来看，"必要限度"应该被还原为"必要这一限度"。同时，从词语意义内容角度来看，必要是限度的内容而不是限度的修饰。质言之，"必要限度"不是要回答"要不要有限度"的问题，而是要回答"要有什么样的限度"的问题。另外，再从词语搭配角度来看，"明显超过必要限度"的"必要限度"也应该是明确限度的内容而不应是限度的有无问题。不过，"必要"与"限度"虽然是同位并列的关系，但是，在解释论层面，"必要"应当才是解释的重点，如前所述，必要是限度的内容。因此，我们应当重点解释"必要"一词的基本含义。

另一方面，我们需要句法分析明确"必要限度"一词的句法意义，主要包括系争语词所在语句的句型、层次以及系争语词在语句中所充当的句子成分等三个方面。一是系争语词所在语句的句型和层次分析。"必要限度"一词所在的语句"正当防卫明显超过必要限度造成重大损害的，应当负刑事责任，但是应当减轻或者免除处罚。"是以主谓句为主的复合句。因为这一句应当被还原为"如果正当防卫（准确的应该是防卫行为）明显超过必要限度造成重大损害的，那么防卫人应当负刑事责任，但是法院应当减轻或免除处罚。""必要限度"一词所在的从句"正当防卫明显超过必要限度造成重大损害的"其实是一个条件状语从句。在逻辑学上，整个句子是一个假言命题。只是，条件是有复合，结果有转折。详言之，条件是正当防卫超过必要限度且造成重大损害；结果是防卫人应当承担刑事责任，但是法院应当减轻或免除处罚。易言之，这一句话存在三个层次，第一层次是如果和那么的条件关系状语从句（联言命题）；第二层次是复合条件和结果转折；第三层次是转折结果的内部减轻或免除的选言命题。二是系争语词在语句中所充当的句子成分分析。"必要限度"一词在其所在的状语从句中充当宾语成分，其主要表明防卫行为的正当程度。这一句中，"正当防卫"是主语，"超过"一词是谓语，"明显"一词作为副词是状语，"必要限度"是宾语。"造成"是复合谓语，"重大损害"是宾语。

（二）对"必要限度"一词进行语义分析

对"必要限度"一词进行语义分析，主要是对"必要限度"一词进行下定义和类型划分。一方面，我们需要通过下定义的方法，明确"必要限度"一词的概念内涵意义。如前所述，学界通过法定含义、字典含义、学理含义、专业含义等四种方式对系争语词下定义。其一，目前刑法立法及其法律解释（包括司法解释）都没有对"必要限度"一词进行明确的界定，因而"必要限度"一词并无法定含义可言。其二，根据《现代汉语词典》，"'必要'一词是形容词，意思是不可缺少，非这样不行；'限度'一词是名词，意思是范围的极限，最高或最低的数量或程度。"[①] 在此，"必要"一词应当是指"非这样不行"；"限度"一词应当是指"范围的最高限度"。之所以将"限度"解释为"最高限

[①] 中国社会科学院语言研究所词典编辑室：《现代汉语词典》（第7版），商务印书馆2016年版，第70、1667页。

度"是因为"必要限度"与"超过"这一动词搭配，按照通常理解，我们说到超过一般是指超过最高限度。因此，"必要限度"应当是指"'非这样不行'这一最高限度"。其三，在学理上，我们对"必要"一词下定义，必须在前述"必要是指什么"的基础上再具体回答"如何判断是否必要""判断什么必要""判断必要的标准是什么"等问题。如前所述，在此，"必要"是指"非这样不行"。因此，我们对"是否必要"进行判断，不但要进行正面判断还要进行反面判断。一方面，从正、反两个方面进行判断和定义更为全面；另一方面，对于形容词性概念、抽象名词概念等不确定概念，反面判断（定义）比正面判断（定义）更容易。而对于"判断什么必要？"的问题上，理论上存在行为必要还是结果必要两种观点。不过，目前的通说已经由结果必要说转向了行为必要说，认为判断的对象和重点应当是防卫行为而不是防卫结果。其实，"必要"一词背后蕴含着作为手段的行为与目的之间的关系。具体到正当防卫，"必要"一词蕴含着防卫行为与防卫目的之间的合比例关系。具体而言，一是适当性原则，是目的导向，即防卫行为有助于防卫目的的实现，而且是正确的手段，包括合宪和有效两个方面；二是必要性原则，是后果导向，即在有助于实现防卫目的实现的防卫行为中，选择造成最小侵害的行为方式，以不可替代或足以制止不法侵害为限度；三是均衡性原则，是价值导向，即防卫行为和防卫目的之间要相称。因此，判断的对象应当是防卫行为，比较的对象首先应当是防卫目的，其次是包含在防卫目的中的侵害行为，最后才是防卫行为所造成的后果。而对于"判断必要的标准是什么"的问题，理论上通常存在"基本相适应说""必需说"以及"适当说"等观点。"基本相适应说"主张："正当防卫的必要限度，是指防卫行为必须与不法侵害相适应，相适应并不意味着二者完全相等，而是指防卫行为所造成的损害从轻重、大小等方面来衡量大体相适应。"[1] 这种观点从根本上还是以防卫

---

[1] 转引自张明楷《刑法学（上）》（第5版），法律出版社2016年版，第211页。

结果为判断对象，倾向于以防卫结果和侵害结果的比较来判断防卫行为的正当限度，而且是一种均衡性判断。"必需说"，又称为客观需要说，其主张："应从防卫的实际需要出发进行全面衡量，将有效地制止不法侵害的客观需要作为防卫的必要限度。只要在客观上有必要，防卫限度就可以大于，也可以小于，还可以相当于侵害强度。"[1] 这种观点从根本上则是以防卫行为为判断对象，倾向于防卫行为与侵害行为本身的比较来判断防卫行为的正当限度，是一种必要性判断。"适当说"，又称为基本适应和客观需要统一说，其主张："防卫的必要限度，是指防卫的行为正好足以制止侵害人的不法侵害行为，而没有对不法侵害人造成不应有的损害，并认为应将基本相适应说与'必需说'结合起来进行判断。"[2] 这种观点似乎更为稳妥，其也是以防卫行为为判断对象，倾向于防卫行为与侵害行为的比较来判断防卫行为的正当限度，在此基础上考虑防卫结果，综合考虑基本相适应说和必需说。与判断对象相对应，判断标准从基本相适应说转向了必需说，作为综合和折中的适当说也应当是必需说基础上的基本适应说。例如，张明楷教授主张必需说，其认为："必要限度，应以制止不法侵害、保护法益的合理需要为标准。不能过分要求手段相适应，不能仅将防卫行为造成的损害与不法侵害已经造成的侵害比较，还要与不法侵害可能造成的侵害相比较。而对于不法侵害本身，除了考虑原有的不法侵害行为，还要考虑新的暴力侵害行为和可能继续实施的暴力侵害行为。"[3] 陈兴良教授主张基本适应和客观需要统一说，其认为："我们应当根据不法侵害的强度、不法侵害的轻缓以及不法侵害（所侵害）的权益来确定正当防卫的必要限度。"[4] 不过需要注意的是，邹兵建博士最近在这三种观点之外，又提出了"最低强度的有效防卫说"，其认为："'必要限度'就是指最低强

---

[1] 转引自张明楷《刑法学（上）》（第5版），法律出版社2016年版，第211页。
[2] 转引自张明楷《刑法学（上）》（第5版），法律出版社2016年版，第211页。
[3] 参见张明楷《刑法学（上）》（第5版），法律出版社2016年版，第212页。
[4] 参见陈兴良《正当防卫：指导性案例以及研析》，《东方法学》2012年第2期。

度的有效防卫的强度。'必要限度'既是防卫行为强度的最低线（若低于这个强度，防卫行为便不足以实现防卫效果），也是防卫行为强度的最高线（若高于这个强度，防卫行为便可能沦为防卫过当）。防卫行为的强度可以通过该防卫行为给不法侵害人的人身安全所造成的危险程度表现出来。"[1] 尽管论者强调"最低强度的有效防卫说"不同于必需说，但笔者认为这一观点是对必需说的具体化——有效制止不法侵害的防卫行为的客观危险程度。概言之，"必要限度"理解过程中的判断对象应当是防卫行为，比较判断的标准首先是蕴含着防卫目的中的侵害行为，而不是防卫结果。我们不能简单地通过防卫结果和不法侵害结果比较来判断防卫是否超过必要限度。因此，"必要限度"一词是指有效制止不法侵害的防卫行为的客观危险程度。其四，"必要限度"一词不是专业词汇，因而没有专业含义。

另一方面，我们需要通过类型化归纳列举的方法，明确"必要限度"一词的肯定类型（特别是典型类型）、中间类型和否定类型，进而明确其概念外延意义。

"必要限度"一词的肯定类型，即狭义的"必要限度"更侧重于"限度"一词，则只是指防卫行为的（最高）限度要件，而"必要限度"一词的中间类型，即广义的"必要限度"更侧重于"必要"一词，其实包括防卫行为的五个要件。如前所述，"必要限度"一词是指有效制止不法侵害的防卫行为的客观危险程度。因此，广义的"必要限度"首先，包括存在现实的不法侵害这一起因上的必要性，否则就是假想防卫；其次，"必要限度"还包括不法侵害正在进行这一时间上的必要性，否则就是防卫不适时，或者是事前防卫，或者是事后防卫；再次，"必要限度"也包括针对不法侵害者本人这一对象上的必要性；复次，"必要限度"包括具有防卫意图这一主观上的必要性，否则就是防卫挑拨、偶然防卫、

---

[1] 参见邹兵建《正当防卫中"明显超过必要限度"的法教义学研究》，《法学》2018年第11期。

相互斗殴等；最后，"必要限度"还包括有效制止不法侵害这一狭义的防卫限度，否则就是防卫过当。但是，需要我们注意的是，防卫行为是正当防卫和防卫过当的上位概念。易言之，根据"是否明显超过必要限度"，防卫行为可以被分为正当防卫和过当防卫，必要限度的判断是建立在"判断对象是防卫行为"这一基础之上的。我们在此同样需要坚持刑法判断的阶层思维，防卫行为的五个要件要遵从"起因—时间—对象—主观—限度"的判断顺序，依次进行"防卫行为的前提是什么，什么时候可以进行防卫，可以对谁进行防卫，防卫的目的或意图是什么，防卫行为是否明显超过必要限度"，"是否明显超过必要限度"的判断是最后一步，如果连防卫行为都不是，就不需要进行限度判断。而前述假想防卫、事前防卫、事后防卫、针对不法侵害者以外的第三人的防卫等违反防卫要件的"防卫"行为只是徒有"防卫"的虚名，而并非防卫行为。简言之，我们应当先判断防卫人的行为是否防卫行为，在"是防卫行为"的基础上再判断是否正当。因为防卫人的行为可以分为防卫行为和具有法益侵害性的非防卫行为，防卫行为又可以分为正当防卫行为和过当防卫行为。非防卫行为是防卫行为的否定类型，过当防卫行为是正当防卫的否定类型。因此，"必要"一词的否定类型是"不必要"。"必要限度"一词的否定类型是"明显超过必要限度"。具体到防卫行为，"不必要"的防卫首先是没有意义的防卫，或者是并非做不可的防卫，其根本是前述徒有"防卫"虚名的非防卫行为，如假想防卫、事前防卫、事后防卫等，而"明显超过必要限度"的防卫就是过当防卫。

（三）对"必要限度"一词进行语用分析

对"必要限度"一词进行语用分析，旨在通过言内语境分析、言伴语境分析和言外语境分析，融合刑事法理（通常所说的法）、事理（通常所说的理）和情理（通常所说的情），进而可以明确系争语词的语境意义。一是言内语境分析，又称为"上下文分析"。我们可以运用语篇分析方法通过对刑法内部体系、刑法相关的法律体系（相关法律法规和司法解释）和刑法原理等法理体系进行分析，明确"必要限度"

一词的言内语境意义（体系意义）。一方面是刑法内部的言内语境分析。在刑法体系内部，首先是《刑法》第二十条第二款内的言内语境分析。在此，主要是厘清"明显超过必要限度"与"造成重大损害"之间以及"明显超过必要限度"内部"必要限度"与"明显超过"之间的关系。对此，理论上认为第一个问题其实涉及"明显超过必要限度"的规范地位，存在单一条件说和双重条件说，其中双重条件说是通说。单一条件说认为："'明显超过必要限度'和'造成重大损害'是一个问题的两个方面，二者的外延完全一致，因而在实际的判断过程中，只需要防卫结果是否满足'造成重大损害'结果的条件即可。"①双重条件说则认为："'明显超过必要限度'和'造成重大损害'是两个独立的条件，只有同时满足这两个条件，才会构成防卫过当。"② 对此，笔者认为，争议的本质在于混淆了评价对象和评价标准。如前所述，这一规范表述中，"正当防卫（防卫行为）"是主语，"超过"一词是谓语，"明显"一词作为副词是状语，"必要限度"是宾语。"造成"是复合谓语，"重大损害"是宾语。因此，评价对象是防卫行为，评价标准首先是侵害行为然后才是防卫结果。因此，双重条件说较为可取，只是"明显超过必要限度"和"造成重大损害"虽然相互独立，但是有位阶主次之分——先判断是否"明显超过必要限度"，然后再确定"明显超过必要限度"的基础上，再确定是否"造成重大损害"。质言之，"明显超过必要限度"但未"造成重大损害"以及未"明显超过必要限度"无论是否"造成重大损害"的防卫行为，都是正当防卫行为；只有"明显超过必要限度"并且"造成重大损害"的防卫行为，才是过当防卫行为。而对于"造成重大损害"，张明楷教授认为，"在相对意义上，防卫行为所造成的损害与不法侵害所造成的损害悬殊、明

---

① 转引自邹兵建《正当防卫中"明显超过必要限度"的法教义学研究》，《法学》2018年第11期。
② 转引自邹兵建《正当防卫中"明显超过必要限度"的法教义学研究》，《法学》2018年第11期。

显失衡；在绝对意义上，重大损害只是造成不法侵害人死亡、重伤。"①车浩教授则认为，"正当防卫的'损害'形式不限于人身伤害，'重大损害'也不能仅限于重伤或死亡，还应当包括自由、财产等法益的重大损害。"② 或许基于此，理论上有观点建议将"造成重大损害"解释为"造成不应有的重大损害"。对于第二个问题，前已论及，"正当行为（防卫行为）"是主语，"超过"一词是谓语，"明显"一词作为副词是状语，"必要限度"是宾语。因此，问题的核心在于"明显超过"一词的理解和判断。对此，有观点认为，"所谓'明显超过必要限度'，不是单纯的防卫强度与不法侵害的强度，防卫行为所保护的利益与防卫行为所侵害的利益，防卫行为所造成的损害结果与不法侵害可能造成的损害结果其中一个的比较，而应该是实际的防卫行为给不法侵害人造成的危险（实际危险）比必要限度所允许的危险即最低强度的有效行为给不法侵害人所造成的危险（标准危险），至少高出一个档次。而且，'明显超过必要限度'的判断应当贯彻情境论的主张，以防卫人的实际能力作为能力标准，以防卫人在行为时实际获取的信息或者当时应当能够获取的信息为事实依据。"③ 由此可见，"明显超过"是指至少高出一个档次。其次是《刑法》第二十条内的言内语境分析，即第二十条第二款与第二十条第一款、第二十条第三款之间关系的言内语境分析。理论上有观点认为；"《刑法》第二十条第二款与第二十条第三款之间是一般条款与特殊条款的关系。"④ 对此，笔者认为，就不法侵害的类型而言，第二十条第三款是第二十条第一款，而非第二十条第二款的特殊条款。而且这一结论从立法表述上也能得到印证，第二十条第一款和第

---

① 参见张明楷《刑法学（上）》（第5版），法律出版社2016年版，第212页。
② 车浩：《重伤以下没有防卫过当，是理论偏差，也是理论误区》，《中国法律评论》2020年第4期。
③ 参见邹兵建《正当防卫中"明显超过必要限度"的法教义学研究》，《法学》2018年第11期。
④ 参见邹兵建《正当防卫中"明显超过必要限度"的法教义学研究》，《法学》2018年第11期。

二十条第三款的定性都是"不负刑事责任",只是第二十条第一款是"属于正当防卫",第二十条第二款是"不属于防卫过当"。如前所述,防卫行为可以划分为正当防卫(第二十条第一款)和防卫过当(第二十条第二款),因此二者是矛盾关系,因而,第二十条第一款和第二十条第二款的定性是一致的,都是"属于正当防卫,不负刑事责任"。而第一款针对一般不法侵害,第二十条第三款是针对严重危及人身安全的暴力犯罪这一类特殊侵害。如此看来,第二十条第二款和第二十条第一款是对立关系,第二十条第二款与第二十条第三款其实并非同一逻辑层次。论者或许是基于限度条件,认为第二十条第三款是第二十条第二款的特殊条款,但是与立法表述相矛盾。因为第二十条第二款的定性是"应当负刑事责任"。概言之,对于《刑法》第二十条的三个条款的逻辑关系,笔者认为,我们应当从防卫之概念外延类型进行划分,首先根据侵害类型,我们可以将防卫分为一般防卫和特殊防卫,然后再根据"是否明显超过必要限度",再分别分为正当防卫行为和过当防卫行为。在此,需要特别说明两个问题。一是相对于"无限度防卫",笔者更倾向于"特殊防卫"。因为笔者坚持是防卫就要有限度,如同刑罚有限度一样重要,否则容易导致防卫权的滥用,进而导致私刑泛滥。二是相比较"防卫过当",笔者更倾向于"过当防卫(行为)"。前已论及,正当防卫制度评价的对象是防卫行为而不是防卫结果。否则,我们就应该称之为结果要件而非限度要件。同时,如此表述,我们也可以避免防卫评价的"唯结果论"和对防卫行为的客观归罪。再次是刑法内部正当防卫与紧急避险之间关系的言内语境分析,即《刑法》第二十条与刑法第二十一条之间关系的言内语境分析。一般而言,理论认为正当防卫和紧急避险都是常见的违法阻却事由,都具有起因、时间、对象、主观、限度五个要件。其中,对象要件是正当防卫和紧急避险的关键区别点。而且由于起因要件的不同以及"不正"与"正"的价值考量,紧急避险的要件比正当防卫的要件更为严格,尤其是时间要件和限度要件。因此,对紧急避险之限度条件的体系解释,有助于进一步明确防卫行为的限度要件，而"明显"与"不应有"是二者立法表述的最大区别。对此，笔者认为，"不应有"应当做体系性一致解释，而"明显"要做体系性区别解释。但是，无论如何，"明显"和"不应当"都理应成为正当防卫之限度条件的构成要素。另一方面是与民法、宪法等其他法律相协调的言内语境分析。《民法典》第一百八十一条也规定了正当防卫。与《刑法》第二十条不同的是，《民法典》并未使用"明显"一词，而是在损害前面使用了"不应有"一词。在理论上，也有观点将防卫视为一种权利，认为防卫权是一种救济性权利，是被容许的私力救济。但是，《民法典》并未将防卫权规定为一种独立的民事权利，而是将其安置在第一编总则的第八章民事责任部分。同样，宪法也没有对防卫进行特殊的规定。由此可见，我们还是将"防卫"界定为一种行为更为妥当。不过，需要说明的是，既然《民法典》也规定了正当防卫，我们在对防卫行为的类型进行划分时就应该注重民法与刑法的界限与衔接。根据刑法的阶层性思维，我们应当根据不法侵害的类型和危险程度，对防卫行为的必要限度进行类型化解释——将不法侵害区分为以侵权行为为主的民事不法侵害和刑事不法侵害，针对个人法益的不法侵害，尤其需要如此界分。在此，我们不妨根据法益侵害（包括不法侵害行为的法益侵害和防卫行为的法益侵害）的类型和严重程度，由低到高作如此排序：一定数额的财产损害、数额较大的财产损害、数额巨大的财产损害、数额特别巨大的财产损害；轻微伤、轻伤、重伤、死亡，而危险则是上述法益侵害结果发生的现实可能性，可以分为行为本身的抽象危险、行为引起的具体危险以及行为着手的紧迫危险。当然，刑法中的正当防卫条款的评价范围应当与刑法的入罪范围一致——数额较大以上的财产损害和轻伤以上的人身伤害。

二是言伴语境分析，又称为"以案释法"或"案例分析"。我们首先需要针对具体个案进行分析，再结合相关司法案例资源，尤其是指导性案例、公报案例、典型案例等进行分析，明确"必要限度"一词的言伴语境意义（个案意义）。在此需要说明的是，司法案例资源的解释论意义在于，我们在言伴语境分析过程中要注重类案检索进而筛选出同一要旨的相关性案例，同时还要注重对相关性案例之裁判要旨的合理借鉴并将其融合到解释结论形成过程当中。前已论及，最高检第十二批指导性案例旨在明确防卫行为的限度条件。而言伴语境分析其实就是明确"必要限度"一词"在本案中"或"在某某案中"的意义所指。如前所述，案例不但是系争语词的语境，而且还蕴含着案件事实发生的具体境况和社会背景，进而能为系争语词的理解提供具体的社会情境。当然，言伴语境分析或案例分析其实是言内语境分析的进一步具体化，是对"必要限度"一词刑法条文意义在具体案例中的进一步具体化。在"于欢故意伤害案"中，案件争议的焦点则是判断于欢的防卫行为是否属于"明显超过必要限度"。我们可以发现，司法实务对于防卫性质的判断基本不存在太多争议，只是容易被忽略，争议的焦点往往在于"是否明显超过必要限度"，即是否是过当防卫行为。在"于欢故意伤害案"中，我们可以发现一审法院就是忽视了防卫性质的判断问题。[①]但是，我们也应当注意一种倾向，其将违反其他要件的行为也界定为过当防卫行为，这其实还是唯结果论的表现。例如将事后防卫行为认为是过当防卫行为。如甲准备强奸乙，乙将甲引诱至湖边，在甲脱衣服过程中，趁甲不注意将其推入湖中，甲几次想从湖中爬出，乙每次都因为害怕将其推入湖中，直至甲淹死。我们暂且将是否是事后防卫的争议搁置，理论上有不少观点将这种情形认定为过当防卫行为。如前所述，在对防卫行为的评价时，我们一定要坚持阶层思维，先判断防卫行为的其他四个要件解决是否是防卫行为的问题，再判断是否违反限度要件解决是否过当的问题。在本案中，于欢实施了"挥刀乱捅"的防卫行为。与此相对，不法侵害者实施了软暴力非法拘禁行为。从行为强度、危险性、可能侵犯的法益等综合考虑，于欢在防卫过程中使用了凶器而且是锐器，防卫行为更为危险，可能侵害的法益是人身健康甚至是生命，因

---

① 参见陈兴良《正当防卫如何才能避免沦为僵尸条款》，《法学家》2017年第5期。

此于欢的防卫行为似乎属于"明显超过必要限度"。但是，我们不能忽视非法拘禁行为是一种持续性侵害以及非法拘禁行为中所伴随的"侮辱母亲""杜某等人卡于欢项部"等软暴力行为。但是，根据情境论，从于欢的实际能力、防卫时实际所获取的信息以及当时能够获取的信息等因素综合考虑，尤其是"报警后，民警到场询问后离开进而寻求国家救济未奏效"这一特别情节，笔者认为于欢的防卫行为不属于"明显超过必要限度"。综合考虑，笔者倾向于认为于欢的防卫行为不属于"明显超过必要限度"。退一步讲，即便认为于欢的防卫行为属于"明显超过必要限度"，也不构成"造成重大损害"，因为造成这一损害结果是不法侵害人"主动围逼"行为提升危险导致的。这一事实情节涉及因果关系问题，在此不再具体展开，以后另作研究。当然，本案背后还有很多因素需要考虑，例如高利贷、涉黑涉恶等案外因素，防卫行为评价之结果导向的影响——"致一人死亡、二人重伤、一人轻伤"以及重大刑事案件处理的政策导向等。因此，我们还需要进行言外语境分析。

　　三是言外语境分析，又称为"言外语境校正"或"社会文化解释"。我们通过立法资料分析和立法沿革分析、刑事政策分析、价值导向分析、语用推理等方法，明确"必要限度"一词的立法历史意义、规范目的意义和刑事政策意义，进而可以最终明确"必要限度"一词的言外语境意义（历史意义和目的意义）。在此，我们重点对"必要限度"一词进行刑事政策分析和规范目的分析。首先，我们对"必要限度"一词进行刑事政策分析。一方面，"必要"一词本来就有很强的政策意蕴。一般而言，政策意义越强大的系争语词，其解释结论越是不确定，也更容易摇摆不定。同时，这类系争语词导致行为人之行为被入罪的可能性也越大。因此，我们需要保守地进行实质解释，坚守入罪场合的形式理性。另一方面，当时，正当防卫制度的司法政策并不十分明朗。其实，无论是从新《刑法》增加"明显"一词和增设第三款这一立法沿革进行纵向历史考察，还是从我国独有的特别防卫条款而域外没有进行横向比较考察，我国刑法对正当防卫之限度条件的要求是较为宽松的，然而这种立法政策并未被贯彻到司法实践中。例如在司法实践中，很长一段时间存在这样一种倾向，只要不法侵害人死亡的，往往被认定为防卫过当，进而被认定为故意杀人罪或者故意伤害罪致人死亡，而且被认定为故意伤害罪致人死亡的情形更为常见。如前所述，这是唯结果论和客观归责的表现，没有坚持"明显超过必要限度"和"造成（不应有的）重大损害"的阶层思维。当然，这背后也有"人命大于天""毕竟人已经死了（受重伤），而你没事""谁哭（死）谁有理""总得有人对事情负责"的社会伦理等文化因素的影响。不过，理论上一致认为，"于海明正当防卫案"（检例第47号）从此激活了正当防卫的出罪机制。其次，我们对"必要限度"一词进行规范目的分析。而我们要对"必要限度"一词进行规范目的分析，其实是正当防卫的正当性根据进行考察。其实，这一正当性根据的根本是防卫人合法权益与刑罚权背后的国家利益以及不法侵害者权益等三方利益的综合权衡。对此，理论上存在"合法权利说"（又称为个人保全原理）"利益衡量说""将合法权利说（个人保全原理）和利益衡量说中的法确证的利益说结合起来的二元说"等观点，其中，"利益衡量说"阵营内又分为"缩小评价说""法确证的利益说"（又称为法的确证原理，法秩序说）"在现场的利益说"。[1] 其中，二元说是德国刑法理论的主流观点和司法判例的通常做法，背后是"个人保护"和"法保护"两种价值冲突的悖论性矛盾体，而是日本刑法理论主要坚持"利益衡量说"并将其修正为"优越的利益保护原理"（即法益衡量原理）[2]。其实，我们仔细考虑一下，正当防卫的规范地位，就可以明确第二十条的规范目的。其一，正当防卫是违法阻却事由，是对符合构成要件行为的实质违法评价，是社会容许的风险。其二，正当防卫主要是基于防卫人立场设立的法律制度，因此，防卫人的合法权益是规范目的的核心内容，也是所有

---

[1] 参见邹兵建《正当防卫中"明显超过必要限度"的法教义学研究》，《法学》2018年第11期。

[2] 魏东：《案例刑法学》，中国人民大学出版社2019年版，第28—30页。

利益衡量的基础。其三，我们在利益衡量过程中，应当遵循"先具体后抽象，先个人后公共"的顺序，因此"合法权利说（个人保全原理）"不可或缺，但是不可绝对化，因此还要考虑与不法侵害人的权益的权衡。只是，在个人利益权衡的过程中，我们应当将法秩序、国家刑罚权等抽象的、超个人的、法确证的利益进行整体考虑，虽说应当倾向于防卫人但绝不是单纯地将其加到防卫人或不法侵害人一边。相比较而言，优越的利益保护原理（法益衡量原理）更为可取，但需要适当修改。在"于欢故意伤害案"中，不法侵害者侵犯了于欢及其母亲的人身自由权和人格尊严，于欢的防卫行为侵害了不法侵害者的生命权和健康权，并"致一人死亡、二人重伤、一人轻伤"。就法益侵害的类型而言，生命权似乎比健康权明显高出一个档次，重伤似乎比丧失自由明显高出一个档次。但是如前所述，杜某的死亡不能归因于于欢的防卫行为，因此不存在侵害生命权的事实；致程某轻伤并不足以认定为过当防卫行为。因此，如果非要说于欢的防卫行为构成"明显超过必要限度"，也只是针对受重伤的严某和郭某。其实，在笔者看来，本案的裁判结论之形成与我国司法实践注重防卫结果，而不轻易以正当防卫进行出罪的司法政策有着很大关系。而且，笔者有个不成熟的，需要进一步检验的观察结论——现实生活中很多热点改判案件都是以五年有期徒刑结案的，有折中的综合考量之嫌。概而言之，"于欢故意伤害案"的裁判结论形成，政策因素优于法理因素，是言外语境对言内语境的校正。当然，这是法治框架下合理而必要的政策校正。

二 "赵春华非法持有枪支案"的刑法文义解释分析

"赵春华非法持有枪支案"是近年来涉"枪支"犯罪的典型案例，引起了广泛的社会关注。[①] 对此，陈兴良教授认为："该案的教义学分

[①] 赵春华非法持有枪支案，天津市河北区人民法院刑事判决书（2016）津0105刑初442号；天津市第一中级人民法院刑事判决书（2017）津01刑终41号。

析涉及枪支认定标准、目的性限缩解释和责任排除事由等问题。"① 其中，责任排除事由问题主要涉及违法性认识可能性问题。一般而言，我们对"持有军用或警用（这种典型的）枪支违法"都不会存在争议，这是常识。但是要说"持有气枪违法甚至构成犯罪"，这多少让人一时难以接受。其实，这是因为我们对作为日常用语的"枪支"和作为法律术语的"枪支"的理解和认识存在差异所致。显然，"气枪是枪支"在一定程度上超出了社会公众的基本常识。目的性限缩解释问题主要是指能在查明行为人非法持有枪支的目的是从事经营而非从事违法犯罪行为的前提下，应当排除犯罪故意，将其非法持有行为进行出罪化处理。其实，这一问题涉及对"持有"一词的解释。因此，对"持有"一词的正确理解也很重要，不过，笔者拟将其纳入"枪支"一词之语用分析的言内语境分析部分进行分析。因此，该案最大的争议焦点是在于我们对"枪支"一词的理解，尤其是枪支之概念外延意义的正确理解。如前所述，一个案件争议的焦点或许会很多，案例分析的切入点也可以有很多，但是，正确划定系争语词的概念外延类型，尤其否定类型和中间类型，是解决问题的根本之道。质言之，正确理解"枪支"一词的含义也可以使得其他争议迎刃而解。然而，刑法理论与司法实践对"枪支"一词之含义的认识并不一致。因此，我们有必要对"枪支"一词进行语法分析、语义分析和语用分析等语言学理论分析，进而明确其基本含义。

（一）对"枪支"一词进行语法分析

对"枪支"一词进行语法分析，主要是对"枪支"一词进行词法分析和句法分析。一方面，我们需要通过词法分析明确"枪支"一词的词法意义，主要包括词语学科类别、词语语法性质以及词语组合结构三个方面。其一，从词语学科类别看，"枪支"是来自专业词汇的法律

---

① 陈兴良：《赵春华非法持有枪支案的教义学分析》，《华东政法大学学报》2017年第6期。

术语。从词源上考察，刑法上的"枪支"一词是来源于军事（书面）用语的法律术语。其二，从词语语法性质上看，"枪支"是名词，而且是表示总称的名词。其三，从词语组合结构来看，词语的核心词素是"枪"，"支"字是表示队伍、歌曲或乐曲、纱线粗细程度的英制单位、杆状东西等东西的数量单位的量词。① 在此，"支"字主要是用于表述杆状东西即枪的数量单位的量词，没有实际意义。就常见的词语搭配而言，在刑法中，"枪支"常与"弹药""爆炸物"等词语并列，与"制造""买卖""运输""邮寄""存储""持有""盗窃""抢夺""抢劫""携带"等词语搭配。就词语并列关系而言，"枪支""弹药""爆炸物"是常见的"军事装备"，而"武器（装备）"又是"枪支"的上位词，与"弹药"并列。另外，在刑法中"武器"又常与"管制刀具""爆炸物""危险物品"等语词相并列，"武器装备"又与"军事物资""军事通信""军事设施"等词语相并列。在此，需要注意的是，通过对"枪支"一词的词语并列关系梳理，我们发现刑法立法在使用专业词汇方面存在一定的随意性，尤其是在"爆炸物"一词的使用方面存在一定的逻辑瑕疵，"爆炸物"一词的概念外延与"弹药"一词的概念外延有交叉，将二者并列表述违反了概念之间的种属阶层关系，需要进行刑法解释论修正。而且，笔者在《现代汉语词典》和《大辞海》都没有找到"爆炸物"这一词条。同样，"枪支"一词也不如"武器"一词更为周延。因而，我们就会遇到"大炮是枪支"的逻辑谬论。这一结论看似是当然解释，却被认为有类推解释之嫌疑。而就词语搭配关系而言，表示"持有"等行为的词语常与表示违禁品搭配，是常见的违禁品犯罪行为。笔者将在言内语境分析部分对违禁品犯罪的行为类型进行详细分析，在此不再赘述。

另一方面，我们需要句法分析明确"枪支"一词的句法意义，主

---

① 中国社会科学院语言研究所词典编辑室：《现代汉语词典》（第7版），商务印书馆2016年版，第1676页。

要包括其所在语句的句型、层次以及系争语词在语句中所充当的句子成分等三个方面。其一，在刑法条文中，"枪支"一词所在的条文语句是多为省略主语的主谓句，也有限定特定行为主体的主谓句。如第一百二十六条违规制造、销售枪支罪、第一百二十八条第二款非法出租、出借枪支罪中的"依法配备公务用枪的人员"，第一百二十八条第三款非法出租、出借枪支罪中的"依法配置枪支的人员"，第一百二十九条丢失枪支不报告罪中的"依法配备公务用枪的人员"。其二，"枪支"一词之含义的理解不涉及复杂的句子层次分析，在此不再赘述。其三，"枪支"一词在刑法分则条文中多作宾语使用。在大多数涉枪支犯罪的法律条文中，"枪支"一词一般会独立作宾语，表示行为对象；在个别条文中，"枪支"一词也与"管理规定"一起作"违反"一词的宾语，限定"非法"或"违规"的含义，如《刑法》第一百二十六条违规制造、销售枪支罪和《刑法》第一百二十八条第一款非法持有、私藏枪支、弹药罪。

（二）对"枪支"一词进行语义分析

对"枪支"一词进行语义分析，主要是对"枪支"一词进行下定义和类型划分。一方面，我们需要通过下定义的方法，明确"枪支"一词的概念内涵意义。如前所述，学界通过法定含义、字典含义、学理含义、专业含义等四种方式对系争语词下定义。其一，根据《枪支管理法》第四十六条之规定，"枪支"一词的法定含义是"以火药或者压缩气体等为动力，利用管状器具发射金属弹丸或者其他物质，足以致人伤亡或者丧失知觉的各种枪支"。如前所述，这不是在对"枪支"一词进行严格意义上的概念意义分析，因为这一规定只是揭示了"枪支"一词的概念内涵意义，而没有列举其具体类型，当然也就没有界定其概念外延意义。根据这一定义，陈兴良教授认为："枪支具有以下四个特征：第一，动力特征，以火药或者压缩气体等为动力；第二，发射工具特征，利用管状器具作为发射工具；第三，发射物特征，发射物质是金属弹丸或者其他物质;第四,性能特征,足以致人伤亡或者丧失知觉。"① 但是,这一定义并未明确管状器具的口径标准以及性能特征标准。而眼下,争议最大的就是"枪支"的性能特征标准。对此,一方面,"足以致人伤亡或者丧失知觉"与刑法中危害公共安全犯罪的具体危险犯的立法表述并无二致,可以此为法律判断标准。质言之,刑法中的"枪支"的杀伤力标准应当是"足以让人认为其具有致人轻伤可能性"。另一方面,公安部制定的《公安机关涉案枪支弹药鉴定工作规定》对此也作了明确规定,其规定:"对不能发射制式弹药的非制式枪支,按照《枪支致伤力的法庭科学鉴定判据》(GA/T718 - 2007)的规定,当所发射弹丸的枪口比动能大于等于 1.8 焦耳/平方厘米时,一律认定为枪支。"② 对此,存有争议的是,刑法学界普遍认为,这一标准过低,过度扩大了枪支的认定范围。其二,根据《现代汉语词典》,"'枪支'是名词,与'枪械'一词是同义词,意思都是枪(总称)。而'枪'字共有三个义项。一是在长柄的一端装有尖锐金属头的旧式兵器;二是口径在 2 厘米以下,发射枪弹的武器;三是性能或形状枪的器械。"③ 其中,第二义项是通常意义上的"枪支",但是这一定义不够专业,没有明确枪支的(火药)动力特征和(杀伤力)性能特征。另外,还需要特别注意的是,司法实践越来越倾向于将第三义项意义上的"枪支"纳入刑法的规制范围。同时,通过对每一义项的中心语进行归纳,我们还可以发现,枪是一种兵器或武器,是一种特殊的器械。易言之,在这些词语中,"枪支"一词的上位词是"武器","武器"和"兵器"是同义词;"武器"一词的上位词是"器械"。而"'武器'一词,是指直接用于杀伤敌人有生力量和破坏敌人作战实施的器械;'兵

---

① 陈兴良:《赵春华非法持有枪支案的教义学分析》,《华东政法大学学报》2017 年第 6 期。
② 《公安机关涉案枪支弹药鉴定工作规定》。
③ 中国社会科学院语言研究所词典编辑室:《现代汉语词典》(第 7 版),商务印书馆 2016 年版,第 1046—1047 页。

器'一词,是指武器的第一个义项。"① 其三,"枪支"一词的学理定义基本上不存在争议,或者是对其法定含义的再解释,或者是对不同枪支认定标准或枪支管理规定的整合性解读。其四,如前所述,"枪支"一词是军事类术语,因而"枪支"一词是专业词汇,需要进行专门界定。而所谓"专门界定",其实是指我们在对系争语词进行刑法评价前需要根据特定法律或者行业惯例或标准对其进行的前置性理解与认定。根据《大辞海·军事卷》,"'枪'和'枪械'属于'轻武器·射击类'词目。'枪'共有四个义项。一是枪械的简称;二是冷兵器的一种,长杆头部装有金属尖头,用于刺杀;三是管形喷火兵器;四是有类似于枪械发射动作的武器、工具、用品。'枪械',简称'枪',一般是指利用火药燃气能量发射弹头,口径通常小于20毫米的身管射击武器。通常包括手枪、步枪、冲锋枪、机枪及其他特种枪械等。按用途分为军用、警用和民用。按操作自动化程度分为自动化、半自动和全自动。"② 由此可见,动力特征和口径特征(发射工具特征)是主要的区分特征。概言之,刑法上的"枪支"一词,是指以火药或者压缩气体等为动力,利用口径通常小于20毫米的管状器具发射金属弹丸或者其他物质,足以致人轻伤可能性的,身管射击武器。

另一方面,我们需要通过类型化归纳列举的方法,明确"枪支"一词的肯定类型(特别是典型类型)、中间类型和否定类型,进而明确其概念外延意义。如前所述,"枪支"一词的上位词是"武器","武器"与"兵器"是同义词;"武器"一词的上位词是"器械"。在刑法语境中,"武器"又是性质意义上的凶器。在此基础上,我们对"枪支"一词的概念外延意义进行类型划分。首先,根据用途,我们可以将枪支分为军用枪支、警用枪支、民用枪支等。而刑法只是简单地将枪

---

① 中国社会科学院语言研究所词典编辑室:《现代汉语词典》(第7版),商务印书馆2016年版,第92、1391页。
② 葛振峰、张定发、郑申侠主编:《大辞海·军事卷》,上海辞书出版社2015年版,第131页。

支分为军用枪支和非军用枪支。如此一来，我们只能将此理解为，"警用枪支是一种广义上的军用枪支，民用枪支大体对应于非军用枪支"。其中，军用枪支、警用枪支等依法配备的公务用枪是"枪支"一词之概念外延意义的肯定类型（其中军用枪支是典型类型）；射击运动枪支、猎枪、麻醉注射枪等依法配置的民用枪支是"枪支"一词之概念外延意义的中间类型。[①] 本案涉及的"气枪"应当属于射击运动枪支。其次，根据真假，我们可以将枪支分为真枪和假枪，以及介于二者之间的仿真枪。其中，上述依法配备的公务用枪和依法配置的民用枪支是真枪。玩具枪就是我们通常所说的假枪，也是字典含义中的枪形物，只有枪的形状特征而无其他特征，是"枪支"一词之概念外延意义的否定类型，所以说持枪抢劫中的"枪"不包括玩具枪。司法实践中，较难处理的是仿真枪的司法认定问题。"四川少年网购仿真枪案"就是典型案例。根据公安部《仿真枪认定标准》之规定，而所谓"仿真枪"，是指"符合《枪支管理法》规定的枪支构成要件，所发射金属弹丸或其他物质的枪口比动能小于1.8焦耳/平方厘米（不含本数）、大于0.16焦耳/平方厘米（不含本数）的；具备枪支外形特征，并且具有与制式枪支材质和功能相似的枪管、枪机、机匣或者击发等机构之一的；外形、颜色与制式枪支相同或者近似，并且外形长度尺寸介于相应制式枪支全枪长度尺寸的二分之一与一倍之间的。"[②] 由此可见，我们常说的真枪是制式枪支，也就是上述依法配备的公务用枪和依法配置的民用枪支。所谓的"仿"就是在枪支材质和功能以及外形、颜色、长度方面与制式手枪相似，而且这种相似足以以假乱真，否则就是假枪。与此同时，根据《枪支管理法》规定的枪支要件，"足以致人伤亡或者丧失知

[①] 《枪支管理法》第五条与公安部制定的《公务用枪配备办法（公治〔2002〕128号）》，明确了公务用枪的配备范围、配备品种及配备数量；《枪支管理法》第六条明确了民用枪支的配置问题。

[②] 公安部：《仿真枪认定标准》，中央政府门户网站，http://www.gov.cn/zwgk/2008-02/27/content_902728.htm，最后访问时间：2020年8月12日。

觉"的性能特征,即我们通常所说的杀伤力是枪支认定的关键特征。因此,其所发射弹丸的枪口比动能是仿真枪的关键认定标准。根据动力特征,我们又可以将枪支分为以火药为动力的火药枪和以压缩气体为动力的气枪,在此基础上我们再根据子弹(发射物)是金属弹珠还是塑料弹珠对气枪进行进一步分类。其中,火药枪是"枪支"一词之概念外延意义的肯定类型;发射金属弹珠的气枪是"枪支"一词之概念外延意义的中间类型,发射塑料弹珠的气枪一般被认为是玩具枪是"枪支"一词之概念外延意义的否定类型。在此,我们又要强调分阶段、有次序和不断递进的阶层思维:无论技术鉴定还是司法认定,我们必须首先是确定系争物品是枪形物,否则就不能进入"枪支"的鉴定或认定程序,如红缨枪、标枪等物品虽有枪之名,而无枪之形;其次是确定其动力特征,火药动力是肯定类型的枪支的动力特征,压缩气体动力是中间类型的枪支的动力特征,其他动力(如弹簧动力)是玩具枪,是否定类型的枪支的动力特征;再次是确定其发射特征,其利用口径通常小于20毫米管状器具作为发射工具,如果发射物质是金属弹丸则是枪支的肯定类型,发射物是其他物质的则是枪支的否定类型;最后才是确定其性能特征,亦即我们通常所受的杀伤力,法律规定的"足以致人伤亡或者丧失知觉"。笔者之所以将性能特征置于技术鉴定和司法认定程序的最后,是因为这一标准存在较大争议。虽说公安部的量化标准更具可操作性,但是标准有高低之分,而且理论普遍认为目前的枪支认定标准过低。例如,眼下争议较大的还有"气钉枪"该不该纳入"枪支"一词的范围。因而,在此还需要特别强调,我们应当通过例外列举规定进行明确系争语词的肯定类型,规定以外的类型都应当纳入系争语词的概念外延类型;与之相对,我们通过明文列举规定明确系争语词的中间类型,以便于司法实务进行扩大解释,规定以外的类型都不得纳入系争语词的概念外延类型,否则就是类推解释。而对系争语词的否定类型无论有无明文规定,都不得纳入系争语词的概念外延类型,因为如前所述,将系争语词的否定类型纳入系争语词的概念外延类型是典型的类推解释。即便是刑法立法，也不能通过法律拟制的规定将系争语词的否定类型纳入系争语词的概念外延范围。反之，刑事立法应该通过注意规定的方式提醒司法人员不能将系争语词否定类型纳入系争语词的概念外延范围，或者用系争语词的上位语词进行替换，如在强制猥亵他人罪中，将"妇女"替换为"他人"。而法律拟制规定的任务则是将有争议的系争语词的中间类型纳入系争语词的概念外延类型。

（三）对"枪支"一词进行语用分析

对"枪支"一词进行语用分析，旨在通过言内语境分析、言伴语境分析和言外语境分析，融合刑事法理（通常所说的法）、事理（通常所说的理）和情理（通常所说的情），进而可以明确系争语词的语境意义。一是言内语境分析，又称为"上下文分析"。我们可以运用语篇分析方法通过对刑法内部体系、刑法相关的法律体系（相关法律法规和司法解释）和刑法原理等法理体系进行分析，明确"枪支"一词的言内语境意义（体系意义）。而体系解释首先强调体系一致性，即系争语词与相关语词的协调性；其次强调体系差异性，即系争语词的规范地位以及与相关语词的区别所在。在此，重点对与"枪支"相关的"持有"和"非法"进行言内语境分析。首先，是对"持有"一词的言内语境分析。与"持有"相近似的词语由"占有""控制""携带""使用"等。因此，我们有必要对"持有"与"携带""使用""控制""占有"等语词进行言内语境分析。其中"占有"应当是上位概念，其他动词都是由一种特殊的占有状态。申言之，我们所说的"占有"一般是狭义的占有，即合法占有，是法律对合法占有人对特定物的实际控制状态进行的一种合法推定。而"持有"实质上则是广义的占有，即非法占有，是法律对违禁品的来源、用途等不明状态的一种非法推定，要求行为人予以说明。在具体个案中，行为人能说明或司法机关能查明违禁品的来源和用途的，特别是行为人能说明违禁品的来源和用途，而且是来源合法且不是用于非法用途的，我们就不能将行为人的持有行为认定为非法持有。这是"持有"一词之本来含义——已然犯罪的结果状态

（来源）或未然犯罪的预备行为（用途）——的内在要求。正如有观点所言："立法者设立持有型罪名的意义，一方面是减轻公诉机关的证明责任；另一方面是惩罚早期预备行为以防止更为严重的犯罪发生。"[①]而"控制"一词是一种日常用语，其实就是法律术语"占有"，只是"控制"的适用范围更为广泛，也更为常见。不过，我们在刑法中一般所说的"非法占有为目的"其实是"非法所有（处分）"为目的，据为己有不是非法占有而是非法所有。其次，是对"非法"一词的言内语境分析。一般而言，"非法"一词有三个层次的含义：一是未经主管部门的批准或许可；二是违法即违反法律规定；三是违反法秩序整体。究其实质，这是对"法"的多层次理解。第一层次的违法是程序违法即违反了程序意义上的"法"即法定程序——行政许可；第二层次的违法是形式违法即违反了实体意义上的"法"——禁止性法律规定。不过，此处的"违法"要注意区分行政违法与刑事违法以及犯罪之间的阶层性，而且还要对所违反的法律规范的效力位阶有所限制；第三层次的违法是实质违法，即违反了规范意义上的"法"——法秩序整体，这一层法规范更多的是一种社会规范。同时，"非法"是一种否定评价，必须注意主客观相统一，注意行为人之"气枪是刑法中的'枪支'""持有枪支违法"的违法性认识可能性，而且要注意形式与实质相统一，建立在"行为人非法持有枪支'有害'"的实质评价基础之上。概言之，"枪支"一词的言内语境分析主要按照"先中心词后修饰词，先动词后名词"的顺序，对"非法持有枪支"进行分析。当然，在此，我们要特别注意恪守"刑法是司法法，刑事违法是二次违法"的基本教义，而且也注重妥善处理刑法与民法、行政法等前置法的关系。

二是言伴语境分析，又称为"以案释法"或"案例分析"。我们首先需要针对具体个案进行分析，再结合相关司法案例资源，尤其是指导

[①] 参见车浩《非法持有枪支罪的构成要件》，《华东政法大学学报》2017年第6期。

性案例、公报案例、典型案例进行分析，明确"枪支"一词的言伴语境意义（个案意义）。例如邹兵建博士以赵春华案及 22 个类似案件为样本对非法持有枪支罪在定罪和量刑方面的司法偏差以及背后"违法枪支管理规定"这一空白罪状的立法缺陷进行分析，就极具启示意义。[1] 其实，言伴语境分析就是明确"枪支"一词"在本案中"或"在某某案中"的意义所指。如前所述，案例不但是系争语词的语境，还蕴含着案件事实发生的具体境况和社会背景，进而能为系争语词的理解提供具体的社会情境。当然，言伴语境分析或案例分析其实是言内语境分析的进一步具体化，是对"枪支"一词刑法条文意义在具体案例中的进一步具体化。在本案中，赵春华所持枪形物并非刑法中非法持有枪支罪中的"枪支"。一方面，就动力特征而言，本案所涉枪形物是以压缩气体为发射动力，即我们通常所说的气枪，并非制式枪支；另一方面，就发射物而言，本案所涉枪形物所发射的弹珠为塑料弹珠，并非金属弹珠。就此而言，本案所涉枪形物并非"枪支"一词之概念外延的肯定类型，更非典型意义的"枪支"——制式枪支，将其归入玩具枪更为妥当。如果非要将其纳入刑法中"枪支"一词的范畴有类推解释之嫌疑，至少是扩大解释。即便如此，赵春华也并非"持有"枪支。如前所述，"立法者设立持有型罪名的意义，一方面是减轻公诉机关的证明责任；另一方面是惩罚早期预备行为以防止更为严重的犯罪发生。"[2] 本案不仅能查明行为人赵春华所持"枪支"的用途，而且能证明行为人赵春华是将所持枪支用于摆摊经营，并非违法犯罪的预备行为。而预备行为实行化本来就是一种刑法的立法扩张，而且是基于行政犯规定的立法扩张，刑事司法应当保守适用。再退一步，即便可以认为行为人赵春华是持有枪支，我们也很难认为其是刑法中的"非法"。充其量我们可以认为，行为人是未经批准或许可，进而违反了枪支管理

---

[1] 参见邹兵建《非法持有枪支罪的司法偏差与立法缺陷》，《政治与法律》2017 年第 8 期。

[2] 参见车浩《非法持有枪支罪的构成要件》，《华东政法大学学报》2017 年第 6 期。

法。一方面，如前所述，行为人"持有气枪"是为了摆摊经营，并非危害社会，不具有法益侵害性，不是危害行为，也没有危害法秩序整体；另一方面，行为人对"持有气枪违法"欠缺认识可能性，阻却犯罪故意，进而缺乏"非法"主观方面。总而言之，行为人赵春华的行为并不构成非法持有枪支罪。

三是言外语境分析，又称为"言外语境校正"或"社会文化解释"。我们通过立法资料分析和立法沿革分析、刑事政策分析、价值导向分析、语用推理等方法，明确"枪支"一词的立法历史意义、规范目的意义和刑事政策意义，进而可以最终明确"枪支"一词的言外语境意义（历史意义和目的意义）。故而，言外语境分析是校正亦是反思。在此，我们重点分析"枪支"一词的刑事政策意义。一直以来，我国对枪支实施严管严控政策。甚至可以说，我国是对枪支管控最严格的国家。但是，严管严控并不一定意味着必须严厉打击，甚至是必须从严处罚。一般而言，犯罪治理有三个层次。让人不敢违法犯罪是犯罪治理的第一层次，主要依靠刑罚进行威慑和恫吓，进而实现刑罚的一般预防，这也是犯罪治理的初级层次；让人不能违法犯罪是犯罪治理的第二层次，主要依靠制度和技术，使得行为人没有犯罪的机会，这是目前比较可行和亟须强化的犯罪治理层次；让人不愿违法犯罪是犯罪治理的第三层次，主要依靠道德和法治进行教育感化，使行为人没有犯罪的愿望，这是较为理想的犯罪治理层次。同时，在当下不断推进国家治理体系和治理能力现代化进程中，"良法善治"应是基本理念。在枪支管理方面，我们应当提倡通过行政（技术）管理替代刑事处罚，即"以严管代替严罚"，以避免刑事措施之过度压缩公民自由空间的危险。在此，需要指出的是，"以严管代替严罚"不同于"以罚代刑"。"以罚代刑"是指在已经构成犯罪的情况下，以行政处罚代替刑罚处罚逃避责任，是违反罪刑法定原则的违法行为。而"以严管代替严罚"是指在对待行政犯时，尤其在罪与非罪的问题上，提倡行政法与刑法二元治理。具体而言，在枪支管理方面，行政机关加强枪支的电子编码和定位报警监管；在定罪量刑方面，要区分行政违法和刑事违法，慎用缓刑，尤其不能用缓刑替代行政处罚，处罚本来无罪行为人。虽说缓刑多是刑事处罚之否定评价的宣示意义而非本质上的惩罚意义，但是我们还是要警惕"有罪不罚"的犯罪标签；在具体个案处理方面，不能以行政法标准代替刑法标准，将实体问题作为证据问题来处理。虽然我们需要根据前置法对行政犯进行专门认定，在证据层面进行专门的司法技术鉴定，进而形成鉴定意见，但是，司法机关对于行政机关的鉴定意见不能不经过审查就直接采用。而在本案中，司法机关不仅没有审查公安机关"赵春华所持枪形物是枪支"的鉴定意见，而且直接采纳了公安部的枪支认定标准。与此类似，司法机关在交通肇事罪的司法认定过程中也一味依赖于交警部门的交通事故责任认定意见。这一现象值得反思，因为从根本上看，这是行政机关在依行政法定罪而非司法机关依刑法定罪，其在违反罪刑法定原则的同时也违反了《立法法》上的"法律保留事项"制度。

三 "快播案"的刑法文义解释分析

"快播案"轰动一时，曾引起广泛关注。当时，该案被称为"互联网（治理）第一案"，是"互联网+"时代背景下的网络犯罪治理的典型案例。[1] 至今，我们仍有对其进行研究讨论的必要。只不过，该案背后有众多争议焦点，例如"技术中立"背后的中立帮助行为的理解和认定问题，"网络管理义务"背后的不作为犯的理解和认定问题，"牟利"背后的明知与目的的理解和认定问题，"平台责任"背后的网络服务提供者的刑事责任问题以及"互联网治理"背后的网络犯罪的司法适用问题，等等不一而足。但是，笔者在此主要以"传播"一词的理解为切入点对"快播案"进行刑法文义解释分析。因为，在笔者看来，

---

[1] "快播案"，北京市海淀区人民法院刑事判决书（2015）海刑初字第512号；北京市中级人民法院刑事判决书（2016）京01刑终592号。

前述诸多争议焦点归纳更多的是刑法教义学层面的问题分析，即解决的是纯粹的刑法原理问题，而以"传播"一词的理解为切入点对"快播案"进行刑法文义解释分析则更多的是刑法解释学的分析路径。当然，笔者也更多地侧重于语言学理论的交叉分析，即对"传播"一词进行语法分析、语义分析和语用分析，以期能在明确"传播"一词的具体含义的基础上形成对"快播案"的认定结论，通过语用分析融合刑法原理，进而可以提供一个全新的分析视角。

（一）对"传播"一词进行语法分析

对"传播"一词进行语法分析，主要是对"传播"一词进行词法分析和句法分析。一方面，我们需要通过词法分析明确"传播"一词的词法意义，主要包括词语学科类别、词语语法性质以及词语组合结构三个方面。其一，从词语学科类别上看，"传播"一词是来自专业词汇的法律术语。从词源上考察，刑法上的"传播"一词是来源于新闻类传播学的专业术语。其二，从词语语法性质上看，"传播"一词是动词，而且是一种表示动态行为的词语。其三，从词语组合结构来看，"传播"是一个联合结构的词，"传"与"播"意义相近。其中"播"多半是指"传播"，而"传"是具有"递、送、交、运、给、表达"等多种动态的意义。但是，"播"字更有区分意义，更能突出"传播"之广为、公开、公共性、大范围等意义要素。就词语搭配关系来看，在刑法规定表述中，常与其搭配的名词主要是虚假信息、计算机病毒等破坏性程序、淫秽物品、违法信息、案件信息、传染病病毒等表示有害物品的词语。究其本质，前五类语词都是表示信息的语词，是新闻类传播学意义上的信息共享和互换，最后一类词语是表示病毒的词语，是医学类流行病学意义上的病毒感染。同时，"传播"一词也与编造、制作、复制、出版、贩卖、流行等动词并列。其中，出版或贩卖也是一种特殊的传播。编造、制作、复制是传播的预备行为，是一种主观恶性更大的行为。流行是一种范围更广、程度更快的、更为不控制的传播。就法益侵害性而言，传播是具有较为严重法益侵害性的行为，因为其会扩大有害物品的法益侵害性，甚至具有使危害失控的可能性。其至可以说，传播型犯罪在侵害个人法益的同时还会侵害更广范围的社会法益，只是这种侵害是潜移默化的腐蚀而且会持续存在，因而一般不易被人察觉。

另一方面，我们需要句法分析明确"传播"一词的句法意义，主要包括系争语词所在语句的句型、层次以及系争语词在语句中所充当的句子成分等三个方面。"传播"一词所在语句的句型是常见的主谓句，句子层次也较为单一。因而，笔者在此重点分析"传播"一词其所在的语句中所充当的句子成分。在刑法规定语句中，"传播"一词多作谓语使用，以表示构成犯罪行为。在此需要注意的是，"传播"一词除单独充当谓语外，还与"引起""造成""导致"等一起充当谓语。在第二百八十六条之一第一项的"致使违法信息大量传播的"、第三百零八条之一中的"造成信息公开传播"、第三百三十条中的"引起甲类传染病传播"、第三百三十二条中的"引起检疫传染病传播"、第四百零九条中的"导致传染病传播"等表述中，"传播"其实是宾语从句的谓语，再与"引起"等表示因果关系的语词一起充当谓语。这种表述表明，刑法中的"传播"除了有典型的"散布"型传播外，还有不典型的"引起"型传播。同时，"传播"也作宾语使用。在第一百五十二条之规定中的"以传播或者牟利为目的"的表述中，"传播"是介词"以"的宾语，"以传播或者牟利为目的"整体作状语。另外，"传播"一词也作定语使用。例如在第三百三十条、第三百三十二条规定中的"有传播严重危险的"的表述中，"传播"是"危险"的定语。其实，这一表述的完整表述是"下列行为有传播（甲类传染病病毒/检疫传染病病毒）的严重危险。"概言之，"传播"一词在刑法中主要充当谓语、宾语和定语。

（二）对"传播"一词进行语义分析

对"传播"一词进行语义分析，主要是对"传播"一词进行下定义和类型划分。一方面，我们需要通过下定义的方法，明确"传播"

一词的概念内涵意义。如前所述，刑法学界主要通过法定含义、字典含义、学理含义、专业含义等四种方式对系争语词下定义。其一，"传播"一词不是法律特有的专业术语，目前法律没有对其专门定义，因而"传播"一词没有法定含义，我们在此不做分析。其二，根据《现代汉语词典》，"'传播'是动词，意思是广泛散布。而'散布'的意思是广泛传播（多含贬义）。"① 通过分析，我们可以发现这一定义并不具体，而且有循环定义之嫌疑。不过，这一定义仍然值得借鉴的，一是突出"广泛"；二是多含贬义。对此，笔者认为，"传播"一词，应当是指向不特定的人或多数人扩散不良信息或传染病病毒等有害物品的行为，既包括积极地散布有害物品的行为，也包括放任不管或管理不当等引起有害物品广范围扩散的行为。简言之，"传播"就是使信息广为公开或者使病毒大面积扩散的行为，包括散布和引起扩散两种类型。其三，根据学界通说，"刑法中的'传播'一词，是指通过出租、出借、运输、携带、播放等方式使淫秽物品在社会上流散或者使淫秽物品的内容在社会上（或者是公共场所或不特定多数人能够任意进入的场所）扩散的一切行为。"② 由此可见，刑法中"传播"一词的学理含义应当是"在社会上扩散淫秽物品或淫秽物品的内容，或者使淫秽物品或淫秽物品的内容在社会上扩散的行为"。简言之，"传播"一词的学理含义应当是"在社会上扩散淫秽信息或者使淫秽信息在社会上扩散的行为。"其四，如前所述，"传播"一词是新闻类传播学专业术语，因而"传播"一词是专业词汇，需要进行专门界定。根据《大辞海》，"传播"一词有广义和狭义之分，"广义上指系统（自身及相互之间）传受信息的行为或过程，包括物理传播、生物传播和人类传播。狭义上指人与人之间通过符号传递信息、观念、态度、感情，以此实现信息共享和

---

① 中国社会科学院语言研究所词典编辑室：《现代汉语词典》（第7版），商务印书馆2016年版，第200、1126页。
② 参见周光权《刑法各论》（第3版），中国人民大学出版社2016年版，第223、452、453页。

互换的过程。"① 由此可见，广义"传播"的主体是系统，"狭义"传播的主体是人与人之间，其本质都是信息传受（共享和互换）的过程。在此，我们可以将"传受"进一步理解为"发出"和"接受"两个行为。从行为的有害性来看，"传播"就是在社会上扩散不良信息或传染病病毒等有害物品或者使有害物品在社会上扩散并使不特定的或多数人接触到或有可能接触到有害物品的行为。质言之，"传播"应当既包括行为人的在社会上扩散有害物品或使有害物品在社会上扩散这一"发出"侧面，也包括使不特定的或多数人接触到或有可能接触到有害物品这一"接受"侧面。概言之，"传播"型犯罪应当是具体危险犯而非行为犯。

另一方面，我们需要通过类型化归纳列举的方法，明确"传播"一词的肯定类型（特别是典型类型）、中间类型和否定类型，进而明确其概念外延意义。我们可以根据行为类型、行为主体、扩散过程对"传播"一词的概念外延意义进行类型划分，最后再具体到网络传播中"传播"一词的概念外延意义的类型划分。首先，就传播的行为类型而言，散布型传播是"传播"一词之概念外延意义的肯定类型，引起型传播是"传播"一词之概念外延意义的中间类型。详言之，散布是"传播"一词之概念外延意义的肯定类型，其中首发（即首次散布、第一次散布或者是源头散布）是"传播"一词之概念外延意义的典型类型；只是单纯地制造、获得并妥善保管是"传播"一词之概念外延意义的否定类型；制造并传播或有管理义务的持有者不当管理引起有害物品扩散的行为是"传播"一词之概念外延意义的中间类型。② 其次，就

---

① 胡惠林、刘世军主编：《大辞海·文化新闻出版卷》，上海辞书出版社2015年版，第65页。

② 一般而言，"编造"一词的宾语是虚假信息，"制造"一词的宾语是传染病病毒、淫秽信息等真实有害的信息，但是二者都是广义的制造；为论述方便，以下所有的制造均包括狭义的制造和编造，制造者也均包括狭义的制造者和编造者。同时，获得者对上述有害物品有持有和保管两类行为，其中保管是经过委托或授权获得的持有，而持有则是较为广义的因获得而持有，同样基于论述论述方便的考虑，以持有或持有者统一指称。

传播的行为主体而言，持有者散布是"传播"一词之概念外延意义的肯定类型，其中持有者第一次散布是"传播"一词之概念外延意义的典型类型；制造者传播（包括制造者自己传播、制造者让他人传播以及为他人传播而制造）、持有者引起有害物品扩散是"传播"一词之概念外延意义的中间类型；制造者单纯制造并妥善保管和持有者单纯持有并妥善保管有害物品是"传播"一词之概念外延意义的否定类型。最后就传播的扩散过程而言，扩散是"传播"一词之概念外延意义的肯定类型，其中源头扩散或者说是第一次扩散是"传播"一词之概念外延意义的典型类型；引起扩散是"传播"一词之概念外延意义的中间类型。未引起扩散或中断扩散是"传播"一词之概念外延意义的否定类型。具体到网络传播，上传、发布是"传播"一词之概念外延意义的肯定类型；其中第一次上传、发布是"传播"一词之概念外延意义的典型类型，（下载或缓存后）转发是"传播"一词之概念外延意义的肯定类型；下载或缓存后管理不当引起有害信息扩散的行为是"传播"一词之概念外延意义的中间类型；点击查看、点击下载是"传播"一词之概念外延意义的否定类型。概言之，散布是传播的肯定类型，其中首发是典型类型，制造并扩散和引起扩散是传播的中间类型，未扩散、未引起扩散和切断扩散是传播的否定类型。需要说明的是，上述类型划分是基于"传播"一词之概念外延意义所做的类型划分。在司法实务中，国家机关更侧重于"传播"的源头治理，即重点惩处发布、上传等源头散布的传播行为。详言之，国家机关重点惩处制造并散布的传播行为，严厉惩处源头散布的传播行为，也同时打击第一次引起扩散的传播行为，反倒是对转发等第二次散布的传播行为采取了有限宽容态度。尽管如此，我们也必须强调，源头散布行为才是传播的典型类型，第一次引起散布只是传播的中间类型，制造并散布也并非传播的肯定类型而是制造和传播交叉的中间类型，第二次散布却是传播的肯定类型。

（三）对"传播"一词进行语用分析

对"传播"一词进行语用分析，旨在通过言内语境分析、言伴语境分析和言外语境分析，融合刑事法理（通常所说的法）、事理（通常所说的理）和情理（通常所说的情），进而可以明确系争语词的语境意义。一是言内语境分析，又称为"上下文分析"。我们可以运用语篇分析方法通过对刑法内部体系、刑法相关的法律体系（相关法律法规和司法解释）和刑法原理等法理体系进行分析，明确"传播"一词的言内语境意义（体系意义）。在此，笔者重点对"传播"进行言内语境分析，即对刑法立法中关于"传播"的立法表述进行体系性比较分析，以明确"传播""引起传播"和"有传播的严重危险"的意义脉络，传播传染病病毒犯罪和传播违法信息犯罪之间的联系和区别以及二者在罪名设置和立法表述上的逻辑关联。对于第一个问题，如前所述，"传播"一词有散布和引起扩散之分，其中散布是狭义的传播，引起扩散是广义的传播。如果立法表述不做区分，则"传播"是广义的传播，包括散布和引起扩散。但是，"传播"一词一旦与"引起传播""造成传播""致使传播"等表述相并列，则"传播"一词则是狭义的传播——散布。同时，"传播"在与"引起传播"并列的同时再与"有传播的严重危险"等相并列的表述意在表达对于该类犯罪行为，刑法不但打击已经引起扩散实害的传播行为，还打击有扩散危险的其他行为。简言之，刑法中的"传播"首先可以分为传播行为和传播危险，传播行为又可以分为散布型传播和引起型传播。对于第二个问题，刑法中的传播型犯罪分为传播违法信息型犯罪和传播病毒型犯罪。传播违法信息型犯罪又可以分为传播虚假信息犯罪（第一百八十一条、第二百九十一条之一第一款、第二百九十一条之一第二款）、传播计算机病毒等破坏程序犯罪（第二百八十六条）、传播淫秽物品犯罪（第三百六十三条、第三百六十四条）、传播案件信息犯罪（第三百零八条之一）以及传播其他违法信息犯罪（第二百八十六条之一）。传播病毒型犯罪又可以分为传播型犯罪（第三百六十条、第三百三十一条）和引起传播型犯罪（第三百三十条、第三百三十二条、第四百零九条）。通过分析，笔者发现传播违法信息型犯罪和传播病毒型犯罪的共同之处在于两类犯罪侵害法益的实害结果发生都有一定的迟延性和扩散性以及不可控制性；两类犯罪行为都包括散布型传播和引起型传播。传播违法信息型犯罪和传播病毒型犯罪也存在较大的区别。一方面，传染病病毒侵害法益的实害结果发生更为迅速，对人身的伤害更为严重，所以立法者使用了"有传播严重危险"的表述，不过，此种危险仅限于严重危险；而违法信息侵害法益的实害结果发生则较为缓慢，对人身的伤害更多是精神伤害和附随的生理伤害，更大程度上有伤风化，侵害的是公序良俗，因而立法者没有采用"有传播危险"的表述。另一方面，传播违法信息型犯罪的立法表述多数情况只是简单地使用了"传播"一词，只有在拒不履行网络安全管理义务罪、泄露不应公开的案件信息罪中使用了类似于"引起传播"的表述。相比较而言，传播病毒型犯罪的立法表述却更多地使用了"引起传播"的表述，其区分性地使用了"造成扩散、引起传播或者有传播严重危险、引起传播或流行"等表述。因此，笔者建议刑法中传播型犯罪的立法表述应当坚持阶层性思维，将"传播"分别表述为"（散布型）传播—引起（型）传播—有传播的严重危险"三个层次。同时，传染性病毒的法益侵害性更为严重，因而我们应当将散布型传播传染病病毒的犯罪行为纳入危害公共安全犯罪的评价范围。

二是言伴语境分析，又称为"以案释法"或"案例分析"。我们首先需要针对具体个案进行分析，再结合相关司法案例资源，尤其是指导性案例、公报案例、典型案例进行分析，明确"传播"一词的言伴语境意义（个案意义）。言伴语境分析其实就是明确"传播"一词"在本案中"或"在某某案中"的意义所指。如前所述，案例不但是系争语词的语境，而且蕴含着案件事实发生的具体境况和社会背景，进而能为系争语词的理解提供具体的社会情境。当然，言伴语境分析或案例分析其实是言内语境分析的进一步具体化，是对"传播"一词刑法条文意义在具体案例中的进一步具体化。在本案中，"传播"一词的含义是网络服务提供商将淫秽视频置于播放器等网络服务平台之中供不特定的人或多数人观看。因为部分淫秽视频是有偿观看，所以行为人的行为又构成"牟利"。其实,该案存在争议的根本原因在于我们对评价对象——行为人实施了什么样的行为出现了分歧。理论上主要围绕行为人实施的是不删除淫秽视频的行为还是将淫秽视频积极缓存至播放器的积极缓存行为进行聚讼。部分学者认为,行为人实施的是积极缓存行为,行为人的行为应当被评价为传播淫秽物品犯罪的作为犯。[1] 当然,在这些观点当中还存在着行为人是正犯还是帮助犯的分歧。与之相对,大部分学者和司法机关认为行为人实施的是拒不删除淫秽视频的行为,行为人的行为是不履行网络安全管理义务,是传播淫秽物品犯罪的不作为犯。其实,从网络犯罪行为发展的过程来看,本案中行为人的行为应当分为三个阶段:将他人上传的淫秽视频保存至播放器中——将保存的视频公开供他人下载观看或在线观看——不删除已经公开的淫秽视频。其中第二阶段的行为才应当是本案应当重点评价的行为。因为第一阶段的缓存行为其实是非法持有淫秽视频的行为,是传播行为的预备行为,刑法一般不予处罚;真正破坏公序良俗、具有法益侵害性的行为是第二阶段将淫秽视频进行公开的行为,这才是刑法语境下典型的传播行为。如此而言,删除淫秽视频行为就应当是传播行为的事后行为,或者是传播行为实施完毕后淫秽视频被广泛传播前的犯罪中止行为,或者是淫秽视频被广泛传播后消除犯罪恶害影响的不作为犯而不是单纯的不作为犯如同放火后的灭火行为或故意伤害后的救助行为。另外,在本案中,行为人的行为或许可以被评价为数个不同的犯罪行为,既有提供播放器行为,也有传播淫秽视频行为。第一类行为既有可能是中立的帮助行为——用于播放常见的合法视听资料,也有可能是他人传播淫秽视频的帮助行为;第二类行为即传播淫秽视频行为,包括积极缓存淫秽视频的传播行为的预备行为,将淫秽视频公开供不特定的人或多数人观看的实行行为,还包括不删除淫秽视频的事后行为。对于第一类行为,按照刑法上狭义共犯和正犯发生竞合的

---

[1] 参见周光权《刑法公开课》第 1 卷,北京大学出版社 2019 年版,第 186 页。

处理原则，行为人既实施了帮助行为，又实施了实行行为的，应按实行犯论处，而不再单独处罚。对于第二类行为，按照刑法上吸收一罪的处理原则，行为人既实施了预备行为，又实施了实行行为，还有事后行为的，我们实行的一罪处理，既不处罚共罚的事前行为，也不处罚不可罚的事后行为。如此而言，本案中行为人的行为就只是构成传播淫秽物品牟利罪（作为犯）一罪。

三是言外语境分析，又称为"言外语境校正"或"社会文化解释"。我们通过立法资料分析和立法沿革分析、刑事政策分析、价值导向分析、语用推理等方法，明确"传播"一词的立法历史意义、规范目的意义和刑事政策意义，进而可以最终明确"传播"一词的言外语境意义（历史意义和目的意义）。在此，笔者重点对"传播"一词进行社会文化分析。在"互联网+"和大数据时代背景下，互联网文化蔚然成风，信息的快速传播已经是大势所趋。我们一方面要最大限度实现信息的快速传播和广泛共享，另一方面又要防止不良、有害信息的大范围扩散。因而，互联网治理其实是信息治理。而信息治理的关键在于源头治理——加强信息公开的管制，尤其是不良、有害信息的公开筛选机制。同时，在法律文化方面，凡是挑战法律底线和社会底线的行为，社会往往难以宽容，政府也往往倾向于严厉打击。本案所涉及的淫秽物品极具伦理色彩，被认为是有伤风化的犯罪，在一定程度上伤害了社会的羞耻感，也触犯了最起码的道德底线。而一直以来，违反道德伦理、破坏公序良俗的行为往往更容易被定罪处罚。虽然说不能依靠法律尤其是刑法来强行推行道德是基本共识，但是对违反道德伦理的行为进行定罪处罚却也是常有的事。在这一问题上，法律职业共同体和社会公众的立场却发生了逆转，法律人基于人权和自由之考虑，一般认为违反道德而不违反法律的行为，法律应当不予干预，毕竟法律不同于道德；而社会公众却被朴素的法情感支配，对于违反道德的行为，不管该行为违法与否，社会公众不但要求定罪处罚而且要求严惩，甚至动辄要求处以极刑，这不能不说重刑主义的思想仍然根深蒂固。因此，我们在此要区分客观害和主观恶，坚持客观判断优先的刑法阶层思维，在法律的框架内进行审视道德问题，否则就涉嫌主观归罪。具体而言，涉淫秽物品犯罪的刑法评价要坚持二元的行为无价值论，以行为为中心，依次审查"有无客观损害—客观损害大小—客观上谁的法益受损—客观上通过何种行为侵害法益"。[①] 其中，"客观上通过何种行为侵害法益"尤为重要，甚至可以说是刑法评价的核心。如前所述，该案存在争议的根本原因在于我们对评价对象——行为人实施了什么样的行为出现了分歧。虽然说，淫秽物品使公众神经格外敏感，涉淫秽物品犯罪也更是让人难以宽容，但是刑法评价要精细科学，不能主观归罪，也不能大而化之。对于传播型犯罪，刑法评价更要紧扣"传播"之"散布并使信息（或病毒）大范围扩散"的本质特征。

第三节　刑法文义解释的实证小结

通过前述刑法文义解释在立法规范术语解释和疑难案例术语解释中之具体运用的运用研究分析，我们发现立法规范术语解释侧重于理论研究，遵从的是从规范到案例的解释路径，是对规范术语之可能含义概括分析基础上的不断具体化选择，是在于将"简单问题复杂化"；疑难案例术语解释则侧重于司法实践，遵从的是从案例到规范的问题导向，疑难案例已经限定解释的言伴语境，重点在于概括系争语词理解与认定的争议焦点，是在于将"复杂问题简单化"。不过，虽然二者各有侧重，但是刑法文义解释方法的运用过程却有一些共同的问题需要注意。抑或说，刑法文义解释的运用小结，其实是对刑法解释的技术要义的实践验证和进一步展开，是对刑法文义解释方法运用之注意事项的梳理和说明。

[①] 参见周光权《刑法公开课》第 1 卷，北京大学出版社 2019 年版，第 186 页。

一 方法论整体上处理好方法精细和重点环节的关系

在整个刑法文义解释层面,我们要处理好方法精细和重点环节的关系。刑法文义解释是一套精细的操作技艺。如前所述,刑法文义解释其实是刑法的语言学解释,主要包括语法分析、语义分析和语用分析。首先,语法分析包括词法分析、句法分析和标点符号分析。词法分析旨在明确系争语词的词语学科类别意义、词语语法性质意义和词语组合结构意义等词法意义。句法分析和标点符号分析旨在明确系争语词所在语句的句型和层次以及系争语词在语句中所充当的句子成分等句法意义。其次,语义分析是狭义的文义解释,是语言学上的词义分析,更是逻辑学上的概念分析。一方面,我们通过对法定含义、专业含义、学理含义以及词典含义等四个方面的含义进行整合的方式下定义,明确系争语词的概念内涵意义;另一方面,通过类型化归纳列举的方式,划定系争语词的肯定类型(特别是典型类型)、中间类型和否定类型,进而明确系争语词的概念外延意义。最后,语用分析是广义的文义解释,是统摄体系解释、历史解释、目的解释等其他法律解释方法的综合解释过程包括言内语境分析、言伴语境分析和言外语境分析。其一,言内语境分析,又称为"上下文分析",其实是传统理论之体系解释。体系不仅包括法律规范体系,还包括法学理论体系。不过在此,体系首先是刑法内部体系,其次才是与刑法相关的法律体系,最后才是刑法理论体系。其二,言伴语境分析,又称为"以案释法"或"案例分析",是针对具体个案进行分析,再结合指导性案例、公报案例、典型案例等司法案例进行分析,明确系争语词的个案意义。其三,言外语境分析,又称为"言外语境校正"或"社会文化解释",主要通过立法沿革分析、刑事政策分析、社会文化分析等,明确系争语词的目的意义和历史意义,进而实现对解释结论的法外规范检视。

但与此同时,刑法文义解释方法之各个环节的运用应有所侧重,并非每一环节必不可少。如前所述,不同的词类和词性决定了不同的解释策略。例如,"妇女"是社会学术语。在对其进行词义分析时,必须考虑专业含义;同时,其具有强烈的社会文化色彩,所以在对其进行言外语境分析时,要考虑社会文化分析。而"国家工作人员"是法律术语,则重点考虑法定含义;同时,有着复杂的立法嬗变过程,所以在对其进行言外语境分析时,重点考虑其立法沿革分析。再如,"明知"是动词,概念外延之类型分析更有利于明确系争语词的含义;而"妇女"等其他几个词是名词,通过下定义明确其本质特征,更有利于明确系争语词的含义。

不过,无论如何,我们都要坚持阶层思维原则,特定环节运用可以有所差别,但是整个分析进路不可错乱。首先,通过语法分析明确系争语词的词语学科类别和词语语法性质,进而确定基本的解释策略。其次,通过下定义和类型划分对系争语词进行词义分析,明确系争语词的中间类型,划定系争语词之概念外延意义的最大范围。最后,通过言内语境分析与言伴语境分析限定并选择适合具体个案的系争语词的具体含义,同时通过言外语境分析对解释结论进行合目的性和实质合理的检视,进而使解释结论能够实现逻辑自洽和基本正确。

二 语义分析处理好中间类型与肯定类型、否定类型的关系

在语义分析层面,我们要处理好中间类型与肯定类型、否定类型的关系。面向司法适用的文义解释的核心是对系争语词的概念外延分类,尤其是厘定系争语词之概念外延的中间类型。因为刑法适用的过程是刑法规范涵摄案件事实的过程,也是法律术语之概念外延类型集合与案件事实类型进行匹配的过程。在具体个案中,无论是特定事实的司法认定还是特定规范的理解适用,都是"是否属于"的涵摄过程。易言之,法律适用可以解构为系争语词"包括什么"和"什么(事实)是"系争语词两个维度。"包括什么"侧重于系争语词之概念外延意义的厘清——文本解释;而"什么是"则侧重于案件事实的法律性质界定——司法认定。概言之,刑法文义解释之词义分析的核心在于厘清系

争语词之概念外延的中间类型。

不过，中间类型的划定必须建立在肯定类型甚至是典型类型的划定基础之上。肯定类型，尤其是典型类型是没有争议的类型，也是不需要再解释的类型，是凸显概念之本质特征的类型。因而，我们可以通过肯定类型透视系争语词的概念内涵意义，进而检验系争语词之定义的正确性。反过来，再以此定义为标准划定系争语词的中间类型。在此，需要明确的是，如果说肯定类型是平义解释的话，中间类型就是扩大解释，或是法律禁止的类推解释。

同时，罪刑法定原则实现层面的解释，则更加强调否定类型的厘定。因为将两个逻辑上相并列的词中的一个解释为另外一个词的中间类型就是类推解释，应当为狭义的刑法解释所摒弃。因为这是法律续造。而两个逻辑上相并列的词就是彼此的否定选项。简言之，否定类型的集合边缘就是刑法解释的限度和边界。

三　言内语境分析处理好法律体系、法理体系及其二者的关系

在言内语境分析层面，我们要处理好法律体系、法理体系及其二者的关系。如前所述，言内语境分析其实是传统理论之体系解释。而体系解释则是以已经存在一个逻辑自洽的体系为前提，而言内语境则不然。不过，体系解释仍然是言内语境分析的核心。因而，我们要处理好法律规范内部体系、法学理论内部体系及其二者之间的关系。其实，在刑法学理论上，储槐植教授早已提倡"刑事一体化"，"整体刑法观"在学界已成基本共识。其实，体系解释一方面是一种避免矛盾和使与系争语词相关法律条文的规范协调的整体考虑；另一方面是系争语词的规范体系位置考虑。

具体到刑法文义解释，言内语境分析首先是法律规范体系协调。法律规范体系协调首先是刑法内部的规范体系协调，其次是刑法与刑事诉讼法，尤其是证据法等法律规范内部的体系协调；例如前述"明知"一词的解释其实是证据证明问题，除此之外，在刑法中，反映犯罪主观

方面的事实的诸多术语的解释问题其实都是证据证明问题，因而其定义中必须包含"有证据证明"这一要素。同时，前已论及，系争语词的言内语境分析与语义分析之法定含义分析存在相通之处，只是言内语境分析并不仅仅是法律规范体系，还包括法学理论体系。亦或者说，言内语境分析是对语义分析之概念内涵意义的进一步体系化整合。同时，我们还要注意，"民法—行政（处罚）法—刑法"之由私法到公法的规范阶层体系。这一规范阶层体系对于民刑交叉案件和行政犯的解释尤为重要。例如，不当得利和侵占不是对立关系而是位阶关系；欺诈和诈骗也不是对立关系而是位阶关系，我们不能以成立前者就绝对地否定后者。

其次，言内语境分析还必须考虑法学理论体系协调。而法理规范体系则是法理解释方法，是依据法理进行解释的方法。在此，我们必须处理好法理学和部门法学的关系，部门法理（哲）学与部门法学的关系，尤其是注意多学科的综合和交叉运用。不过，法学理论体系协调必须突出刑法学的本体和中心地位。如此一来，言内语境分析就与语义分析之学理含义分析也存在相通之处，其是对系争语词之学理含义的进一步体系化概括。

最后，言内语境分析还要考虑好法律规范体系与法学理论体系之间的体系协调。其实法律规范和法学理论是形式法治和实质法治的关系，前者更加强调"根据法律"的法律内思考，后者则更加强调"关于法律"的法律外因素考虑。在此，我们仍然需要坚持阶层思维原则，在言内语境分析过程中，坚持先形式合理再实质合理，先法律解释后法理解释。

四 言伴语境分析处理好规则之治和案例之治的关系

在言伴语境分析层面，我们要处理好规则之治和案例之治的关系。如前所述，面向司法实践的刑法适用必须处理案件。案件之争议焦点正是刑法解释得以存在的基础所在。我们可以通过案件争议焦点概括系争语词。同时，案例不但是系争语词的言伴语境，而且能为系争语词的理解提供具体的社会情境。如果说言内语境分析是法律规范体系和法学理论体系的体系分析，言伴语境则是司法案例体系的体系分析。我们在对系争语词进行言伴语境分析时，必须考虑相关的指导性案例、公报案例、典型案例等司法案例资源，进而确保实现"类案类判"的司法公正。

然而，案例是起点，但也容易先入为主，价值支配下的结果导向更是使得言伴语境分析由解释滑向论证，违反先客观后主观、先形式后实质的思维阶层，进而突破系争语词之文义的可能含义范围。因此，案例之治必须在规则之治下进行，"以案释法"式的言伴语境分析也需要坚持阶层思维模式，坚持从语言到规则再到案例的分析路径，在整个解释过程中必须突出语言前置，即使有法定含义，也应当对其进行语言学检视。

五 言外语境分析处理好传统法律解释方法和其他解释方法的关系

在言外语境分析层面，我们要处理好传统法律解释方法和其他解释方法的关系。如前所述，言外语境分析其实对解释结论的言外语境校正，主要包括立法沿革分析、社会文化分析和刑事政策分析等。质言之，言外语境分析其实是兼顾传统法律解释方法之目的解释和历史解释。

同时，在传统典型的四大法律解释方法外，理论还提出了合宪性解释方法和社会学解释方法等其他解释方法。对于合宪性解释，我们与其说是解释，倒不如说是审查，而且是最终审查。诚如张明楷教授所言，"合宪性解释其实不只是一种解释方法，更重要的是解释原则。"[①] 其实，在言内语境分析过程中，法律规范体系分析就涉及合宪性解释。因为在法律规范体系中，宪法具有最高地位。我们在进行法律规范体系解释时不可能置宪法这一根本法于不顾。对于传统法律解释方法与其他解

---

① 张明楷：《刑法学（上）》（第5版），法律出版社2016年版，第30页。

释方法的关系，我们仍需要坚持阶层思维原则，根据解释方法与刑法解释结论的距离远近，按照位序进行选择适用。详言之，我们应当先进行刑事政策分析（价值分析与目的解释），再进行立法沿革分析（历史解释），最后进行社会文化分析（社会学解释）。在此，需要特别强调的是，刑事政策分析其实是政治法学的解释路径，是社会主义核心价值观和具体刑事政策的立法目的分析，是解释结论的法律效果和政治效果有机统一的内在要求。而社会文化分析其实是社会法学的解释路径，是解释结论的法律效果和社会效果有机统一的内在要求。因而，我们在此需要注意解释结论不得违反"常识常理常情"。一方面，解释结论不得违反日常常识，进而可以最大限度地获得广泛的社会公众认同；另一方面，如若由于日常和专业之间的隔阂，解释结论不能获得广泛的社会公众认同，那么解释结论至少不得违反法律常识，能够获得法律职业共同体的普遍认同。

结　语

从刑法文义解释上升到语言刑法学

"语言是法律人的工具，解释是法律人的技艺。"① 语言是法学研究和法律解释的重要视角。语言当然也是刑法学研究和刑法解释的重要视角。然而，当下的刑法学理论比较成熟和发达，刑法解释学也逐渐成为"显学"。然而，从语言视角解释和研习刑法的理论研究却较为薄弱。质言之，刑法文义解释的内在的"刑法"要素和"解释"要素较为突出，"文义"要素却较为暗淡，甚至已经被边缘化。刑法文义解释也只是刑法解释的下位概念。我们有必要从刑法文义解释上升到语言刑法学，反思刑法的语言问题，从语言的角度构建刑法教义。而所谓的语言刑法学，是指从语言学的角度解释刑法规定，解决刑法问题，构建刑法教义。语言刑法学重在强调首先将刑法规定视为一种语言现象，即将刑法条文视为一种表达式。在此，笔者之所以以语言刑法学而非刑法语言学进行称谓，是因为刑法语言学是语言学的分支，语言刑法学则是刑法学的分支。②质言之，在"更刑

---

① ［奥］恩斯特·A.克莱默：《法律方法论》，周万里译，法律出版社2019年版，第9—10页。
② 其实，这是一个如何命名法学与其其他学科交叉或结合形成的边缘学科的问题。在语言学上，这一问题涉及合成词语序、约定俗成、避免歧义等三个方面的问题。其一，按照汉语的语序习惯，合成词中语序在后的语词是中心词，在此，语言—刑法学中，刑法学是中心词。其二，理论上约定俗成地使用法律语言学、法（律）社会学、法（律）经济学。其三，相比较而言，法律语言学比语言法学更能减少歧义；法经济学比经济法学更能减少争议；法社会学比社会法学更能减少争议。因为在法学上存在语言法、经济法、社会法的部门法分类。不过，在合成词中间加一个"学"字就可以避免争议，而且更为准确。语言学法学、经济学法学、社会学法学比法律语言学、法律社会学、法律经济学更准确，因为前三个合成词的中心词都是法学。

法还是更语言"的问题上，笔者当然倾向于"更刑法"。语言（学）刑法学是语言学和刑法学交叉的结果，是法律语言学的具体化。在语言和刑法的关系方面，刑法是本体，语言只是为了更好地表达，或者更准确地说，问题解决是根本，理论建构只是为问题解决提供方案。语言本身不能解决实际问题，但是可以消解表达和理解上的模糊和歧义，并在消除误会和疑惑的基础上化解争议和矛盾。另外，如果要将其与法教义学相结合的话，笔者旨在使"从语言学角度解释和研究刑法"成为刑法（解释）学的一个重要信条或基本教义。究其本质，语言（学）刑法学是边缘法学与应用语言学交叉的结果。其实，笔者旨在强调对刑法语言问题和语言视角的重视，以及对"走向语言的刑法（解释）学"这一命题的建构。无论是陈兴良教授提出的"走向哲学的刑法学"，还是刘艳红教授提出的"走向实质的刑法解释学"，其实都是对刑法学发展走向的一种判断。语言学走向也未尝不是刑法学发展的新走向，或者更准确地说是立足刑事法治的本位回归。"语言刑法学"这一称谓正是受到陈兴良教授"本体刑法学""规范刑法学""判例刑法学""教义刑法学"等提法的启发才提出的。

一　刑法是一种语言现象

刑法是以惩罚和规训为内在逻辑的特殊语言现象。正如陈兴良教授所言："刑法是一种语言现象和逻辑现象，对于刑法的解释应该有语言维度和逻辑维度，刑法学者应当是一个语言学家和逻辑学家。刑法教义学的研究主要是对刑法的语言学和逻辑学的研究。"[1] 因此，我们应当从现象、维度、刑法学者以及知识体系四个层面将刑法规定表述理解为是有着内在逻辑的特殊语言现象。同时，刑法还必须是明确的书面语言，此乃刑事正义的要求。因此，张明楷教授说："成文法是正义的文

---

[1] 王政勋：《刑法解释的语言论研究》，商务印书馆2016年版，序言第1—3页。

字表述。"① 具体而言，"法条是具有规范意义的语词文句。"② 刑法总则条文，特别是犯罪论和刑罚论的条文多是对犯罪和刑罚构成要素语词的解释和界定。而刑法分则条文则是以表述罪状和法定刑为典型的语词文句，进而实现对行为的规制和调整。其实，就刑法和语言的关系而言，刑法是一种实践的规范语言。一方面，刑法以语言为载体进行表达。无论是刑法规定本身还是刑事司法活动，都离不开语言表述。无论是事实描述和认定，还是判决结论做出，都必须依赖于语言这一媒介。因此可以说，"法的世界肇始于语言"。③ 另一方面，刑法内容丰富了语言内容。刑法是以刑罚为本质的法律规范。以犯罪与刑罚为核心的知识体系所形成的词汇系统是普通语言学所没有的。另外，也有观点指出："语言不仅仅是法律的表现形式，而是法律的存在方式。"④ 由此我们可以说，法律就是一种语言存在，是语言本身。或许正是如此，也有观点认为："法律是表现为语词的规整。这一层语词外衣使制定法成为语义学问题和方法的对象。制定法的语义学问题和方法构成法学方法论的重要内容。"⑤ 其中，法律解释是法律方法论的核心内容，刑法文义解释是刑法解释的核心，因此，刑法文义解释是刑法学方法论的核心。故而，从语言学视域解释刑法条文、研习刑法就成为一种必要。

二　刑法学中存在语言问题

"世界上的大多数纠纷都是由词语所引起的。"⑥ 刑法学也不例外，刑法学中也存在语言问题，甚至可以说刑法学界诸多争议的根本在于未

---

① 张明楷：《刑法学（上）》（第5版），法律出版社2016年版，第36页。
② 葛洪义：《法律方法论》，中国人民大学出版社2013年版，第56页。
③ 转引自马晓燕、史灿方《法律语言学》，安徽人民出版社2007年版，第2页。
④ 邹玉华：《传闻及其规则研究——语言学进路》，中国政法大学出版社2016年版，写在前面的话第4页。
⑤ [德]齐佩利乌斯：《法学方法论》，金振豹译，法律出版社2009年版，第2页。
⑥ 转引自马晓燕、史灿方《法律语言学》，安徽人民出版社2007年版，第2页。

正确使用语言所致。正如有观点所言:"正是在没有对表征法思维和法现象的语言和概念进行语义、语用、语境以及逻辑分析之前就做出断定,所以才导致了大量的学术分歧。"① 在刑法学甚至是整个法学研究过程中,诸如合法财产、刑事犯罪、犯罪行为、合法的法律行为等"同义重复"的语病现象随处可见,这不能不值得我们反思。正如杨兴培教授所言:"在今天的中国刑法学领域,诸如犯罪客体、法益、期待可能性等一些至关重要的刑法学专有名词却存在着基本的词义误用和理论误读现象,这一现象严重影响了刑法学自身的理论水平和理性程度。"② 基于此,我们可以说刑法学的本质是刑法解释学,刑法解释学的起点是刑法文义(语言学)解释。因此,我们应当建构语言刑法学理论体系。语言刑法学提倡首先解决语言问题或者坚持语言问题前置的理念。而所谓的"语言问题前置",是指语言问题应当是问题解决或者是谈论过程中首先考虑的问题。或者说,先考虑解决语言问题再考虑解决其他问题。对此,学界早有阐述。例如徐国栋教授指出:"欲治法学,必先治语言学。欲当罗马法学者,必先当语言学家。"③ 具体到刑法解释,则要先考虑语言问题再考虑法律问题,其实质就是刑法文义解释优先性之提倡。例如,对于自杀是否构成犯罪的理解,则需要从"杀人"一词的解释着手。从人的可能含义来看,人既包括自己也包括他人,只不过"他人"是杀人之人的核心含义。可见,基于语言学解释方法的考察,应当肯定"自杀也是一种刑事不法"这一命题,否则就会陷入"自己不是人"的荒谬悖论。只不过,"自杀"阻却责任而不具有非难可能性,因而才不构成犯罪。问题争议的本质在于"侵犯其他个人合法权益"是刑事不法的典型类型,而"侵犯自己个人合法权

---

① 参见陈金钊《法律解释学——权利(权力)的张扬与方法的制约》,中国人民大学出版社2011年版,第9页。
② 杨兴培:《刑法学研究应当使用通识性语言——兼对几种刑法理论现象的反思与批评》,《法治研究》2011年第9期。
③ 转引自马晓燕、史灿方《法律语言学》,安徽人民出版社2007年版,第2页。

益"则是介于刑事不法之典型与边缘的中间地带。但是，无论如何，此处的人只能是已经出生的自然人而不能是胎儿，也不能是法人，更不能是动物。如此一来，帮助自杀和教唆自杀是否构成犯罪的问题则迎刃而解。在此需要再次强调，语词含义的解释不同于逻辑概念的分析，核心含义或者说典型类型并不等同于内涵，可能含义也不完全等同于外延。内涵是本质特征的概括，外延则是具有这一本质特征的对象的范围限定。相比较而言，笔者更愿意将语词含义分为肯定选项、中间选项和否定选项。其实，肯定选项大体对应于我们经常说的当然含义、核心含义和典型类型，中间类型大体对应于可能含义与边缘含义，只不过，在此必须重点强调否定选项。其不仅是反对解释的切入点，而且更有利于我们明确系争语词的类型含义，还能明确类推解释和扩大解释的界限。甚至可以说，概念分析是抽象辩证思维的运用，而语词分析更多的是具体列举思维的展现。再如，刑法的调整范围（对象）是法律问题还是语言问题也是一个需要值得讨论的问题。在刑民交叉和刑法立法行政化的背景下，这一问题显得更为突出。笼统地说，刑法的调整对象是犯罪行为。其实，更准确地说是刑事违法行为，而且刑事违法行为与一般违法行为的界限往往是程度问题——情节严重。易言之，刑事违法行为是"情节严重"的违法行为。侵犯个人法益的犯罪是"情节严重"的民事违法行为——违约和侵权。侵犯公共法益的犯罪是"情节严重"的行政违法行为。同时，行政违法行为又往往伴随着民事违法行为，或者说侵害公共法益的行政违法行为又往往可以还原为侵犯个人法益的民事违法行为。例如，殴打他人致人轻微伤的是应当给予治安处罚的行政违法行为，但同时也是民事侵权行为。如果致人轻伤以上伤害结果的则是应当受到刑罚惩罚的刑事违法行为。概言之，在违法行为层面，民法、行政法、刑法的调整对象之间存在着法益侵害性、违法性、应受惩罚性逐步递进的位阶关系。另外，在犯罪行为内部，实行既遂行为是典型的犯罪行为，帮助行为、教唆行为、犯罪预备行为、犯罪未遂行为、犯罪中止行为则是中间类型的犯罪行为，只不过，近来的刑法修正案基于法益保护扩张的考虑，有着"共犯独立成罪"和"预备行为独立成罪"的实行化趋向。可见，刑法的调整范围首先是语言问题。

三 刑法学的语言问题需要通过刑法文义解释进行矫正

理论上一般认为，文理解释指根据语法、字义的惯常用法来解释法律条文的方法。其实，文义解释是语言学解释，即运用语言学理论来解释法律条文。而在语言学理论中，将各种言语还原为最完整、最通俗的句子是语言学理论分析的基本任务。因此，我们在进行文义解释的过程中，势必就会进行"语言还原"。我们或者将其还原为自己能理解的语言，抑或者将其还原为解释共同体都能理解而没有争议的语言，既存在将日常语言或专业语言转换成法律语言的情形，也存在将法律语言转换成日常语言或专业的情形。我们至少将其还原成为表述完整而没有语法错误的基本语句。而在语言还原的过程中我们就能发现刑法规范表达存在语病、语法错误、词语误用、理论误读、不当省略等语言学问题。我也就可以对其进行有针对性的矫正。这一问题在涉及外来语词的刑法表达中较为突出。例如在理论上，有学者认为"行为无价值"其实应该是"行为反价值"，否则就会认为是在评价犯罪的过程中行为没有价值，不要考虑；同理，"结果无价值"应该是"结果反价值"。"构成要件该当性"应当是"构成要件符合性"，因为"该当"是古汉语，"符合"才是现代汉语中较为通俗易懂的语词，即案件事实类型符合法定事实类型（刑法分则明文规定的罪状）。又如"期待可能性"其实应该是"期待不可能性"或者是"缺乏期待可能性"，因为根据"法律不强人所难"的原理，"期待可能性"，是指从行为时的具体情况看，（法律）可以期待行为人做出合法行为。如果从行为时的具体情况看不能期待行为人做出合法行为，行为人即使做出了违法犯罪行为，也无罪。其实也就是我们通常所说的"情有可原""合理而不合法"，亦即语境分析中言外语境分析的"情理"分析。再如，作为刑法基本的"法益"应当是刑法所保护的个人权利或者可以还原为个人权利的重大公共利益（社会利益和国家利益），而不能笼统地说是"法律所保护的利益"。然而，刑法学界对这些词语的理解往往存在较大争议，主要是需要考虑和"犯罪客体"一词的关系，学者经常反思我们有没有必要在"犯罪客体"之外，再引入"法益"一词？"法益"一词所强调的利益和"犯罪客体"所强调的社会关系究竟存在何种区别？其实，仔细比较我们可以发现，"刑法保护"是本质因素，是与其他法律关系或法律利益的根本区别所在。犯罪所侵害有涉嫌循环定义所嫌。因此，我们往往需要通过"语言还原"进行文义解释来发现并解决语病问题。例如，我们如果能坚守"犯罪是侵害法益的行为"的表述，我们就不会说犯罪行为，而应该说"构成犯罪的行为"或"危害行为"，因为犯罪行为这一表述有着同义重复的语病。我们能稍微注意语法要求的话，就不会说"刑事犯罪"，因为刑事和犯罪有着相同的指称。概言之，刑法文义解释可以通过"语言还原"发现刑法中存在的语言问题，并对其进行矫正，使其更加通俗易懂，进而促进解释共同体达成理解共识。

综上所述，语言刑法学之提倡旨在整合现有刑法学理论成果，是在对现有刑法学理论成果进行整合基础上的完善发展而非单纯绝对地对其进行否定。在理论发展过程中，也没有哪个理论是为了批判而批判，为了否定而否定，而为了构建更为指导实践的合理理论体系。当然，是建构还是解释？这是一个值得学界反思的问题。建构意味着创新，解释意味着发展。当然，建构也意味着批判，解释意味着继承。但是需要指出的是，解释是把问题具体化，是对问题进行分析、展开并进行阐述的过程；而建构一定是在全面考察现有制度的基础上进行批判和创新，是在继承和发展基础上的批判和创新。总而言之，理论争鸣或者学派之争可以百花齐放、百家争鸣，因为只有理论多元才有可能碰撞出思想火花，但是理论聚讼的结果必须是达成共识、形成通说，亦即"统一思想"，否则实务会难以适从，最后只能放弃接受甚至拒绝理论的指导。因此，理论研究既需要能将简单问题复杂化，更需要能将复杂问题简单化，能将抽象问题具体化，而且还需要能将疑难问题精细化，能将思维路径阶层化。总而言之，语言刑法学从"语言"和"刑法学"的高度强调"刑法文义解释要将根本点放在'语言学'上""在刑法文义解释研究中要特别注意语言学运用"等核心教义。当然，解释学原理和狭义的刑法教义学原理也不可阙如。刑法文义解释不仅是语言学问题，还有"解释学"问题和"刑法学"问题。而且在"刑法文义解释"一词中，刑法才是对象和本体，解释是研习刑法的方法，文义是解释的方法。

参考文献

一 著作类

(一) 中文译著类

[奥] 恩斯特·A. 克莱默：《法律方法论》，周万里译，法律出版社2019年版。

[奥] 维特根斯坦：《逻辑哲学论》，贺绍甲译，商务印书馆1996年版。

[奥] 维特根斯坦：《哲学研究》，李步楼译，商务印书馆1996年版。

[奥] 尤根·埃利希：《法律社会学基本原理》，叶名怡、袁震译，中国社会科学出版社2009年版。

[德] 阿图尔·考夫曼：《法律哲学》，刘幸义译，法律出版社2011年版。

[德] 伯恩·魏德士：《法理学》，丁晓春、吴越译，法律出版社2013年版。

[德] 弗里德里希·卡尔·冯·萨维尼、[德] 雅各布·格林：《萨维尼法学方法论讲义与格林笔记》（修订译本），杨代雄译，法律出版社2014年版。

[德] 伽达默尔、杜特：《解释学、美学、实践哲学》，金惠敏译，商务印书馆2003年版。

[德] 伽达默尔：《哲学解释学》，夏镇平、宋建平译，商务印书馆2004年版。

［德］伽达默尔：《真理与方法》，洪汉鼎译，商务印书馆 2010 年版。

［德］古斯塔夫·拉德布鲁赫：《法哲学》，王朴译，法律出版社 2013 年版。

［德］卡尔·恩吉施：《法哲学》，郑永流译，法律出版社 2014 年版。

［德］卡尔·拉伦茨：《法学方法论》，陈爱娥译，商务印书馆 2003 年版。

［德］克劳斯·罗克辛：《德国刑法学总论》第 1 卷，王世洲译，法律出版社 2005 年版。

［德］克劳斯·罗克辛：《德国刑法学总论》第 2 卷，王世洲译，法律出版社 2013 年版。

［德］克劳斯·罗克辛：《德国最高法院判例刑法总论》，何庆仁、蔡桂生译，中国人民大学出版社 2012 年版。

［德］鲁道夫·冯·耶林：《法学的概念天国》，柯伟才、于庆生译，中国法制出版社 2009 年版。

［德］罗伯特·阿列克西：《法律论证理论》，舒国滢译，中国法制出版社 2002 年版。

［德］齐佩利乌斯：《法学方法论》，金振豹译，法律出版社 2009 年版。

［德］乌尔弗里德·诺伊曼：《法律论证学》，张青波译，法律出版社 2014 年版。

［德］亚图·考夫曼：《类推与"事物本质"——兼论类型理论》，吴从周译，台北学林文化事业有限公司 1999 年版。

［德］英格博格·普珀：《法学思维小学堂》，蔡圣伟译，北京大学出版社 2011 年版。

［法］保罗·利科尔：《解释学与人文科学》，陶远华等译，河北人民出版社 1987 年版。

［法］米歇尔·托贝：《法律哲学：一种现实主义的理论》，张平、崔文倩译，中国政法大学出版社 2012 年版。

［美］E. 博登海默：《法理学：法律哲学与法学方法》，邓正来译，中

国政法大学出版社 2004 年版。

[美] 安德雷·马默：《法律与解释》，张卓明等译，法律出版社 2006 年版。

[美] 丹尼斯·M. 帕特森：《法律与真理》，陈锐译，中国法制出版社 2007 年版。

[美] 丹尼斯·帕特森编：《布莱克维尔法哲学和法律理论指南》，汪庆华、魏双娟译，上海人民出版社 2013 年版。

[美] 德沃金：《法律帝国》，李常青译，中国大百科全书出版社 1996 年版。

[美] 赫施：《解释的有效性》，王才勇译，生活·读书·新知三联书店 1991 年版。

[美] 索蒂里奥斯·巴伯、詹姆斯·弗莱明：《宪法解释的基本问题》，徐爽、宦胜奎译，北京大学出版社 2016 年版。

[美] 约翰·吉本斯：《法律语言学导论》，程朝阳等译，法律出版社 2007 年版。

[日] 平野龙一：《刑法总论Ⅰ》，有斐阁，1972 年版。

[日] 前田雅英：《刑法总论讲义》，曾文科译，北京大学出版社 2017 年版。

[意] 切萨雷·贝卡里亚：《论犯罪与刑罚》，黄风译，中国大百科全书出版社 1993 年版。

[英] 哈特：《法律的概念》（第 2 版），许家馨、李冠宜译，法律出版社 2011 年版。

（二）中文著作类

陈嘉映：《语言哲学》，北京大学出版社 2003 年版。

陈金钊等：《法律解释学——立场、原则与方法》，湖南人民出版社 2009 年版。

陈金钊等：《法律解释学》，中国政法大学出版社 2006 年版。

陈金钊：《法律解释的哲理》，山东人民出版社 1999 年版。

陈金钊：《法律解释学——权利（权力）的张扬与方法的制约》，中国人民大学出版社 2011 年版。

陈金钊：《法制及其意义——法律解释问题研究》，西北大学出版社 1994 年版。

陈金钊：《法治思维及其法律修辞方法》，法律出版社 2013 年版。

陈兴良：《判例刑法学》（教学版），中国人民大学出版社 2012 年版。

陈兴良：《刑法的知识转型（方法论）》，中国人民大学出版社 2012 年版。

陈兴良主编：《刑法方法论研究》，清华大学出版社 2006 年版。

程树德：《九朝律考》，商务印书馆 2010 年版。

杜金榜：《法律语言学》，上海外语教育出版社 2004 年版。

杜金榜主编：《语篇分析教程》，武汉大学出版社 2013 年版。

方乐：《民国时期法律解释的理论与实践》，北京大学出版社 2016 年版。

高铭暄、马克昌主编：《刑法学》（第 8 版），北京大学出版社、高等教育出版社 2017 年版。

葛洪义：《法律方法讲义》，中国人民大学出版社 2009 年版。

葛洪义主编：《法律方法论》，中国人民大学出版社 2013 年版。

郭聿楷、何英玉：《语义学概论》，外语教学与研究出版社 2002 年版。

洪汉鼎主编：《理解与解释——诠释学经典文选》，东方出版社 2006 年版。

黄茂荣：《法学方法与现代民法》，中国政法大学出版社 2001 年版。

江怡：《分析哲学教程》，北京大学出版社 2009 年版。

江怡：《维特根斯坦：一种后哲学的文化》，社会科学文献出版社 2002 年版。

姜涛：《刑法解释的基本原理》，法律出版社 2019 年版。

焦宝乾等：《法律修辞学：理论与应用研究》，法律出版社 2015 年版。

孔祥俊：《法律解释方法与判解研究》，人民法院出版社 2004 年版。

孔祥俊：《法律解释与适用方法》，中国法制出版社2017年版。

李福印：《语义学概论》，北京大学出版社2007年版。

梁慧星：《裁判的方法》，法律出版社2003年版。

梁慧星：《民法解释学》，中国政法大学出版社1995年版。

梁治平：《法律解释问题》，法律出版社1998年版。

刘红婴：《法律语言学》，北京大学出版社2003年版。

刘艳红：《实质刑法观》（第2版），中国人民大学出版社2019年版。

刘志伟、田旭：《案例刑法》，法律出版社2019年版。

马晓燕、史灿方：《法律语言学》，安徽人民出版社2007年版。

戚渊等：《法律论证与法学方法》，山东人民出版社2005年版。

秦前红：《监察法学教程》，法律出版社2019年版。

邱汉平：《历代刑法志》，商务印书馆2017年版。

任彦君：《刑事疑难案例适用法律方法研究》，中国人民大学出版社2016年版。

沈家本：《历代刑法考》，商务印书馆2011年版。

疏义红：《法律解释学实验教程》，北京大学出版社2008年版。

宋北平：《法律语言》，中国政法大学出版社2012年版。

苏彩霞：《刑法解释的立场与方法》，法律出版社2016年版。

王彬：《法律解释的本体与方法》，人民出版社2011年版。

王德春：《语言学通论》，北京大学出版社2006年版。

王洪：《法律逻辑学》，中国政法大学出版社2016年版。

王利明：《法律解释学》（第2版），中国人民大学出版社2016年版。

王泽鉴：《民法总则》，中国政法大学出版社2001年版。

王政勋：《刑法解释的语言论研究》，商务印书馆2016年版。

魏东：《案例刑法学》，中国人民大学出版社2019年版。

魏东：《刑法观与解释论立场》，中国民主法制出版社2011年版。

魏东：《刑法理性与解释论》，中国社会科学出版社2015年版。

魏东：《刑法》，中国民主法制出版社2016年版。

魏东：《刑事政策原理》，中国社会科学出版社 2015 年版。

魏东主编：《中国当下刑法解释论问题研究：以论证刑法解释的保守性为中心》，法律出版社 2014 年版。

魏东主编：《刑法解释论丛》第 1 卷，法律出版社 2015 年版。

魏东主编：《刑法解释》总第 2 卷，法律出版社 2016 年版。

魏东主编：《刑法解释》总第 3 卷，法律出版社 2018 年版。

魏东主编：《刑法解释》总第 4 卷，法律出版社 2019 年版。

魏东主编：《刑法解释》总第 5 卷，法律出版社 2020 年版。

魏治勋：《法律解释的原理与方法体系》，北京大学出版社 2017 年版。

谢晖、陈金钊：《法律：诠释与应用——法律诠释学》，上海译文出版社 2002 年版。

谢晖：《中国古典法律解释的哲学向度》，中国政法大学出版社 2005 年版。

杨仁寿：《法学方法论》（第 2 版），中国政法大学出版社 2013 年版。

杨世屏：《法律解释有效性概念的语用学阐释》，中国政法大学出版社 2015 年版。

雍琦：《法律逻辑学》，法律出版社 2004 年版。

于志刚：《案例刑法学》，中国法制出版社 2010 年版。

余致纯：《法律语言学》，陕西人民教育出版社 1990 年版。

袁林：《以人为本与刑法解释范式的创新研究》，法律出版社 2010 年版。

张斌峰：《法学方法论教程》，武汉大学出版社 2013 年版。

张光杰：《中国法律概论》，复旦大学出版社 2010 年版。

张明楷：《刑法分则的解释原理》（第 2 版），中国人民大学出版社 2011 年版。

张明楷：《刑法学（上）》（第 5 版），法律出版社 2016 年版。

张明楷：《刑法学（下）》（第 5 版），法律出版社 2016 年版。

张明楷：《罪刑法定与刑法解释》，北京大学出版社 2009 年版。

张志铭：《法律解释的操作分析》，中国政法大学出版社 1998 年版。

张志铭：《法律解释学》，中国人民大学出版社 2015 年版。

张志毅、张庆云：《词汇语义学》（第 3 版），商务印书馆 2012 年版。

赵秉志：《刑法解释研究》，北京大学出版社 2007 年版。

赵秉志：《刑法解释专题整理》，中国人民公安大学出版社 2011 年版。

赵秉志主编：《刑法论丛》2014 年第 2 卷，法律出版社 2014 年版。

赵秉志主编：《刑法论丛》2018 年第 3 卷，法律出版社 2018 年版。

赵运锋：《刑法解释论》，中国法制出版社 2012 年版。

周光权：《刑法各论》（第 3 版），中国人民大学出版社 2016 年版。

周光权：《刑法公开课》，北京大学出版社 2019 年版。

周光权：《刑法学习定律》，北京大学出版社 2019 年版。

周光权：《刑法总论》（第 3 版），中国人民大学出版社 2016 年版。

邹玉华：《传闻及其规则研究——语言学进路》，中国政法大学出版社 2016 年版。

最高人民法院：《刑事审判参考》总第 42 集，法律出版社 2005 年版。

最高人民法院：《刑事审判参考》总第 6 集，法律出版社 2000 年版。

最高人民法院：《刑事审判参考》总第 79 集，法律出版社 2011 年版。

最高人民法院：《刑事审判参考》总第 81 集，法律出版社 2012 年版。

最高人民法院：《刑事审判参考》总第 98 集，法律出版社 2014 年版。

二 论文类

(一) 学位论文类

蔡丽娜：《网络时代刑法解释研究》，硕士学位论文，山东大学，2011 年。

陈君枫：《刑法词语解释研究》，硕士学位论文，中国政法大学，2010 年。

陈陆成：《论刑法文本的语义解释》，硕士学位论文，湖南师范大学，2005 年。

姜俊：《论我国刑法中的国家工作人员》，硕士学位论文，西南政法大学，2007年。

孔祥参：《刑法语言的语义分析探析》，硕士学位论文，吉林大学，2007年。

李超：《论刑法的文义解释》，硕士学位论文，河北大学，2015年。

李希慧：《刑法解释论》，博士学位论文，中国人民大学，1993年。

刘倩：《司法裁判中的文义解释规则研究》，硕士学位论文，青岛科技大学，2018年。

苏凯：《刑法文义解释研究》，硕士学位论文，山东大学，2013年。

谢丽花：《文义解释的优先性及其限制》，硕士学位论文，南京师范大学，2012年。

叶慧：《行政诉讼中的文义解释》，硕士学位论文，苏州大学，2011年。

尹传波：《论语义解释》，硕士学位论文，山东大学，2006年。

袁林：《人本主义解释范式研究》，博士学位论文，西南政法大学，2010年。

赵宁：《罪状解释论》，博士学位论文，华东政法大学，2010年。

（二）期刊论文类

车浩：《非法持有枪支罪的构成要件》，《华东政法大学学报》2017年第6期。

陈金钊：《体系思维及体系解释的四重境界》，《国家检察官学院学报》2020年第4期。

陈金钊：《文义解释：法律方法的优位选择》，《文史哲》2005年第6期。

陈金钊、尹绪洲：《法律的文义解释与词典的使用——对美国司法中词典使用的述评》，《法商研究》1996年第3期。

陈文昊：《直播下的罪恶——刑法中"公共场所"的理解》，《长沙大学学报》2017年第1期。

陈兴良：《国家出资企业国家工作人员的范围及其认定》，《法学评论》

2015 年第 4 期。

陈兴良:《相似与区别:刑法用语的解释学分析》,《法学》2000 年第 5 期。

陈兴良:《刑法分则规定之明知以表现犯为解释进路》,《法学家》2013 年第 3 期。

陈兴良:《刑民交叉案件的刑法适用》,《法律科学》2019 年第 2 期。

陈兴良:《形式解释论的再宣示》,《中国法学》2010 年第 4 期。

陈兴良:《赵春华非法持有枪支案的教义学分析》,《华东政法大学学报》2017 年第 6 期。

陈兴良:《正当防卫如何才能避免沦为僵尸条款》,《法学家》2017 年第 5 期。

陈兴良:《正当防卫:指导性案例以及研析》,《东方法学》2012 年第 2 期。

陈兴良:《注释刑法学经由刑法哲学抵达教义刑法学》,《中外法学》2019 年第 3 期。

程红:《论刑法解释方法的位阶》,《法学》2011 年第 1 期。

邓婕:《网络空间何以为"公共场所"?——关于刑法解释限度的思考》,《法律方法》2015 年第 1 期。

冯殿美、王琪:《刑法文义解释方法论》,《山东警察学院学报》2009 年第 1 期。

顾乐:《刑法文义解释方法刍议》,《商情》2008 年第 4 期。

胡东飞:《论刑法分则中"妇女"概念的外延》,《当代法学》2018 年第 4 期。

胡冬阳:《国家出资企业中"国家工作人员"应作限制解释》,《刑事法判解》2015 年第 21 期。

黄延延:《从具体案件看清代刑事司法中的文义解释》,《西部法律评论》2010 年第 2 期。

贾秀琴:《论法律文义的一般与具体解释》,《广州大学学报》2008 年第 11 期。

江溯：《规范性构成要件要素的故意及错误——以赵春华非法持有枪支案为例》，《华东政法大学学报》2017 年第 6 期。

姜涛：《刑法中国家工作人员定义的个别化解释》，《清华法学》2019 年第 1 期。

焦宝乾、陈金钊：《法治迈向方法的时代：2010 年度中国法律方法研究学术报告》，《山东大学学报》（哲学社会科学版）2011 年第 2 期。

焦宝乾：《法教义学的观念及其演变》，《法商研究》2006 年第 6 期。

劳东燕：《法条主义与刑法解释中的实质判断——以赵春华持枪案为例的分析》，《华东政法大学学报》2017 年第 6 期。

劳东燕：《功能主义刑法解释的体系性控制》，《清华法学》2020 年第 2 期。

劳东燕：《功能主义刑法解释论的方法与立场》，《政法论坛》2018 年第 2 期。

劳东燕：《能动司法与功能主义的刑法解释论》，《法学家》2016 年第 6 期。

李广德：《法律文本理论与法律解释》，《国家检察官学院学报》2016 年第 4 期。

李堃：《原型范畴理论的缺陷》，《海外英语（上）》2014 年第 1 期。

李力、韩德明：《解释论、语用学和法律事实的合理性标准》，《法学研究》2002 年第 5 期。

李茂华、陈雪梅：《自首的文理解释》，《今日南国》2008 年第 2 期。

李希慧：《论刑法的文理解释方法》，《中央检察官管理学院学报》1995 年第 1 期。

李晓明：《刑法："虚拟世界"与"现实社会"的博弈与抉择》，《法律科学》2015 年第 2 期。

李亚东：《论法律解释的语言学规则》，《法律方法》2015 年第 1 期。

梁迎修：《方法论视野中的法律体系与体系思维》，《政法论坛》2008

年第 1 期。

刘国：《宪法文义解释的困境与出路探析》，《法律科学》2014 年第 5 期。

刘艳红：《中国刑法教义学化过程中的五大误区》，《环球法律评论》2018 年第 3 期。

刘艳红：《走向实质解释的刑法学——刑法方法论的发端、发展与发达》，《中国法学》2006 年第 5 期。

罗德刚：《文义解释之文义思辨》，《青年作家》2011 年第 1 期。

蒙晓阳：《为概念法学正名》，《法学》2003 年第 12 期。

孟伟亮：《刑法中的文理解释与论理解释之关系辨析》，《金田》2014 年第 1 期。

倪业群：《刑法文义解释方法的位阶及其运用》，《广西师范大学学报》2006 年第 2 期。

戚渊：《论法律科学中的解释与诠释》，《法学家》2008 年第 6 期。

齐文远、周详：《论刑法解释的一般原则》，《中国法学》2004 年第 2 期。

饶龙飞：《我国现行宪法中"政治权利"的概念解读——基于文义解释的维度》，《山东科技大学学报》2015 年第 1 期。

时延安：《论刑法规范的文义解释》，《法学家》2002 年第 6 期。

史灿方、马晓燕：《法律文义解释中词典的应用原则和技术策略》，《重庆第二师范学院学报》2015 年第 6 期。

舒国滢、陶旭：《论法律解释中的文义》，《湖南师范大学社会科学学报》2018 年第 3 期。

苏彩霞：《刑法解释方法的位阶与运用》，《中国法学》2008 年第 5 期。

苏凯、林静：《刑法文义解释与刑法语料库的构建》，《法律方法》2013 年第 2 期。

苏力：《解释的难题：对几种法律文本解释方法的追问》，《中国社会科学》1997 年第 4 期。

唐厚珍：《刑法文理解释初探》，《法律语言学说》2008 年第 2 期。

王彬：《文义解释的反思与重构》，《宁夏大学学报》2008 年第 3 期。

王东海：《刑法体系解释存在的问题及补全》，《人民检察》2018 年第 15 期。

王新：《我国刑法中"明知"的含义和认定——基于刑事立法和司法解释的分析》，《法制与社会发展》2013 年第 1 期。

王耀彬：《刑法文义解释的功能阐释与价值重现——以法律条文语义局限性为视角》，《重庆第二师范学院学报》2016 年第 6 期。

王政勋：《贿赂犯罪中"谋取不正当利益"的法教义学分析——基于语义解释方法的考察》，《法学家》2018 年第 5 期。

王政勋：《论刑法解释中的词义分析法》，《法律科学》2006 年第 1 期。

王政勋：《刑法解释问题研究现状述评》，《法商研究》2008 年第 4 期。

魏东：《从首例"男男强奸案"司法裁判看刑法解释的保守性》，《当代法学》2014 年第 2 期。

魏东：《"收受干股型"受贿罪的刑法解释适用》，《法学论坛》2015 年第 1 期。

魏东、田维：《立法原意对刑法解释的意义》，《人民检察》2013 年第 13 期。

魏东：《刑法解释保守性命题的学术价值检讨——以当下中国刑法解释论之争为切入点》，《法律方法》2015 年第 2 期。

魏东：《刑法解释论的主要争点及其学术分析——兼议刑法解释的保守性命题之合理性》，《法治研究》2015 年第 4 期。

魏东：《刑法解释学基石范畴的法理阐释——关于"刑法解释"的若干重要命题》，《法治现代化研究》2018 年第 3 期。

魏治勋：《文义解释的司法操作技术规则》，《政法论丛》2014 年第 4 期。

魏治勋：《文义解释在法律解释方法中的优位性及其限度》，《求是学刊》2014 年第 4 期。

谢晖：《文义解释与法律模糊的释明》，《学习与探索》2008 年第 6 期。

徐岱、李方超：《"国家工作人员"认定范围的再解释》，《法学》2019 年第 5 期。

杨兴培：《刑法学研究应当使用通识性语言——兼对几种刑法理论现象的反思与批评》，《法治研究》2011 年第 9 期。

殷杰：《当代西方的社会科学哲学研究现状、趋势和意义》，《中国社会科学》2006 年第 3 期。

殷磊：《刑法文义解释方法新论》，《法制与经济》2017 年第 1 期。

袁林：《超越主客观解释论：刑法解释标准研究》，《现代法学》2011 年第 1 期。

袁林：《刑法解释观应从规则主义适度转向人文主义》，《法商研究》2008 年第 6 期。

袁毓林：《词类范畴的家族相似性》，《中国社会科学》1995 年第 1 期。

张继成：《对"作品"一词内涵外延及其适用方法的法逻辑诠释》，《求是学刊》2019 年第 6 期。

张金伟、施月玲、荣学磊：《暴力威慑下的抢劫罪认定》，《人民司法（案例）》2012 年第 6 期。

张静：《语法学的特殊方法》，《郑州大学学报》1964 年第 2 期。

张明楷：《实质解释论的再提倡》，《中国法学》2010 年第 4 期。

张先科、应金鑫：《论刑法中的"明知"》，《法律适用》2009 年第 6 期。

赵运锋：《功能主义刑法解释论的评析与反思——与劳东燕教授商榷》，《江西社会科学》2018 年第 2 期。

致远：《文义解释法的具体应用规则》，《法律适用》2001 年第 9 期。

致远：《文义解释之基本认识》，《法律适用》2001 年第 8 期。

周光权：《明知与刑事推定》，《现代法学》2009 年第 2 期。

周少华：《刑法规范的语言表达及其法治意义》，《法律科学》2016 年第 4 期。

朱虹丽：《走出形式解释论与实质解释论之争——用类型化思维确定刑法的"文义射程"》，《牡丹江教育学院学报》2014年第8期。

邹兵建：《非法持有枪支罪的司法偏差与立法缺陷》，《政治与法律》2017年第8期。

邹兵建：《正当防卫中"明显超过必要限度"的法教义学研究》，《法学》2018年第11期。

邹玉华：《法律语言学是"'法律语言'学"还是"法律'语言学'"？抑或"'法律与语言'学"？——兼论法律语言学学科内涵及定位》，《辽宁师范大学学报》2018年第1期。

三　报纸论文类

郝铁川：《罪刑法定原则行政化现象的学理分析》，《法制日报》2018年5月2日第10版。

柯庆华：《正确理解法学的政治性与科学性》，《人民日报》2018年8月27日第16版。

雷磊：《什么是我们所认同的法教义学》，《光明日报》2014年8月13日第16版。

罗开卷：《三步骤认定"国家工作人员"》，《人民法院报》2019年5月23日第6版。

王东海：《坚守刑法解释的动态递进品格》，《检察日报》2018年4月4日第3版。

吴培培：《文义解释与行政诉讼中的合法期待理由》，《人民法院报》2006年3月27日第B04版。

姚树举：《刑法中"明知"的判定方法》，《检察日报》2018年10月24日第3版。

张杰：《建构指导性案例与典型案例"一体两翼"的工作格局》，《检察日报》2019年8月8日第3版。

张眉：《"户中户"的抢劫不属于"入户抢劫"——文义解释法之"读

出"规则与目的解释法的有机结合》,《人民法院报》2006年4月24日第B04版。

邹玉华:《语言学能给法学贡献什么》,《检察日报》2016年5月5日第3版。

四 工具书

曹建明、何勤华主编:《大辞海·法学卷》,上海辞书出版社2015年版。

(东汉)许慎撰,(清)段玉裁注:《说文解字》,中国书店出版社2011年版。

杜学亮:《中文法学工具书辞典》,知识产权出版社2006年版。

葛振峰、张定发、郑申侠主编:《大辞海·军事卷》,上海辞书出版社2015年版。

胡惠林、刘世军主编:《大辞海·文化新闻出版卷》,上海辞书出版社2015年版。

李伟民:《法学辞源》,黑龙江人民出版社2002年版。

罗竹风:《汉语大词典》,上海辞书出版社2011年版。

浦法仁:《法律辞典》,上海辞书出版社2009年版。

大辞海编辑委员会:《大辞海·政治学·社会学卷》,上海辞书出版社2010年版。

王德春、许宝华主编:《大辞海·语言学卷》,上海辞书出版社2015年版。

夏征农、陈至立主编:《大辞海》,上海辞书出版社2015年版。

薛波:《元照英美法辞典》,法律出版社2003年版。

中国社会科学院法学研究所法律辞典编委会:《法律辞典》,法律出版社2003年版。

中国社会科学院语言研究所词典编辑室:《现代汉语词典》(第7版),商务印书馆2012年版。

中华法学大辞典编委会:《中华法学大辞典》,中国检察出版社1997

年版。

[美] 布莱恩·A. 加纳：《布莱克法律词典》（第11版），Thomson Reuters West，2019年版。

[美] 布莱恩·A. 加纳：《牛津现代法律用语词典》，法律出版社2003年版。

[美] 布赖恩·H. 比克斯：《牛津法律理论词典》，邱昭继等译，法律出版社2007年版。

[美] 杰伊·M. 费曼：《牛津法律理论词典》，高如华、袁方译，法律出版社2004年版。

[美] 拉扎尔·伊曼纽尔：《拉丁法律词典》，魏玉娃译，商务印书馆2012年版。

[英] L. B. 科尔森、P. H. 理查兹：《朗文法律词典》（第7版），法律出版社2007年版。

[英] 戴维·M. 沃克：《牛津法律大词典》，李双元译，法律出版社2003年版。

五 其他文献

公安部发布的《公安机关涉案枪支弹药性能鉴定工作规定》。

《公安部关于印发〈仿真枪认定标准〉的通知》，2008年2月22日发布。

国务院发布的《公共场所卫生管理条例》。

国务院发布的《娱乐场所管理条例》。

《江苏省高级人民法院关于建立类案强制检索报告制度的规定（试行）》，2020年7月14日发布。

"快播案"，北京市海淀区人民法院刑事判决书（2015）海刑初字第512号；北京市中级人民法院刑事判决书（2016）京01刑终592号。

全国人大常委会法工委制定的《立法技术规范试行（二）》。

全国人大常委会法工委制定的《立法技术规范试行（一）》。

于欢故意伤害案，最高人民法院指导案例第93号（2018年）。

赵春华非法持有枪支案，天津市河北区人民法院刑事判决书（2016）津0105刑初442号；天津市第一中级人民法院刑事判决书（2017）津01刑终41号。

浙江省高级人民法院、省检察院、省公安厅联合发布的《关于办理"醉驾"案件若干问题的会议纪要》。

《最高人民法院关于发布第18批指导性案例的通知》。

《最高人民法院关于统一法律适用　加强类案检索的指导意见（试行）》，2020年7月26日发布。

致　　谢

本书是在博士学位论文基础上修改而成的。这篇博士学位论文写作历经五载，终成正果，既是对我博士研究生学习的总结汇报，亦是我研习刑法的心路记载，其中苦乐，回味无穷。回首这五年，感触良多。或许是经历了太多，抑或不断成长的缘由，我总觉得生活需要怀有感恩的心。只有懂得感恩的人才会走得更远。

感谢恩师。这篇博士学位论文能够得以顺利完成，首先要感谢我的指导老师魏东教授。论文从确定选题、设计大纲、初稿撰写、修改定稿直到最终的答辩，每一个环节都凝聚了魏老师的心血，都离不开魏老师的悉心指导。魏老师带我走进了刑法解释学的大门，指引着我一路前行。其实，魏老师对我的关爱远不止于此。我和魏老师初识于2014年。得知学校允许我攻读博士学位时，我第一时间和魏老师通过邮件的方式进行联系，询问考博事宜。当时，我与魏老师虽然素未谋面，但是感觉魏老师十分和蔼可亲。令我至今难忘的是，魏老师回复邮件的速度。不管我多晚给老师发邮件，第二天醒来总能看到老师回复的邮件。后来，我来到川大学习后，我和魏老师近距离接触后，越发地发现魏老师的温和谦逊、博学笃行。魏老师每次上课，除了专业知识以外，说得更多的是做人的学问和关于刑法学习和研究的方法。魏老师一再告诫我们无论是对于法治实践还是学术研究，不要因为遇到的困难而丧失信心，要多反思自身的不足。同时，在具体学习研究方面，魏老师反复强调，我们要通过写作来学习，勤写作多练笔，要有问题意识，论文题目设计要

"小清新",论文要尽力避免双塔结构,坚持每天写作,一天至少写一千字等。每每回想起来,这些教诲总让我醍醐灌顶。每当我遭遇专业瓶颈时,我总想着假如是魏老师会怎么做。当然,我也总以此教育我的学生。因为我觉得学术传承首先是师风师德传承。正如周光权老师所言,"跟着导师学大气,君子'和而不同'。"此外,魏老师在刑事政策、毒品犯罪、反腐败犯罪、扫黑除恶、人工智能刑法等方面的研究也颇有建树。魏老师在刑事辩护等法律实务方面做得也很成功,其将办案、讲座、调研结合起来,同时兼顾教学、科研、实务的工作范式十分值得我们学习。总而言之,在魏老师身上,有着太多需要我们学习的东西。不过较为遗憾的是,在博士学习的这几年因为家庭和工作的原因,我在四川大学法学院只待了一年的时间,因此也错过很多和魏老师当面学习的机会,错失了很多重要的学术会议。希望以后有机会可以弥补。其次还要感谢各位授业恩师。虽然博士研究生学习期间课程不多,但是我还是有幸聆听了好多老师的课,领略了名家大师的风范。其中,在"法学学术前沿问题"这门课程中,我有幸听到了法学院各位博士生导师的课程,虽然每个老师只有一次课,但是各位老师都从自己的专业领域给我们分享了他们多年的研究心得,受益匪浅,不仅拓宽了我的知识视野,更是学到了独特的研究方法。在"中国证据学"这门课程中,我有幸聆听了龙宗智老师对司法改革、检察制度、刑事诉讼法前沿问题等问题的看法和心得,对龙老师的"相对合理主义""检察官客观义务"等理论主张有了更进一步的认识,当然,对我影响更为深刻的是其"先问后讲"的教学互动模式和紧贴热点、以问题为导向——"解决了什么问题"的学术研讨方式。在"证据哲学""侦查原理"这门课程中,我有幸聆听了有着化学学科背景的张斌老师对证据哲学、逻辑学等问题的研究心得,特别是其中的维特根斯坦语言哲学对本书的选题和研究形成了深刻的影响。当然,对我影响深刻的是张斌老师的理科思维和逻辑修为。这篇博士学位论文中对"明知"一词的解释就是来源于课堂学习和张斌老师的课堂授课内容。而且从此,我对刑法中的证据问题或者说从证据维度解决刑法问题的意识更为强烈。最后，我还要感谢各位开题答辩老师、论文评审老师和论文答辩老师的辛苦付出和宝贵建议。同样是大学老师的我让我深知论文开题、论文评阅和论文答辩的辛苦，特别是遇到写作不太优秀的论文，那就更为辛苦。我深知自己能力有限，文章还有很大完善的空间，恳请各位老师批评斧正。同时，我还要感谢文中所引用观点的各位老师，许多老师是魏老师上课经常提到的老师，如赵秉志老师、张明楷老师、陈兴良老师、陈忠林老师、周光权老师、王政勋老师等，虽然未能谋面，但是对我影响深刻，在此一并致谢。当然，对这篇博士学位论文的选题和形成，影响最大的还是王政勋老师，其《刑法解释的语言论研究》一书是我这篇博士学位论文研究的蓝本。这篇博士学位论文不仅借鉴了书中的诸多观点，这本书更是直接影响了我的学术观点和最终结论形成。在此特别感谢。

感谢同学。人们常说，同学情是最纯真的情谊。这些同学也可能是我人生中的最后一批同学了。在这些同学当中，和田杜国认识的时间最长，我们既是同事，又是舍友，还是同门师兄弟。我们同一年进入学校参加工作，一起报考四川大学刑法学专业博士研究生，一起跟着魏老师学习刑法。田杜国的法理学功底和法律逻辑学思维使我受益匪浅。在同一专业问题的讨论过程中，我们总能获得互补的研究视角。宋东是最让我印象深刻的同学，他的"经典语录"也总能让我想到他的时候嘴角上扬。都说读博士是十分煎熬的日子，我们并肩奋斗，一起讨论问题，一起饭后漫步校园都是最美好的回忆。感谢同学悦洋、田馨睿、李红，我们一起跟着魏老师学习刑法，一起上课讨论刑法专业问题，一起就提高学术科研能力进行相互切磋，他们在课程上给我提出的诸多宝贵建议至今还十分受用。感谢舍友熊德禄、好友陈嘉，疫情期间专门回校帮我们搬宿舍。感谢90后博士班长罗维鹏一直以来的热心服务，同时他还是我们班的学术之星，其扎实的哲学理论功底和学术科研能力，十分值得我们借鉴。同时还要感谢向晶、安琪、陈萍、文小梅等2015级法学博士班的所有同学，虽然我们相处只有一年的时间，但是同学情却长久永恒，感谢我们一起奋斗的日子。

感谢学校。感谢我所工作的西北民族大学，其不仅给了我谋生的机会，还给了我施展抱负的机会。"性格决定命运"，在硕士研究生毕业之际，因为老师"你适合在高校工作"的一句话，我决定选择高校。然而，当时硕士研究生进入高校的可能性并不大，即便能进入高校也不能从事教学科研工作。是西北民族大学选择了我，给了我进入高校从事理想工作的机会。而且在我参加工作满三年后，又给了我攻读博士研究生的机会。感谢我在读的四川大学，感谢四川大学开展的对口支援西北民族大学建设项目。正是这一项目，我才能顺利进入四川大学，进而继续徜徉在刑法知识的海洋，不断提升自己的刑法修为。我们时常感叹，这一项目至少使我们备考博士研究生入学考试轻松了许多。同时，四川大学给我的不仅是知识的升华，更是人生的升华，使我认识了许多优秀的老师、同学和朋友，也留下了一段美好的人生回忆。所以，是西北民族大学成就了今天的我，我至今一直都在怀着一颗感恩的心在工作。是四川大学成就了我的今天，我至今一直在怀着一颗感恩和愧疚的心在学习。或许是完美主义作祟，我总是想尽力做到最好，可最终发现不仅难以周全，还总是拖沓，结果只能是差强人意。

感谢我的领导和同事。感谢我的同事在我读博期间，帮我分担我本该承担的教学工作任务。感谢各位院领导在我读博期间，对我工作、学习和生活的关心和照顾。感谢虎有泽教授长期以来在科研学术和专业发展方面对我的指导和督促。感谢同为各位领导同事在博士毕业论文写作、答辩以及学位申请论文发表等方面的宝贵建议和一直以来在生活和工作方面的帮助。总之，感谢西北民族大学法学院这个大家庭，感谢大家庭里每一位同事的鼓励和帮助。

感谢家人。他们是坚实的依靠，感谢他们的辛苦付出！感谢父母的养育之恩。虽说大恩不言谢，可怜天下父母心，天下父母都一样辛苦。但是，我总觉得，他们更为辛苦。他们以农为业、靠天吃饭的日子本来就十分拮据，却还要为我承受本不该再继续承担的经济负担。尽管如此，他们也没有因此让我放弃学业。以至于父亲没有等到我博士毕业就撒手人寰，留下母亲独自继续守候这个家。感谢爱妻李凤杰女士的相濡以沫。2017年我们经历了生离死别，送走了两位最亲的老人，也迎来了两个孩子，其中的艰辛不堪回首。那时，我陷入了低谷，想过放弃一切，包括博士学位，维持现状。是她一直陪伴着我，鼓励着我，直到我走出低谷找回自己。后来，她为了这个家能更好，为了将来不给孩子增加不必要的经济负担，她经过权衡后回老家工作；为了能更好地陪伴孩子，又不影响工作，她每周两地奔波，舟车劳顿。在此，我只能道一声："辛苦了，我的爱人！"最后感谢两个宝宝，感谢你们给我带来的快乐和幸福，也感谢你们对爸爸的宽容理解，和我一起承受压力。

总之，我有太多想要感谢的人。感谢我遇到过的每一个人，感谢我们的相遇相知，感谢你们的支持帮助！不过，我们不但要怀有感恩的心，而且还要付诸实践。刑法是我的初心，也是我的专业。周光权老师说得好，"把刑法学好，才对得起在'艰难的时刻'与你相遇的人。"其实，对我而言，刑法学习不只是专业学识的增长，还是思想境界的升华。生活就是在不断失去中获得。我们能做的就是做好自己确信的事情。我们也要学会感谢自己能拥有和所拥有的一切。我们要学会感谢人生的历练，使我们更加成熟；学会感谢生活的考验，使我们更加从容坦然；感谢学术的淬炼，使我们更加独具一格；感谢刑法的洗礼，使我们更加精细审慎。一言以蔽之，"我心归处是刑法！"